皇學館大学研究開発推進センター史料編纂所編
資料叢書第九輯

神宮御師資料

福島信悟家所蔵文書

皇學館大学出版部

目次

凡　例

一、本編は茨城県取手市在住の福島信悟家所蔵の文書を中心に「神宮御師資料　福島信悟家所蔵文書」として記録・文書一一八点を収めた。排列は概ね時代別の順序とした。

一、本書掲載の図版は、取手市教育委員会所蔵マイクロフィルムより掲載した。また不鮮明な文書については、平成二十九年（二〇一七）十二月に専任所員の荊木美行が福島家に調査に赴き、所蔵者のご許可を得て撮影したものである。多大な便宜をおはかりいただいた所蔵者である福島信悟氏並びに同教育委員会には深甚の謝意を表する次第である。

一、翻刻に際し、漢字は原則として、旧漢字、異体字、略字体は現行の字体に改めた。但し、地名、人名などの固有名詞は原史料のままの漢字とした。また、原文には読点（、）、並列点（・）を記した。

一、原文の虫損、破損、汚損などによる判読不能の文字は字数の推定できるものは□で示し、字数の不明確なものは［　　　］で示した。

一、本文中の異筆、追筆は（　）で示し、原文墨抹は■、見せ消しは文字の左側に〻〻〻を付し、右側に書き改めた文字を加えた。

一、文字に誤書、脱漏があると思われる箇所には、マ、を付し、編者の案を傍注した。

一、文書の本紙の形状（折紙・切紙など）を示した。

一、巻末に『取手市史資料目録』第十一集所収の「福島信悟家文書目録」の整理番号と本書の文書番号の対照表を附した。なお、文書名は「福島信悟家文書目録」のそれを一部改めた場合がある。

一、本編の編輯は本学研究開発推進センター史料編纂所第二部門神宮資料の編纂事業として、原稿作成は同センター共同研究員の窪寺恭秀（神宮文庫　神宮主事）・谷戸佑紀（皇學館大学助教）が行い、解説は谷戸佑紀が担当した。

福島信悟家所蔵文書目録

福島信悟家所蔵文書

一、世古口用久道者返進状（竪紙）

定永慥返付進普光寺御道者之事

合参箇所 大和国小河殿、泊瀬カフチノ坊、芳野橋本坊、

右彼御道者達者多米田坊本願権少僧都
真慶御道者也、雖然神人親方世古口瀧福
大夫殿於依有師檀之契約、真慶他界刻、
向後道者等一円仁檀那方仁付申、多年
相続而無相違処仁、余所之類火仁普光寺
烟上候之時、寺家余失便候之間、如根本寺之
道者可返付候之由、堅依被仰候、悉皆御
道者所返付申実也、此旨地下親方様皆々
被存知者也、然間末代不可致綺申、仍
為後年支証返進之状如件、

文安二年六月廿九日　（花押）

世古口龍福大夫実名用久

二、普光寺住持天寰道者売券（竪紙）

定永代令相伝度普光寺道者之事

合大和国 小河殿、同御領内人々、又坪坂人々・山臥等、吉野橋本坊、長谷寺かふちの坊、

右参宮人之御宿之事者、自故先師本願権少
僧都真慶以来、雖為旧領当知行無相違、当寺
烟上之刻、為寺家修理料足伍貫文請取申、
八日市庭太郎衛門殿方仁永相伝申処実
正明鏡也、然間若於後代、違乱之輩、不思議
出来者、此状与配分之状於為支証任法可被
処罪科物也、仍為末代放券之状如件、

于時宝徳四年壬申三月晦日　（花押）

普光寺住持僧天寰叟

三、三宝院新堂住持乗恵道者譲状（竪紙）

（端裏書）
「三はういんのしんたうより、なちのしやうなん坊と中道者、
　与三郎方へのゆつり状、
　永財処分進渡新立券文事
　　合　在所那知山、
右件熊野城南坊、依有自乗恵
所譲渡八日市庭与三郎殿実正明
白也、此旨更他不有煩、仍為末代
譲状如件、

　　　　　　　　　　　　　　新堂住持
　　文正二年丁亥二月十八日　　　　乗恵（花押）

四、中南の八郎左衛門光次道者売券（竪紙）

（端裏書）　　　　　　　　　　　　（付箋）
「さかいのたうゑいのうりけん、［四〻　四四四年］」
　永代売渡申道者之事
　　合　さかいの八郎衛門入道道永、おなじく子ともいちゑん、
右件の道者、いつミのさかいのゑいせんの
八郎衛門入道道永子孫一円、依有急用、
直銭七貫文ニ御崎大夫殿の与三殿ニ
永代渡申処実正也、子孫として
違乱わつらいあるへからす候、仍為後日
売券之状如件、
　　　　　　　　　うりぬし中南の八郎左衛門
　　文明四年壬辰九月廿日　　　　光次（花押）
　　　　　　　　　口入ミやこやの大夫（花押）

五、太郎祢宜安興道者売券（継紙）

（端裏書）
「太郎祢き殿　ミの丶道者六さとのうりけん」
なかくうりわたし申道者の事
　合　みの丶国　五里
一、せいし一ゑん　むろや、なかや殿、うおや五郎さへもん殿、さへもん四郎殿、うおや　さこのひやうへ殿、
　　太郎ゑもん殿の子さへもん太郎こうや也、
一、うわかたの里一ゑん　祢き殿、五郎大夫殿、ひやうへ二郎殿、
一、さくらゑのさと一ゑん　わかゑもん殿、二郎ゑもん殿、さこの大夫殿、
一、さう田のさと一ゑん　はくわう坊、ほうさう坊、ひやうへ二郎殿、太郎ゑもん殿、

一、よし田のかいとのひやうへ殿のいちそく一ゑん
直銭三十弐貫文請納了、（ちやくしひやうへ二郎殿、同しやてい）
右件の道者ハ、おやの手よりゆつりゑ、たう
ちきやうたりといへとも、あたいきうようあるに
よつて、上件のちきせんをかきり、八日市の
見さき大夫殿のかたへ、なかくうりわたし申所
しんしやうめいはく也、此うりけんのむねに
まかせ、ゑいたい御しんたいあるへき物也、末代ニ
いたるとゆふとも、たのいらんわつらいあるへ
からす候、もし後日ニおいて、さまたけを
なすともからいてきたらは、くはうへうん
たゑ、ぬす人のさいくわにおこなるへき物也、
仍後日のためにうりけんの状如件、

文明十四年（ミつのへとら）十二月十二日

うりぬし　しものくほ太郎祢き安興（花押）

ちやくし二祢き

おなしく藤四郎（略押）

一、つやの里の太郎祢きかもちたるふんの道者も
そへてうりわたし申候、
一、たか木殿、けいこ屋、同かわはたのけいこ屋、
一、大こく屋、
一、こん屋殿、かわはたのけいこやハしやていにて候、
こうやハおとなにて候、
以上、此ふん代二貫文ニなかくうり渡申候、

六、宮こ屋末次道者売券（竪紙）

（端裏書）
「ミやこやそう三郎より

あふミ道しや二さとのうりけん　わにのかうの内　かわらと申所　なかむらと申所」

永代売渡申道者之事
合近江国在所西近江（ハニノ郷之内　河原　中村）二里也、
右当知行雖無相違、依有急用、
直銭参貫文ニ福嶋殿へ永代所
売度申実正明白也、雖致末代、
他之不可有違乱煩物也、仍為後日
売券状如件、

売主宮こ屋惣三郎

長享二年十月十三日　　末次（花押）

河原のかうおやの事、ミやうせんのさこ殿

中村にてハさ衛門九郎兵衛殿

七、山田三方酒座定文（竪紙）

定　酒之座之事

合壱間者

右之座之事ハ、親之作候ハんする間ハ、子ハ御作有間敷候、親巳後之事ハ、男子ニても候へ、女子ニても候へ、養子ニても候へ、壱仁に譲御申あるへく候、仍以衆議所定如件、

（花押印）

明応二年癸丑八月七日　　三方（花押印）

（花押印）

福嶋殿

八、八日市庭善三郎家助相物座売券（竪紙）

（端裏書）「ゆいもさ（マヽ）」

永代売渡申八日市庭相物座事

合壱間者　四至　北東ノハシヲカキル、南座ノ道、西同座ヲカキル、北御幸道、

右件座ハ、急用あるによつて、いちしの次郎太郎方へ直銭伍貫文に売渡申処実正明白也　たゝし此座先年四郎三郎かたより世義寺如法経江寄進候ヲ、善三郎代物にてうけかへし申候、経衆又我等座之衆各存候也、縦天下一同之地起・徳政行候とも、此座にをき候てハ、違乱煩あるへからさる者也、仍為後日之状如件、

八日市庭

大永七年丁亥卯月吉日　　売主　善三郎

本券文相添申候、家助（花押）

九、某弘重道者等目録写（竪紙）

一、頭折

一、小折　二ツ
一、四国ノあわ道者
一、泉ノ道者
一、　肥後八城殿
一、熊野ノ道者
一、高野ノ道者
一、西方　本田殿
一、能登　大夫殿
一、越前　道者
一、尾張　津嶋道者
一、三河ノ道者
一、屋敷三百坪
一、松木ノ不動屋敷五百坪
一、近江つはい坂　道者
一、竹子ノ花瓶

享禄元年戊子十二月十三日　　弘重判有

太郎殿　まいる

一〇、斎藤利政寄進状写（小切紙）

斎藤左近大夫利政願書

今度当職為祈祷多、、

椿井郷奉寄進

天照太神宮、然者武運、、

別而当城軍兵得勝、、、

如道運命事、偏可為、、

懇徳者也、仍寄進状如、

天文十三甲辰九月十六日　　利政

福嶋四郎右衛門尉殿

一一、山田大路元貞道者売券（竪紙）

（端裏書）「西方阿その文状」

定永代沽渡申候道者之事

壱所　当国山内阿曽里一円　家数百計有

右件道者、従往古、雖知行仕候、依

急用有、直銭拾五貫文ニ世義寺
阿弥陀院江永代売渡申候処実正明
鏡也、縦天下大法之徳政行候共、於此道
者違乱有間敷候、本文書相副可進候へ共、
なく候間、以此文書永々可有御知行者也、
仍為後日売券之状如件、

（黒印）
　　　　　　　　　　売主山田大路善八
天文十七年戊申六月一日　　　元貞（花押）
　　　　　　　　　　口入山田大路内与四郎

世義寺阿弥陀院
　　　　まいる

一二、世古光継屋敷売券（竪紙）

（端裏書）
「□□□ヤシキ文」

永代売渡申屋敷事
　在所八日市経蔵寺内坪数六十八坪余
従北南へ七間、従東西へ拾間、北行者九間三尺
至（マヽ）四　限東ワ道ヲ、同六尺ノ道アリ、南ハ地類、限西ハ堀ヲ、北ハ限真田庵屋敷ヲ、

右件屋敷者、依有急用、直銭卅五貫文仁、
下久保海蔵坊江永代売渡申処実正明白
也、於此敷地者、天下大法地起・徳政行事候共、
従他違乱煩有間敷者也、為後日放券之
状如件、

　　　　　　　　　　売主八日市世古判左衛門尉
天文拾九年庚戌菊月廿九日　　　光継（花押）
　　　　　　口入幸福屋内新五郎殿

下久保海蔵坊
　　　　まいる

一三、足代弘幸御宿職売券（竪紙）

急度令申候、仍江州北之郷三河村
一円、　太神宮御宿職之儀、岩渕
三日市庭方、雖久敷知行候、依急用
有、我等致直談、八日市福嶋甚七方江永
代進之置候儀、実正明白也、然者為御礼
銭代物五貫文令請納候、若天下大法

地発・徳政行候共、相違有間敷候、以此一筆
永代可有御知行者也、仍如件、

天文弐拾辛亥年十月十六日　足代藤二
　　　　　　　　　　　　　弘幸（花押）
　　　　　　　　　　　　御使三上新九郎
八日市福嶋甚七殿
　　参

一四、小綿屋文貞・同文次連署道者売券（竪紙）

（端裏書）
「小綿屋源三郎殿より買申候多武峯御道者日記、天文廿四年九月十四日」

定　永代売渡申御道者之事
　合壱所　在所者大和国多武峯之内南院
　一円、湯屋谷里我等知行之分一円、
　上宮ノ奥里一円、にんきの里一円、
　山田ノ里一円、
　　　直銭百伍十貫文請納畢、
右件之御道者者、我々従先祖読得（マヽ）、于今
当知行雖無相違、依急用有、上件之
限直銭員数、八日市庭福嶋甚七殿江
売渡申処実正明鏡也、縦天下
大法之徳政・地起行候共、於此御道者仁
違乱煩有間敷者也、御道者之日記悉認進候、
仍為後日証文沽券之状如件、

天文廿四年乙卯九月十四日　売主小綿屋源三郎
　　　　　　　　　　　　　文貞（花押）
　　　　　　　　　　　　同弥七郎
　　　　　　　　　　　　　文次（花押）
八日市庭
　福嶋甚七殿
　　参

一五、北畠氏奉行人連署奉書（竪紙）

（端裏書）
「　（切封墨引跡）
（付箋）
三　　山田（三）
　　　□方御中　　房兼」

福嶋被官悪党共之事、
為御意、被仰付候間、不可有
許容候、万一至有相拘面々、
自是堅可被仰付候由所也（マヽ）、

恐々謹言、

九月十六日　　　　　　房兼（花押）

　　　　　　　　　　　教兼（花押）

山田

三方御中

一六、北畠氏奉行人連署奉書（竪紙）

（端裏書）

「（切封墨引跡）

（付箋）

二　　北監物とのへ　　房兼」

尚々同名之儀、如前々可

被申付候、

福嶋一跡之儀、面々子鍋二郎仁

一円被成御扶持候、然者寺

庵・被官・百姓・家来等迄

可為如前々候、幷御扶持仁被召

置候段、不可有之御領掌候也、

彼一跡、永代不可有相違候由所候也、

恐々謹言、

元亀四

九月廿二日　　　　　　房兼（花押）

　　　　　　　　　　　教兼（花押）

北監物とのへ

一七、北畠氏奉行人連署奉書（竪紙）

（端裏書）

「（切封墨引跡）

（付箋）

四　　同（名）□親類御中　　房兼」

福嶋跡職一円、両御所様江

被進之候、然者北監物子

鍋二郎仁被成御扶持候間、

可被得其意候由所候也、

恐々謹言、

天正元

十月廿二日　　　　　　房兼（花押）

　　　　　　　　　　　教兼（花押）

同名親類御中

一八、北畠氏奉行人連署奉書（竪紙）

（端裏書）
「（切封墨引跡）

（付箋）
五　　山田
　　　□（三）方御中　　房兼」

福嶋一跡之儀、為同名親類、
両御所様江被進候、然者北監物
子鍋二郎仁被成御扶持候、三方
寄合等可為如前々候由所候也、
恐々謹言、

天正元
　十月廿二日　　房兼（花押）
　　　　　　　　教兼（花押）

山田
　三方御中

一九、北畠具豊判物（竪紙）

（端裏書）
「（切封墨引跡）

（付箋）
六　　□（北）監物殿　　具豊」

福嶋一跡之儀、其方之息子
鍋次郎仁一円被成御扶持候、
然者同名・被官・寺庵・家来等
迄、可為如先々候、此上彼面々
其之御扶持仁被召置候段、不
可有之候、御領常（マヽ）候上者、彼一
跡、永代不可有相違候由所候也、
恐々謹言、

天正元年癸酉霜月十五日　　具豊（花押）

北監物殿

二〇、北畠具豊判物（竪紙）

（端裏書）
「（切封墨引跡）

（付箋）
七　　山□（田）三方中　　具豊」

急度被仰出候、福嶋一跡之儀、為同名親類、両御所様江被進候、然者北監物子鍋次郎仁被成扶持候段、両御所様御同前仁被成御意得候、山田三方寄合等、可為如先々候由所候也、恐々謹言、

天正元年癸酉霜月十五日　具豊（花押）

山田三方中

二一、宮後四郎右衛門畠地売券（竪紙）

永代売渡申候畠之事

右処者松かいと、八方ます五升まき、同五斗代也、但久(マヽ)用有より、銀百五拾目、永代売渡半候事実正明白なり、しせんいつ方ら、いか用(マヽ)之儀出来、天下大法之徳清(マヽ)・地おこしゆき候共、我罷出、きつと相さはき可申物也、仍為其一札如此状、

天正弐年八月吉日　売主宮後 四郎右衛門（花押）

すはい西川原 甚右衛門

椿(榛)木善七殿

参

二二、北畠信意判物（竪紙）

(端裏書)「　（切封墨引跡）　北監物殿 福嶋鍋二郎殿　信意」

(付箋)九

分国徳政雖申付候、面々事者以忠節、道者幷買得之田畠・借シ物・屋敷・藪山上分・替物・棕(棟)別・用却(脚)、何茂免許之儀、被成御扶持候間、不可有相違者也、仍如件、

天正三
七月廿四日　　信意（花押）
北監物殿
福嶋鍋二郎殿

二三、津田一安副状（竪紙）

御分国徳政、雖被仰付候、面々
事者以忠節、道者并買得之田
畠・借シ物・屋敷・藪山上分・替物・
棕(棟)別・闕所之下地・諸公事・
諸役用却(脚)、何茂御免許之
儀、御取次申候、為後日、仍如件、
天正三　　津田掃部助
七月廿四日　　一安（花押）
北監物殿
福嶋鍋次郎殿

二四、織田信長判物写（折紙）

汝事長袖之
条、自然非分之
儀申懸之輩
雖有之、不可承引
而北畠中将任一
札之旨、息鍋次郎
福嶋家可相続、
永代不可有相違候也
天正五
六月廿四日　（印影）
太神宮
北監物大夫
とのへ

○本文書は『福嶋家古文書』（安政六年幸福嗣興影写本）に収める。

二五、織田信勝判物（竪紙）

福嶋一跡之儀、重而判形出上、猶後々誰々雖有申分、永代不可有相違、付、同名・被官・寺庵 但軽重可在之・屋敷等迄、如先判鍋次郎可存知者也、仍如件、

天正八年
二月廿三日　信勝（花押）

北監物大夫
同鍋次郎

二六－一、織田信勝金子請取状写（切紙）

礼物金子請取之事
合百枚者、北監物弁、
右皆済如件、
天正八年
二月廿三日　信勝判

二六－二、某書状写（切紙）

諸役之事、任上様（信長公）并三助殿（信雄卿）御朱印之旨、可為如先々候、万一非分之儀申懸候族雖有之、不可有相違候、恐惶謹言、

天正十二
七月三日　名闕

北監物大夫殿
福嶋五郎兵衛殿

○右二通の文書は一紙に写されている。なお本文書の原本は京都大学所蔵『来田文書』に収める。

二七、織田信長判物写（折紙）

為年甫祈祷、

一万度祓大麻
并生蚫五十
到来、悦思召候、
猶堀久太郎可
申候也、
正月廿日　（印影）
北監物大夫とのへ

二八、北畠具房奉行人奉書（竪紙）

就嶋中申事、鳥屋尾此表
越候、依行不日可有御進発候、
各無油断可被成覚悟候、三方
会合等被申談可然候、然者御
陣所之儀者被成御談合可被
仰出候由所候也、恐々謹言
二月廿一日　房（花押影）
福嶋とのへ

二九、豊臣秀吉朱印状写（折紙）

福嶋大夫一跡事、今
度塚善十郎令参上
御訴訟申間、被尽渕
底候処、彼一跡事、
最前為闕所北畠父子
裁許上、摠見院一
札并信雄折紙等顕
然間、汝理運無紛、殊更
任当知行可進退、
次諸役免許事、如有
来不可有相違由所被
仰出也
天正十五
正月五日（印影）
北監物大夫

福嶋五郎兵衛大夫

○本文書は『福嶋家古文書』（安政六年幸福嗣興影写本）に収める。

三〇、熊鶴定時旦那譲状（竪紙）

譲渡し申旦那之事

出羽之国米沢ニ御座候、

蒲生四郎右兵衛尉殿

赤佐七右衛尉殿

吉田久左衛門尉殿

同　半左衛門尉殿

田中源七郎殿

右之旦那者先年借用申候

金子之分ニ相渡し申候、仍如件、

熊鶴弥三郎

文禄弐癸巳年三月吉日　定時（花押）

御巫長次郎殿

参

三一、中西弘朝書状（折紙）

尚々、我等之御道者へ

向後余人之里より粉川へ

御入候者、それハ我等方より

御祓可進之候、已上、

態令啓上候、仍紀州粉川ニ

御入候我等持分御道者

はら方一円、其方へ

進上申候之間、

御祓ことも御配、御宿

ことも可被成候、向後

違乱有間敷候、

為其一書如此候、恐惶

謹言、

中西久大夫

慶長十五年
二月八日　　　　弘朝（花押）
福嶋殿
　参

三二、山田大路元澄道者進上状（竪紙）

永代進置候御道者之事

右之在所者、伊勢国阿曽村々一円也、
付、本文書相添進之候、此在所ニ何方ニも
我等代々雖為知行、其方御所望ニ
借物少も無之候、若左様之儀申来候者
我々罷出済可申候、此在所より御出被成候
御衆ハ、何方ニ御座候共、御聞付次第ニ
其方之可為御旦那者也、為其後日
証文如件、

山田大路左門
慶長拾六辛亥年卯月吉日　　元澄（花押）
福嶋殿　　　使宮後八右衛門
　参

三三、福嶋末長譲状（竪紙）

本屋へゆつり渡申分

一、豊後国　御道者　一円
一、肥後国　同　一円
一、播磨国　同　一円
一、大和国　同　一円
一、紀伊国　同　一円
一、近江国　同　一円
一、伊勢かはた
一、居住同等共　一円
一、おもて北かわ屋敷　一円
一、衆ノかた村山御内又衛門うり申候屋敷
一、地蔵院ノ寺、同居住一円
一、米三石五□（斗）　京升、田ニて
一、麦三石　　同京升、畠ニて
以上、

元和四戊午年十二月吉日　　福嶋出雲守
末長（花押）

福嶋勘左衛門尉殿
参

三四－一、福嶋左京女房伝之次第書（竪紙）

福嶋左京女房伝之次第
初之女房北右馬允娘也
此腹ニ男子として惣領ニ甚六郎と
申候て御座候間、則福嶋家二三ヶ年
持申候、此甚六郎を呼人不和ニ親父之
左京生害仕候也、同腹ニ女子三人有リ、
右之女房衆死去候也
二番目之女房幸福屋娘也
此腹ニ清順と申男子御座候、此清順
于今福嶋所ニ抱置そたて申候間、右
女房衆も煩候て死去仕也
三番目ニ呼候女房大湊之北娘ニて御座候
右之腹ニ女子二人有之也

三四－二、福嶋左京生害之覚書（竪紙）

覚

一、左京生害ニ付而三瀬　御所様御父子江
福嶋跡職進上申契り之誓紙仕人数書
之事、
北右馬允　　村山（是者死去尚村山有り）
福嶋四郎右衛門尉　　福嶋甚次郎
北監物
一、甚六郎やミ討者八月廿四日之夜の事、
一、左京生害者明ル五月十九日昼生害候事、
○右二通は一紙に貼り継がれている。

三五、北監物大夫言上書（竪紙）

（包紙ウハ書）
「（貼紙）十三

致言上候覚書　一通」

乍恐致言上候　覚書　北監物大夫

今度山田福嶋跡職之儀、被成　御尋ヲ付候ヘハ

私当知行無紛始末申上条々

一、右子細之儀者先年三瀬　御所様御父子御書にて、去元亀四九月廿二日ニ福嶋一跡悉ク私次男ニ候鍋次郎ニ被成御扶持付候而今ニ至テ知行仕候、則三瀬御所様御父子御書并福嶋同名親類共かたへ之　御書両通捧申候、山田之儀、諸事三瀬　御所様如御置目之被仰付儀か様之有難御事ハ神通初而ヨリ御座有間敷と万民忝奉存候事、

一、先年　大納言殿様江右之始末申上候処ニ、天正元霜月廿五日（マヽ）ニ　御書ヲ被下候、殊山田三方者共かたへと福嶋一跡鍋次郎ニ被成御扶持候段、以御書ヲ被仰出候、則　御書上申事、

一、福嶋跡職、三瀬　御所様ヨリ鍋次郎ニ御扶持付而信長様御朱印成被下候、則捧申候事、

一、始末如此ニ御座候処、今度九鬼殿御申ニ福嶋を□□□（とし子）在之由ニ候て、右之一跡御訴訟之旨無謂致存知候、其故者福嶋実子ニ清順と申者御座候、此清順福嶋跡職相続難身上ニ付候て三瀬　御所様ヨリ鍋次郎ニ被成御扶持候、彼清順福嶋鍋次郎所ニ今ニ抱置申候、実子之清順さへ相続不成、鍋二郎当知行仕候を只今なにこと被申上段、迷惑仕候事、

一、大納言殿様御代之内ニ九鬼殿過分之御礼儀可有進上之条、福嶋一跡彼をとし子ニ被成御扶持候様ニとさま〳〵雖被申上候、如何様之御礼儀被仕候とも山田之御法度を御やふりなされましき由御諚ニ候て天正八年二月廿三日ニ重而　御書ヲ被下候、福嶋跡職鍋次郎当知行仕通、具ニ被成御申無御別儀御扶持忝可致存知事、

已上

拾二月廿八日　北監物大夫

三六、福嶋跡職之儀覚書（竪紙）

（包紙ウハ書）
「（貼紙）
十四
福嶋跡之儀御尋成付而覚書　一通」

福嶋跡之儀被成御尋付条々覚

一、三瀬之御所様御父子より福嶋左京亮御成敗被仰付、以来福嶋親類中被成御穿鑿、監物二男ニ被下、則　御書致頂戴候事、

一、福嶋本はらニ清順と申実子雖御座候、彼跡職無正躰成申候間、慥成者爰元不申候者、さうそく不可有之とて北監物二男ニ被下候、色々御斟酌申上候へ共被入御念候間、御請申上候事、

一、三瀬殿様より福嶋同名・家来并山田三方迄、其刻被加御意候事、

一、三介様御代ニ九鬼殿より福嶋目かけはらニ子在之間、彼跡目可被仰返とて言上候、則双方江数返被成御尋候、前件之子細一々申上候へ者、監物中分無相違とて被仰付刻、過分御礼儀可有御進上とて数日御物候へ共、縦如何様之御礼儀成共山田法度を非可被乱候、三瀬殿様任被仰付旨、無御別儀北監物二男被仰付、是又御書致頂戴候事、

一、如此及数ヶ度御糺明有、御穿鑿被仰付儀ニ候処、長袖身上付而、只今又事新敷被仰掠　御甘被立之段歎ヶ敷次第ニ候、山田之儀者毎事　三瀬殿様如御代と従　関白様被仰付儀ニ候、誠上下万民忝山田はしまり候てより当　御代程御順路有難儀是有間敷と奉存知事、

三七、福嶋家親類相続関係文書（一巻）

1、伊羅古久長譲状包紙

（包紙）
「　承応四年乙ひつし二月廿日
伊羅古十郎右衛門ゆつり状入　勘兵衛（花押）、□□□□（佐右衛門カ）（花押）、□□□□□（五郎左衛門カ）（花押）」

2、伊羅古久長跡職譲状（竪紙）

ゆつり申候我等跡職之事

一、我等跡職不残弟五郎左衛門ニゆ
つり申候、雖然後家一代ハ何様ニも
後家次第ニ可仕候事、自是五郎左衛門ニ
男子出来不申候者、勘兵衛むすこ
おとをやしない子ニ可仕候事、
五郎左衛門むすめとひとつニ可仕候事、

伊羅古十郎右衛門

承応四（きのとひつし）年二月吉日　久長（花押）

証人

藤本勘兵衛（花押）

伊羅古佐右衛門（花押）

伊羅古五郎左衛門殿　まいる

3、伊羅古久長金子譲状（竪紙）

ゆつり申金子之事

一、小判拾両　右之内四両ハ、前方取かへ、　藤本勘兵衛

一、小判拾両（五）両、　伊羅古佐右衛門

一、小判壱両、　伊羅古吉左衛門

やよ

承応四（乙ひつし）年二月吉日　伊羅古十郎右衛門（花押）

証人

藤本勘兵衛（花押）

伊羅古佐右衛門（花押）

伊羅古五郎左衛門（花押）

4、伊羅古五郎左衛門一札（竪紙）

一札

一、十郎右衛門殿ゆつり状ニ、其方へ金子
拾五両ゆつり申旨有之候、然今度之
其方身代罷ならす候時、而金
五両我等手前ゟかうりやくいたし
可然之旨、何茂しんるい衆いけんニ
まかせ金五両かうりよく可致ト

申合候処実正也、為其如此候、

承応四年二月廿日

伊羅古五郎左衛門（花押）

証人　勘兵衛

久高（花押）

伊羅古佐二（右カ）衛門殿

まいる

5、来田親忠譲状（竪紙）

子孫江譲ス状

一、御道者一円、其外家之所領之分、少茂分失仕間敷候、庶子〳〵ヲハ金子見合ニ譲り可申候、子数多出来候者、龍泉院・宣渇坊住寺ニ可仕候事、

一、北之大藪新地ニひらき小家ヲ作り候義仕間敷候、又西之さゐんへ西之世古ゟ入口ヲわけ隠居ヲ作り、茶屋・あそひ屋ニ而も作り申間敷候事、

右之旨、子々孫々ニ至迄相守可申者也、

以上、

寛文八戊申年六月吉日

来田監物（花押）

親忠（印）

来田彦太郎殿

子々孫々

来田与右衛門

庄加猪兵衛

中野儀右衛門

6、来田親忠譲状（継紙）

譲状之事

一、御道者一円、其外所領之分、不残家財共ニ、想（惣）領彦太郎ニ譲り申候事、

一、祝言者申納、万一彦太郎不慮之儀出来之時者、彦四郎家之可為相続事、

一、判金五十枚彦四郎ニ譲り申候、他家江養子ニ参候時持参可申候、彦太郎ニかゝり居申候内之遣金、一年ニ五両宛遣可申候、衣類・はな紙時々ニ入可申候間、彦太郎心付可仕候、彦四郎身ニ

過たる不儀仕候者急度可申付候、
そうり取壱人つかハせ可申候事、
一、判金拾枚お辰付金ニ譲り申候事、
一、判金拾枚お鍋付金ニ譲り申候事、
一、彦太郎母親隠居被仕候時、入用
壱年ニ遣金五両・白米四石・麦壱石、
夫女弐人、味曽・将油・薪・油遣可申候、
此外本家江苦身かけ申間敷候、
但隠居屋敷之儀者龍泉院南之
屋敷江作事可仕候事、
一、龍泉院之南屋敷与右衛門・助右衛門・権右衛門・
義右衛門望申候共、曽而くれ申間敷候、
永代隠居屋敷ニ仕置可申候事、
右之趣、違背有間敷者也、

来田監物（印）

寛文十二壬子年九月吉日　親忠（花押）

来田彦太郎殿
来田与右衛門
庄加猪兵衛
中野義右衛門

7、来田親忠書置（竪紙）

書置之事

一、取込之金銀・炭（マヽ）吹銭・羽書番人預り置、
彦太郎と代官共ト寄合相符を付蔵へ
納、台所入用次第ニ番人へ渡し可申候、
かね箱之かぎ与右衛門方へ預ケ可申候、右之旨
相勤可申候、諸事相談之儀、不及分別ニ候
時者、福嶋勘左衛門殿へ御談合申上伺
可申候事、
一、見性院永代監物家へ譲り被申候、金四拾両者、
田畑ニ而も屋敷ニ而もかい求候様ニ見性院
之遺言也、買求候者此所領之儀者永代
うり申儀も誰ニ譲り申儀も成間敷候事、
一、毎々ゟ仕来り候ことく御道者ゟ御進物等
御上礼銀之事、本帳ニ付留、台所へ納可申候、

就夫御上へハ遣銭として毎月羽書拾六匁ト
銭三百文ツヽ遣可申候、隠居被仕候時者、別紙ニ
書置申候事、以上、

同監物
寛文十三癸丑年卯月吉日　親忠（花押）

与右衛門　善右衛門
来田彦太郎殿　猪兵衛　権右衛門
義右衛門　まいる

8、来田宣親書置（継紙）

書置申一札之事

一、我等弟采女と申候時、監物と名を替、
我等養子ニ仕置候処、常々不行跡にて
金子大分遣捨、内証ニ而九百参拾八両借金仕、
身之置所も無之故歟、元禄八乙亥年五月十五日
当所を立退申候、其節旧離を切候歟、又者
勘当にても可仕処、何れ茂御了簡を以、同年

十一月隠居江引越、養寿院と一所ニ置申候処所、
其翌年丙子ノ三月十六日、自今以後者諸事
之勤無懈怠、行跡をも改、我等申付候義少も
相背申間敷旨之一札取置、監物行跡も
能成候哉と見繕ひ居申候処、其以後も方々
露顕ならざる所江忍ひ〳〵罷出、剰中野之町
おさや喜兵衛と申者之娘をかたらい密通仕候
由にて、右之娘同道にて先月廿九日当所を立退
申候、重々之悪事故、此度監物事勘当
仕候、我等一生終候以後、若監物我等家江
立帰、又者何角と六ヶ敷義申候共、尤少も御承引
被成被下間敷候、何れも頼置申候間、堅我等家江
立帰不申候様ニ被成可被下候、万一理不尽に
立帰申事候ハヽ、此書置を以、何れ茂
御奉行所様江被仰上、監物立帰不申候様ニ
呉々頼存候事、

一、監物外戚之男子慈泉庵事、此度彦太郎と
名を改我等養子ニ仕候、我等一生終候以後

此者ニ家相続させ可被下候、若彦太郎不行跡にて家相続成間敷者ニ候ハヽ、家を御出し候而外より家相続可仕器量之者御見立候而我等家之養子ニ被成、家相続させ可被下候、彦太郎致成長、諸事勤も能、不行跡ニ無之候とも三十歳に罷成候迄者、代官共進退賄金銀出入算用之儀者、毎月同名民部殿・彦惣殿・助之丞殿御聞候而可給候事、

一、彦太郎事者監物実子ニ而候間、我等死後に監物事彦太郎江何角と望申事有之候とも、一向彦太郎ニ承引させ被下間敷候、何れ茂堅頼置候間、此旨御心得可被下候事、

右之趣者畢竟家相続之ためニ候間、我等家之儀諸事頼存候、家来共へも壱通之書置仕、来田与右衛門江預ケ置候、何れ茂此旨御心得被成可被下候、仍書置之条々如件、

来田伯耆（印）

元禄十一戊寅年四月十一日　宣親（花押）

久志本伊豆殿
久志本内蔵允殿
久志本左門殿
久志本千代松殿
福嶋河内殿
広田筑後殿
広田左近殿
広田三郎次郎殿
来田一峯老
来田民部殿
来田孫太郎殿
筋向橋大蔵殿
来田彦惣殿
来田助之丞殿
白米彦助殿
志摩藤十郎殿
辻利兵衛殿

○右文書は四二号文書の正文である。

9、来田宣親書置（竪紙）

我等親類・寄子中江頼置申候
壱通之書置、此度貴様江預ヶ申候、
貴様御家と我等家之義者、古来より
代々筋目有之事ニ候間、子々孫々に
至迄諸事御異見頼存候、貴様
御家之御子孫江も尤右之旨被仰伝
可被下候、為其以別紙頼置候書置之
一札如此ニ候、以上、

来田伯耆（印）

元禄十一戊寅年四月十一日　宣親（花押）

福嶋河内殿

10、坂氏光書置（継紙）

御頼申置候口上

一、拙者義、近年病身ニ罷成、其上身上何共

不調ニ而可仕様無之候ニ付、一両年以前
豊前守様江逼属之御願ひ申上候処御聞届
被下、気分養生身上簡略専与仕候、然共御存知之通
元来少分之身上ニ而御座候処、少ツ、不存寄物入
有之、両度節季賄ひ兼金子借用仕候
利金重り、其上諸色高直ニ罷成、借金買掛り
段々相重り、今更何共可仕様無之、今日〳〵と
暮候さへいたし兼罷有候、依之弥気分不足難
養生仕、既六月比存命不常ニ御座候ニ付、何れ茂
親類中へ頼置候一札仕置候、其節者大蔵殿
御存命ニ御座候ニ付、右之書付ニ大蔵殿と名付
有之候、先以福嶋殿御家之儀者、私家先祖ゟ
二代祝言有之候、其筋目を以貴様とも
右之筋目難遁奉存候、然者拙者家之儀
書付置候通一覧被遊、何れ茂御相談之上、
何とそ少分ニ而茂坂家相立、一学相続仕候
様に別而貴様を奉頼候間、左様ニ御心得
可被下候、尤右書付置候親類中へ之一紙

御覧可被下候、拙者跡式此通ニ而者難相立
御座候間、如何様共一学坂家相続仕候様ニ
奉頼候、以上、
坂備中
正徳元辛卯年十月十八日　氏光（花押）
福嶋左近様

11、為田公邦書置（竪紙）
書置之事
一、我等死後跡式不残孫右衛門ニ相渡候、
兵吉儀貴殿子と被為、生長致候様ニ
頼入候、
一、権十郎・半右衛門へ申入候、孫右衛門方より
預り候屋敷金子弐百両年貢、今日迄
如在いたし候、後申情出し、年々
相渡し候様ニ可被致候、半右衛門義隠居故
紙面へ者のそき候、次之事頼入候、
一、女共義、親元へ返し可被申候、半右衛門八助
やゝこ、相添其外見苦敷無之様可被致候、金子
弐拾両形見ニ可被渡候、以上、
為田六右衛門（印）
正徳四甲午年四月二日　公邦（花押）
為田孫右衛門殿
河本権十郎殿
細山半右衛門殿

12、福嶋家惣家来中連判状（継紙）
一札
一、今度善左衛門殿御死去被成、御跡目之儀
御譴（マヽ）言ニ而在方ニ御預ヶ置被成候御子息、此度
御呼迎御一家御相談之上、御譴（マヽ）言之通り
御相続人相極り、家来中別而悦候御事、
一、方々借金在之、殊ニ台所不勝手有之、
今日立かたく家来難儀仕候ニ付、伊豆様江
申上候者、家相立候様ニ御相談被下候様ニ
段々御頼仕候得共、一向御得心無御座候而

迷惑仕候御事、

一、向後者若狭様ゟ万事御賄ひ被下候様ニ
家来中奉頼候、尤御算用合之儀ハ
少も御損毛掛申間敷候御事、

一、願之通り御賄ひ被下候上者、何方ゟ六ヶ敷
出来仕候共、家来中罷出急度申開キ
可仕候御事、

一、所領知多郡大野・横須賀・吉田、江戸、
右御旦那所幷居住屋敷・諸道具者
帳面之通相違無御座候御事、

右五ヶ条之通、惣家来中相談
相極連判之一札、仍如件、

福嶋太郎吉家来中

享保十乙巳年十二月廿八日　七屋又右衛門（印）
黒坂喜内（印）
嶋田清兵衛（印）
山木利兵衛（印）
濱口三郎右衛門（印）

柿本吉右衛門（印）
山木彦兵衛（印）
中津左兵衛（印）
三橋庄右衛門（印）
門谷四郎兵衛（印）
間宮宇右衛門（印）
森本仁左衛門（印）
佐二兵衛（印）
榊原喜右衛門（印）
坂倉庄八（印）
東本久右衛門（印）
中西喜兵衛（印）
浅原勘兵衛（印）
清水三郎兵衛（印）
宇兵衛（印）
東本利介（印）

村山数馬殿
同　若狭殿

13、福嶋家並村山家和談一札（竪紙）

一札

福嶋善左衛門家之儀ニ付、福嶋民部・同伊豆与村山数馬・同若狭申分仕、民部・伊豆御訴訟可申上旨、三方御会合迄申出候ニ付、御会合より御異見被仰聞、双方納得仕、下ニ而相済し申候、此度数馬・若狭対民部・伊豆江付届等不念之儀有之候儀者、両人伊豆方江参断を申入候ニ付、民部・伊豆致了簡和順仕、以来善左衛門家之儀、万事遂相談、太郎吉目出度家相続仕候様ニとの御事、双方領掌仕忝奉存候、善左衛門家来共前方数馬・若狭方江差出候一札御取上被下候旨承知仕候、然上者互ニ曽而以疎意無御座候、為其一札如件、

享保十一丙午年二月十三日

福嶋民部（印）
同　伊豆（印）
村山数馬（印）
同　若狭（印）

三方御会合御衆中

14、大主大夫家来連判状写（継紙）

一札

今度大主家両家合宿引分申ニ付、双方御親類中御相談之上、長左衛門殿古来ゟ持分之越前御旦所茂去年売払、両家入用ニ仕候へハ、合宿以後出来申候借金買懸、大主本家江引請申様ニ双方御親類中依御差図、互ニ得其意相極メ申候、然上ハ右借金買懸、大主本家ゟ急度相済可申候、然共借金之手形買懸共ニ長左衛門殿御当名ニ有之候へハ、其方ゟも右蔵方買懸之方へ大主本家江御渡し候旨御断可被申入候、此方ゟも引請候趣可申入候、不同心之方有之候ハヽ、我々罷出何分ニも埒明可申候、若公事沙汰ニ及ひ申儀出来候共、何方迄も我々罷出其方江少も御苦労懸申間敷候、為其仍一札如件、

享保十二丁未年五月七日

大主大夫家来
伊藤八郎右衛門印
宮田金左衛門印
野入多左衛門印

腰山佐次右衛門印
内田善右衛門印

大主長左衛門殿
後家

同　御親類中

同　家来　松村久左衛門殿
杉木甚右衛門殿
行岡伊兵衛殿

右之通借金買懸等大主本家織部方江引請候上ハ、何分ニも織部家ゟ相済之可申事ニ候、少も其方江御苦労懸申間敷候、為其加印如件、

未五月七日

三村右京印
幸福左京印
松田長大夫印
松木六神主印
幸福内匠印
檜垣七神主印
福井土佐印

松田新右衛門印
出口信濃印
久志本采女印
三日市兵庫印
龍　外記印

大主長左衛門殿
後室

同　親類中

同　家来　松村久左衛門
杉木甚右衛門
行岡伊兵衛

15、為田定直遺言状（継紙）

遺言状之事

一、孫右衛門に申置候、勿論なから両家合宿之義、弥各様と相談極候通に相心得可申候、但我等死後に至、八左衛門義人に謀られ事を相功(マヽ)み申事茂可有之候、

其段者我等各様江別而御頼置候通、
其節其方無油断各様と相談仕、
八左衛門に違背申させ間敷事、

一、八左衛門に申置候、其方性得気弱生付、
我等死後に至、非道之者に誑され可申候、
其段者我等各様江頼置申候間、御異見之旨
急度相守可申事、

右之趣親類衆中
同志衆中幷家来共迄、我等死後
八左衛門違背不仕様に頼存候事、

為田権大夫（印）
定直（花押）

享保弐拾乙卯年三月廿七日

為田孫右衛門殿
同　八左衛門殿
福嶋要人殿
為田兵大夫殿
福嶋勘ヶ由殿
綿屋外記殿
為田右近殿
同　重左衛門殿
青山良雲殿
鈴木佐右衛門殿
福山半右衛門へ
其外家来中

16、堤盛尹借財返済覚書（竪紙）

我等身躰之儀去ル庚申ノ年ゟ各へ頼入、我等所持之所領之内、田米納め弐拾八石三斗七升壱合、畠麦納め六拾壱石六升壱合四勺、屋敷年貢九百壱匁九分三り、右在所書別帳ニ書記シ、各へ相渡シ、年来之借金五百両各御賄ひ被成御済シ被下候筈ニ申合、六拾両相済、残而四百四拾両有之、然れ者弥右之所領之田畠之年貢・屋敷之地子、則家来清右衛門と申者を地使ニ申付置、納所時分ニ取集め、其時々ニ直ニ各へ相渡シ候様ニ申合候、尤借金之元利相済候迄ハ右之所領各へ御納め可被成候、右之四百四拾両之利足壱ヶ年壱割ニ御定被成、右納所之余りニ而者連々元金御済可被下候

之事忝存候、若借金之元利皆済無之内ニ我等無沙汰之儀御
座候ハヽ、右之所領各として不残御売立被成、借金之元利被
遂御算用可被下候、其時少茂異儀申間敷候、此田畠・屋敷ニ
付只今迄借物ニ茂入不申、向後とても一円借物ニ入申間敷
候、仍為後日如件、

家来 吉右衛門（印）
六郎兵衛（印）
貞享三丙寅年七月十二日 堤刑部（印）
盛尹（花押）

福嶋数馬殿
上部内蔵之助殿
豊田善右衛門殿
堤三郎兵衛殿

17、上部内蔵助堤家借財返済覚書（竪紙）

堤刑部殿手前成不申候ニ付、去ル申之年ゟ杢之助殿・刑部
殿ニ被頼、貴様・私・豊田善右衛門殿・堤三郎兵衛殿出
逢、遂相談身躰之異見申候上、貴様御才覚を以、木工殿・
刑部殿へ金子借用被仕、累年之借金を済被申候、依之貴様
御才覚之金子之儀者、年々無滞相済候様ニ申合、其趣を刑
部殿手形ニ具ニ被載書之候、然共右之金子ニ付何とそ子細
出来候而、刑部殿手形も役ニ立不申、貴様我等方へ請取
年々ニ賄ひ候所領も刑部殿手前へ取もとされ候時節ニ至
り、貴様御才覚之金子済兼候ハヽ、貴様と我等相互之損ニ
いたし、算用残何程有之候共、其員数之半分ハ貴様へ我等
手前ゟ金子を以、急度相渡シ可申候、其時一言之御断申間
敷候、為後証、仍一札如件、

貞享三丙寅年七月十三日 上部内蔵助（印）（花押）

福嶋数馬殿

18、来田舎人等監物家名跡一札（竪紙）

来田監物家名跡之儀ニ付、
其御家厚親類之処、此節
要人名跡之御相談不申入候段、
近頃不念之至ニ御座候、已来
監物家之儀何事ニ不寄
申合、御熟談を以取計可申候、

為其仍如件、

二月十六日

来田舎人（印）

来田淡路（印）

来田助之丞（印）

福嶋勘左衛門殿

○右の十八通は一巻に成巻されている。

三八、八木但馬守様御意承候覚書（竪紙）

筑紫椎葉山之儀ニ付、九月廿三日小林へ

河村勘兵衛・粟野左大夫召つれ参上申、

但馬守様御意之趣承候覚

一、今度於江戸御老中幷曽祢源左衛門・伊丹蔵人

此等之衆へ相尋候処ニ、椎葉山日向国共肥後国共

御存知之方無之候故、井上筑後方ニハ日本惣

国之絵図有之候間、筑後へ此旨相尋申候ヘ者、大

火事之砌絵図共不残焼失申候由にて、是以埒

不明候、

一、但馬守様我等ニ被仰候ハ、日向共肥後共不相極候上ハ

何とも其方ニ成候而も致様無之候間、双方へ半分宛

わけ渡候様ニ被仕可然候、重而何れ之国共慥ニ相

聞え申候ハ、、何時ニ而も其国へ付、旦那も相渡し

候様ニも成可申候間、左様ニも可被仕候、已上、

万治三庚子

九月廿三日　　榎倉若狭

三九、坂倉九郎左衛門金子預証文（竪紙）

預り申金子之事

合参拾両者、（印）　江戸小判也、

右預り申所実正也、何時成共御用次第、

急度相渡シ可申候、為後日如件、

白子

寛文七年壬（閏）二月十一日　　坂倉九郎左衛門（印）

谷帯刀大夫殿内代官

佐次兵衛殿

四郎右衛門殿

四〇、中川五郎左衛門諸道具等請取手形（竪紙）

手形

宜貞様御譲被成諸道具一円・
衣類不残、金子六両并小家　壱
申請候、御書置之田畑ハ無御座候ニ付、
長元坊様江御譲被成候、屋敷　壱面
我等へ被下忝奉存候、然上ハ宜貞様
御譲御書置ニ付、以来少し之申分無御座候、
為後日之手形如件、

延宝五年巳ノ六月三日　すら
中川五郎左衛門（印）

進上　福嶋勘左衛門様

四一、福嶋勘左衛門譲状写（継紙）

定置候書物之事

一、我等死去以後此居住破り不申、福嶋八左衛門殿
跡目立可申候事、
一、我等一代之内買求置候屋敷・畠、不残八左衛門殿
家へ付置候事、
一、我等遺残之金子、相果候砌、各吟味之上ニ而、
金子残次第八左衛門殿家へ付置可申候事、
一、我等相果候以後、翌年ゟ十ヶ年之内者
存生之通、壱年ニ金子六拾両宛数馬方ゟ
八左衛門殿家へ可渡旨、数馬と堅申合置候事、
一、右之跡目藤八廿歳ニ罷成候ハヽ、家督相続
仕らせ可申候、自然差合候ハヽ、数馬子共之内
誰成共壱人可申付候事、但藤八廿歳ニ罷成
候迄之内、所領之納所物溜り金ニ而尤所領
買足シ可相付事、
一、八左衛門殿家相続仕候数馬子、自然親類中ゟ
無余儀所望之時遣し候ハヽ、八左衛門殿所領之儀ハ
不及申、我等八左衛門殿へ付置候金子・屋敷・畠
之義少も分之遣し候事、曽而以仕間敷候、若
又八左衛門殿家相続之数馬子無之候ハヽ、他家ゟ

似合敷者数馬養子ニいたし、八左衛門殿家相続
可申候事、
一、此家如何様之儀候共、数馬隠居所ニ仕間敷候、附、人
集客人等曽而無用之事、
一、我等相果候以後、庭之池うめ少も造作かゝり
不申様ニ可仕候事、
一、我等相果候以後、惣右衛門・同女房共ニ此家召置、
下女壱人遣常番可仕候、附、壱年ニ金子五両
宛衣類代ニ可遣候事、
一、美濃檀那廻り之儀、台所入ニ仕、惣右衛門ニ代官申
付、誓断を以算用させ可申候事、
一、山中檀那廻り台所入ニ仕、見合ニ一人可遣候事、
一、八左衛門殿家此書物之通を数馬不埒之儀候ハヽ、
御公儀へ御訴訟可申上候様ニと惣右衛門ニ誓断
させ置候事、
一、惣右衛門律義ニ相勤候上ハ無相違召遣可申候、若
不届之儀仕候ハヽ、隙出シ可申候事、
右之条々無相違相守可被申候、為其
仍譲り状如件、
貞享三丙寅年霜月六日　　福嶋勘左衛門
福嶋数馬殿
谷彦六右衛門殿
来田監物殿
福嶋大次郎殿
白米一郎右衛門殿
河村十郎兵衛との
森嶋次兵衛との

四二、来田宣親書置写（継紙）

書置申一札之事

一、我等弟采女と申候時、監物と名を替、
我等養子ニ仕置候処、常々不行跡ニて
金子大分遣捨、内証ニ而九百参拾八両借
金仕、身之置所も無之故歟、元禄八乙亥年
五月十五日当所を立退申候、其節旧離を

切候歟、又者勘当にても可仕処、何れ茂御了簡を以、同年十一月隠居江引越、養寿院と一所ニ置申候処所、其翌年丙子ノ三月十六日、自今以後者諸事之勤無懈怠、行跡をも改、我等申付候義少も相背申間敷旨之一札取置、監物行跡も能成候哉と見繕ひ居申候処、其以後も方々露顕ならさる所江忍ひ〳〵罷出、剰中野之町おさや喜兵衛と申者之娘をかたらひ密通仕候由にて、右之娘同道にて先月廿九日当所を立退申候、重々之悪事故、此度監物事勘当仕候、我等一生終候以後、若監物我等家江立帰、又者何角と六ヶ敷義申候共、尤少茂御承引被成被下間敷候、何れ茂頼置申候間、堅我等家江立帰不申候様ニ被成可被下候、万一理不尽に立帰申事候者、此書置を以、何れ茂
御奉行所様江被仰上、監物立帰不申候様ニ呉々頼存候事、

一、監物外戚之男子慈泉庵事、此度彦太郎と名を改我等養子ニ仕候、我等一生終候以後此者ニ家相続させ可被下候、若彦太郎不行跡にて家相続成間敷者ニ候者、家を御出し候而外より家相続可仕器量之者御見立候而我等家之養子ニ被成、家相続させ可被下候、彦太郎致成長、諸事勤も能、不行跡ニ無之候共三十歳に罷成候迄者、代官共進退賄金銀出入算用之儀者毎月同名民部殿・彦惣殿・助之丞殿御聞候而可給候、

一、彦太郎事ハ監物実子ニて候間、我等死後に監物事彦太郎へ何角と望申事有之候共、一向彦太郎ニ承引させ被下間敷候、何れ茂堅頼置候間、此旨御心得可被下候事、

右之趣、畢竟家相続之ためニ候間、

我等家之儀諸事頼存候、家来共へも
壱通之書置仕、来田与右衛門江預ケ置候、
何れ茂此旨御心得被成可被下候、仍
書置之条々如件、
来田伯耆印
元禄十一戊寅年四月十一日　宣親判
久志本伊豆殿
久志本内蔵允殿
久志本左門殿
久志本千代松殿
福嶋河内殿
広田筑後殿
広田左近殿
広田三郎二郎殿
来田一峯老
来田民部殿
来田孫太郎殿
筋向橋大蔵殿
来田彦惣殿
来田助之丞殿
白米彦助殿
志摩藤十郎殿
辻利兵衛殿

○三七－8号文書は右文書の正文である。

四三、為田直定金子預証文（竪紙）

預り申金子之事
（印）
金小判五拾参両、慥預り申候処実正
明白也、何時成共、其元御用次第
急度相渡可申候、為後日仍如件、
為田孫右衛門（印）
元禄十六癸未年三月吉日　直定（花押）
福嶋式部殿
右之金子、十三ヶ月壱割之利足を加へ、
元利ともに急度相済可申候、以上、

四四、福本元吉豊後国旦廻請負証文（竪紙）

一札

一、此度豊後国大野郡直入郡御旦那廻り西村久右衛門ニ
被仰付、御運上金子参拾両差上申御定
私請負申所実正也、久右衛門帰宅之節少も
無滞差上させ可申候、若相滞候ハヽ私手前ゟ
急度差上可申候、為後日仍一札如件、

請人
福本善左衛門（印）
宝永六己丑年十月廿六日　元吉（花押）

福嶋金七殿御内
徳田利左衛門殿
市村清兵衛殿

四五、三宝院金子請取証文（竪紙）

一、金小判七両、慥ニ請取
申候所実正也、為念
如此御座候、

宝永八年卯ノ参月廿九日　三宝院
当年預（印）

福嶋大蔵様御台所
小沢長兵衛殿

四六、梅香寺祠堂料金子請取証文（竪紙）

（包紙ウワ書）「梅香寺ゟ
祠堂料受取」

為度会末持居士其外御眷属、
祠堂料金子拾五両致受用候、
已上、

梅香寺
正徳元年辛卯五月廿四日　稽（花押）

御使
河村知益丈

四七、三方会合費勘定文書（一巻）

1、三方会合費送状（竪紙）

覚

一、金百三拾両ト羽書三匁七分壱厘壱毛、
右ハ寅冬ゟ卯年中金預り番足代民部
賄ひ残金也、

一、金六百四両ト羽書拾壱匁六分弐り弐毛、
右者会合賄ひ金ノ利金也、

右二口之金子、会合遣用之ため其方へ
渡し置候間、御請取可有候、以上、

正徳元辛卯年極月廿日　三方（印）

福嶋左近殿

2、三方会合費出金依頼状（竪紙）

覚

一、金弐百拾両、
右者当七月福村善左衛門方ニ而預り候金
弐百両、但拾両ハ六ヶ月分利金、今日相済ス、

一、銭五貫弐百文、
右者当八月洪水之節、当番御屋敷江参候ニ付、
河崎ゟ船ニ而小林へ参候、船弐艘之俸(マヽ)美川崎へ渡ス、

右之通御渡し可有之候、以上、

卯
十二月廿日　三方（印）

福嶋左近殿

3、三方会合費出金依頼状（竪紙）

覚

一、羽書弐拾匁、　定例祝儀　深井平兵衛へ遣、
一、同拾五匁、　右同断　井村伝大夫へ遣、
一、同拾五匁、　右同断　河村勘兵衛へ遣、
一、同拾五匁、　右同断　河村善兵衛へ遣、
一、同拾匁、　右同断　小川金左衛門へ遣、
一、同五匁、　右同断　中村六郎兵衛へ遣、
一、同弐拾四匁、　右同断　小使四人へ遣、

一、金弐歩、　宮司殿へ初尾ニ遣ス、
一、銭五百文、　是ハ京い勢屋甚右衛門方ゟ会合へ祝儀之音物指越候飛脚之者へ遣ス
右九口、〆金弐歩ト羽書百四匁銭五百文也、
右之通御渡シ可有之候、以上、
辰
正月十三日　三方（印）
福嶋左近殿

4、三方会合費出金依頼状（竪紙）

覚
一、金五拾壱両弐歩ト羽書拾四匁三分四り、
但銀三貫目之代、五拾八匁替、
是者今度益織部江戸下り路銀也、
右之通御渡し可有之候、以上、
辰ノ
二月四日　三方（印）
福嶋左近殿

5、三方会合費出金依頼状写（竪紙）

覚
一、金五拾壱両弐歩ト羽書拾四匁三分四り、
但銀三貫目之代、五拾八匁替、
是者今度益織部江戸下り路銀也、
右之通御渡し可有之候、以上、
辰ノ
二月四日　三方丸印
福嶋左近殿

6、三方会合丁銀割目録（継紙）

丁銀弐拾貫目之割
一、丁銀弐貫弐百目　上之郷
一、同壱貫七百六拾目　上中之郷
一、同壱貫七百六拾目　下中之郷
一、同弐貫弐百目　八日市場
一、同九百八拾目　曽祢
一、同壱貫七百六拾目　大世古・一之木
一、同壱貫七百六拾目　一志・久保
一、同弐貫四百目　宮後・西河原
一、同九百八拾目　田中・中世古

一、同九百八拾目　下馬所・前野
一、同弐貫弐百六拾目　岩渕・岡本・吹上
一、同壱貫七百六拾目　船江・河崎
一、同百四拾目　妙見町
一、同弐百目　世義寺坊中
一、同弐貫目　浜五郷
一、同壱貫弐百目　二見北三郷
一、同八百目　大湊
一、同百目　王中嶋

右十八口、合丁銀弐拾五貫弐百四拾目、
内何れ茂半分者当月晦日を限、
又半分ハ来ル六月晦日を限、御請取
可有候、以上、

辰
五月六日　三方（印）

福嶋左近殿

7、三方会合費出金依頼状（竪紙）

覚

一、金参百両弐歩ト羽書弐匁九分、
右者宮河両船渡辰之五月ゟ来巳之四月迄之請料、又
卯之五月ゟ当辰之五月迄何角入用、宇治領・山田領
之家数江割付山田領出し候前と、又当辰之五月ゟ来
巳之四月迄舟目付六人之扶持方金三拾両、此弐品入
用之分也、
一、同四拾八両、
右者宮番八人扶持方也、
一、銀弐枚、　是者清雲院江盆前之祝義如例遣ス、

右三口合
金参百四拾八両弐歩ト羽書弐匁九分、
銀弐枚、
右之通御渡し可有候、以上、

六月廿九日　三方（印）

福嶋左近殿

8、三方会合費出金依頼状（継紙）

覚

一、金弐拾三両弐歩ト　深井平兵衛扶持方ニ遣ス、
羽書拾四匁三分四厘、
但銀三拾弐枚之代、五拾八匁割、
一、同拾六両壱歩ト　井村伝大夫扶持方ニ遣ス、
羽書三匁六厘、
但銀弐拾弐枚之代、五拾八匁割、
一、同拾六両壱歩ト　河村勘兵衛扶持方ニ遣ス、
羽書三匁六厘、
但銀弐拾弐枚之代、五拾八匁割、
一、同七両壱歩ト　河村善兵衛方江遣ス、
羽書拾匁四分八厘、
但銀拾枚之代、五拾八匁割、
一、同拾両、　小河金左衛門扶持方遣ス、
一、同五両ト　小使仁兵衛扶持方ニ遣ス、
羽書拾壱匁三厘、
但銀三百目之代、五拾八匁割、
一、同五両ト　同庄三郎扶持方ニ遣ス、
羽書拾壱匁三厘、
右同断、
一、同五両ト　同勘吉扶持方ニ遣ス、
羽書拾壱匁三厘、
右同断、
一、同五両ト　同新七扶持方ニ遣ス、
羽書拾壱匁三厘、
右同断、
一、同七両壱歩ト　深井平兵衛ニ会所守料遣ス、
羽書拾匁四分八り、
但銀拾枚之代、五拾八匁割、
一、同弐両弐歩、　火消頭　志賀六左衛門扶持方ニ遣ス、
一、同拾両、　下火消拾人扶持方ニ遣ス、
一、同弐両、　権右衛門・忠兵衛両人扶持方、
但火事之節注進役ニ抱置候、壱人前壱両つゝ、

一、同壱両弐歩、　（宮河堤横目重三良、
扶持方ニ遣ス、）

一、同壱両弐歩、　同役久兵衛扶持方ニ遣ス、

一、同弐両、　（前山庄屋善兵衛・吉右衛門、
両人扶持方ニ遣ス、）

一、同弐両、　（小林宿佐次右衛門方へ
遣ス、）

一、同壱両弐歩、　右同人へ造作料ニ遣ス、
但三方人切々勧候ニ付造作有故外ニ遣ス、

一、羽書拾匁、　右同人女房祝義ニ遣ス、定例、

一、金弐両弐歩ト　中村六郎兵衛江遣ス、
羽書拾壱匁四分五厘、
但弐人扶持、正月ゟ六月迄六ヶ月分米壱石八斗代也、
当分相場金壱両ニ付六斗七升弐合かへニ而候故
右之通遣ス、

一、同弐両弐歩ト　又兵衛江遣ス、
羽書拾壱匁四分五り、
右同断、

小使新七親

一、同弐両弐歩ト　三右衛門江遣ス、
羽書拾壱匁四分五り、
右同断、

一、同壱両、　小使庄三良へ遣ス、
右者切々物書仕候故とらせ候、

北御門

一、同壱両、　六大夫江遣ス、定例、

一ノ鳥井

一、同壱両、　弥左衛門へ遣ス、定例、

常明寺町

一、同弐歩、　庄兵衛へ遣ス、定例、

中河原

一、同壱歩、　久右衛門へ遣ス、定例、

中嶋

一、同壱歩、　又右衛門へ遣ス、定例、

右弐拾八口合
金百参拾五両
羽書百弐拾九匁八分九厘
右之通御渡シ可有候、以上、
辰
七月六日　　三方（印）
福嶋左近殿

9、三方会合費出金依頼状（継紙）

覚

一、羽書弐貫三百四匁八分、
右者三方当番并役人方々相勤候駕籠
賃、但卯ノ十二月十七日ゟ辰ノ六月晦日迄之分、

一、同壱貫九拾六匁五厘、
右者会合用事ニ付方々江遣候日用賃、
但卯ノ十二月十七日ゟ辰ノ七月七日迄之分、

一、同壱貫百弐拾六匁六分弐厘五毛、
右者会合入用買物帳之高、但卯ノ十二月
十七日ゟ辰ノ七月七日迄之分、

一、同百三拾七匁七分八厘、　大世古太郎右衛門方へ払、
右者会合入用餅之代、卯ノ十二月十五日ゟ
辰ノ七月廿九日迄之分、

一、同百四拾六匁九分、　曽祢佐右衛門方へ払、
右者会合入用酒之代、但卯ノ十二月十三日ゟ
辰ノ六月廿九日迄之分、

一、同百四拾七匁壱分、　河村勘兵衛方へ払、
右同断、但卯ノ十二月十五日ゟ辰ノ
七月朔日迄之分、

一、同七拾五匁八分弐厘五毛、　浦田与兵衛方へ払、
右同断、但卯ノ十二月廿五日ゟ辰之
六月十七日迄之分、

一、同六百九拾六匁弐分三厘、　上座忠八方へ払、
右者会合入用肴之代、但卯ノ十二月十七日ゟ
辰ノ七月六日迄之分、

一、同百目三分、　上座半兵衛方へ払、
右者会合入用情（マヽ）進物之代、但卯ノ

十二月十七日ゟ辰ノ六月廿七日迄之分、

一、同百六拾匁五分、　上中之郷 伝左衛門方へ払、

右者会合入用蝋燭之代、但卯之

十二月十四日ゟ辰ノ六月十八日迄之分、

一、同九拾六匁六分六り、　一ノ木米や 三四郎方へ払、

右者御公事等有之節、小林江為持宿にて

支度等ニ遣候米之代、但卯ノ十二月十八日ゟ辰ノ

六月十八日迄之分、

一、金弐両ト羽書拾匁四分、　小林宿 佐次右衛門方へ渡ス、

右者諸事取かへ、但小日記有、但卯ノ

十二月十八日ゟ辰ノ七月朔日迄之分、

一、羽書八拾六匁七分六り、　一ノ木 伊右衛門方へ払、

右者会合入用紙之代、但卯十二月十六日ゟ

辰ノ七月四日迄之分、

一、同拾五匁八分、　宮後 次郎兵衛方へ払、

右同断、但辰ノ正月三日ゟ五月十三日

迄之分、

一、同九匁六分、　小林 市右衛門方へ渡ス、

右者小林へ遣し申候陸尺中宿礼、但

壱人ニ付壱分つゝ、人数合九拾六人之分、

一、金弐歩、　常明寺町 庄兵衛方へ遣ス、

右者辰ノ正月朔日　下総守様御参

宮、又同十九日町々掃除見分、同廿一日

御名代様御参宮、同廿八日・三月十五日・同廿九日・

四月二日　下総守様御参宮、同九日

紀州様御参宮、五月朔日・六月朔日

能登守様御参宮、右十度役人御先払

之宿借り造作礼、

一、羽書弐拾匁　田中 与三右衛門方へ遣ス、

右者辰ノ正月朔日　下総守様

春木宮内方へ御入、同廿日ゟ廿一日迄

御名代様御入、四月九日　紀州様

春木方へ御入、五月朔日　能登守様

春木方へ御入、右六度役人之中宿ニ借り候、

造作有之候礼、

一、同五匁　岩渕 藤左衛門方へ遣ス、

右者辰ノ正月朔日　下総守様
御参宮、三日市兵部方へ御入之時、役人
中宿ニ借り候礼、

一、同弐拾匁　北御門 清三郎方へ遣ス、
右者辰正月七日・同十五日・同十六日・同廿六日・
二月十二日小林ゟ組之衆風廻り、又同十九日
本多儀左衛門殿、又三月十五日
下総守様御参宮、又四月九日
紀州様御参宮、又六月十六日高橋幸八殿
御参宮、右十度三方中供之者宿借り申候礼、

一、同拾弐匁、　中寺町 妙安院へ遣ス、
右者辰正月十日・三月廿日　下総守様
清雲院へ御参詣、又五月八日
能登守様清雲院へ御参詣、右三度
役人御先払之宿借り申候礼、

一、金壱歩、　妙見町 宅右衛門方へ遣ス、
右同断、三方当番之宿借り申候礼、

一、金弐歩、　中河原 甚右衛門方へ遣ス、

右者辰正月廿日　御名代様
御着之時　下総守様御入、又五月十八日
御代参　堀山城守様御越之時、
能登守様御使者之宿ニ借り置申候礼、

一、同弐両弐歩ト　右同人方へ遣ス、
羽書八匁八分五厘、
右者正月　御名代様御越之節、
御奉行様御入ニ付、畳殊外古ク罷成候故
さしかへ申候、従　御屋鋪御使者御入、又
御奉行様御交替之節、御屋鋪ゟ御使者
御入、右之節座敷畳指替、其外掃除日用、
又重之内等拵差上候ニ付、何角買物塩噌
諸事取かへノ高、

一、羽書拾匁、　中河原 妙貞庵へ遣ス、
右者辰四月十一日・十三日　御奉行様
御交替之時、御屋鋪ゟ御使有之、両度
宿ニかり申候礼、

一、金壱歩、　越坂 実性寺へ遣ス、
右者辰四月　能登守様欣浄寺へ
御入之時、三方中宿ニ借り申候礼、

一、同弐両壱歩、　中河原 久右衛門方へ遣ス、
右者辰正月廿日　御名代様御着之時、
当番役人小使供之者迄上下拾九人支度
入用、同廿一日御発駕之時、御見送り当番役人
小使供之者迄上下拾八人之支度入用、四月
十一日、能登守様御着之時、三方中
不残役人小使供之者迄支度入用、是者
此方ゟ買立、塩噌計取かへ、又五月十八日
堀山城守様御代参之時、当番役人上下
拾五人朝支度、同昼上下拾五人支度、人
数合六拾七人、但上分拾四人壱人前壱匁五分つゝ、
下五拾三人ハ壱人前壱匁つゝ塩噌取かへ、
代七拾匁右之高上、

一、金壱歩、　中河原 五兵衛方へ遣ス、
右者辰四月十一日　能登守様
御着之時、三方中宿ニ借り、又同十三日
下総守様御発駕同断礼、

一、羽書拾匁、　同所 庄兵衛方へ渡ス、
右同断、駕籠之者指置候礼、

一、同三匁、　一志 半左衛門方へ遣ス、
右者辰二月四日斎藤伊大夫殿御参
宮ニ而孫福内記方へ御入之時、当番
宿借り候礼、

一、金壱歩、　西河原 宗右衛門方へ遣ス、
右者辰正月廿八日　下総守様
長官へ御入、又五月朔日・六月廿七日
能登守様御入、御機嫌窺当番
宿借り申候礼、

一、同壱歩　河崎 久太郎方へ遣ス、
右者辰二月十二日・五月十二日
御奉行様御役料米於河崎御請払之
時、役人宿ニ借り、終日相勤支度等仕候

造作之礼、

一、同壱歩、　筋向橋 四郎兵衛方へ遣ス、

右者岩渕町へ火付候半旨落文いたし候ニ付、筋向橋へ喧嘩掛ヶ候、右喧嘩之番人之中宿ニ借り道具等預ヶ置候礼ニ遣、但辰ノ二月十九日ゟ三月十三日迄借ル、

一、羽書八匁、　越坂 十王院へ遣ス、

右者辰三月十五日　下総守様御参宮、六月朔日・同廿七日　能登守様御参宮之時、右三度役人御先払之宿ニ借り候礼、

一、金弐両、　中嶋堤原 長兵衛方へ遣ス、

右者紀州様御参宮之時、三方中不残宮川へ御出迎仕候宿ニ借、但辰四月八日之夜ゟ九月一日・九日夕飯も出し候、殊外造作多ク候故、何角入用礼共遣ス、

一、同壱歩、　同所 三右衛門方へ遣ス、

右者駕籠之者差置候宿礼、

一、同壱歩、　同所 又兵衛方へ遣ス、

右同断、供之者居候宿ニ借候礼、

一、羽書拾匁、　同所 六兵衛方へ遣ス、

右同断、駕籠之者差置候宿礼、

但三右衛門方ト両家へ差置候、

一、羽書五匁、　上条 高源庵へ遣ス、

右者御奉行様御交替之節、上条通り可有歟と辰四月十一日ゟ同十三日迄借り置申候礼、但中河原通り御越ニ而入不申候、

一、同三匁、　同所 松左衛門方へ遣ス、

右同断、

一、同五匁、　宮後 吉兵衛方へ遣ス、

右者能登守様当六月朔日月読宮へ御参詣被為成候、出会当番宿礼、

一、同百四拾七匁五分、　料理者 勘兵衛方へ遣ス、

右者会合之節、料理雇ひ候賃、但卯ノ十二月十七日ゟ辰七月六日迄分、一日ニ

弐匁五分つゝ、
一、同八拾匁、　物書 市郎兵衛方へ遣ス、
右者会合用事ニ付、物書ニ頼候礼、
但卯ノ十二月廿二日ゟ辰六月廿一日迄、日数合
三十二日分、一日弐匁五分つゝ、
一、同三拾匁、　子共三人へ遣ス、
右者会合之節通ひニ頼候故遣ス、
一、同弐百四拾四匁、
右者　渡辺下総守様御不快之節、
祐詮御見舞申上候駕籠賃、但卯ノ
十二月廿九日両替屋ニ而借り祐詮方へ
渡ス、此度両替屋へ済ス、
一、金壱両弐歩ト　左官茂大夫方へ渡ス、
羽書弐匁弐分五厘、
右者会所玄関其外所々少々壁
去冬直し候入用、去冬切手ニもれ候故、
両替屋ニ而借り渡し候而、此度両かへ屋へ済、
一、羽書百六拾匁、

右者辰正月・二月小使夜廻りニ付遣ス、
一、同四拾弐匁、
右者辰二月十日大坂金奉行衆へ
御上納金差出証文案紙窺ニ遣候
飛脚賃、一之木吉三郎へ渡ス、
一、金拾九両弐歩ト
羽書拾匁四分五厘、
右者当三月御拝借金大坂へ御上納、
役人伝大夫罷越候、上下入用進物等惣
入用高也、
一、同三歩弐朱ト銭四百文、
右者渡辺下総守様御参府御
悦として辰ノ卯月廿一日江戸へ遣候
飛脚賃、但宇治ト相合之飛脚半分
宇治ゟ出ス、大せこ勘八へ渡ス、
一、銭拾貫文、
右者　大岡能登守様御始入ニ付、
辰ノ四月十八日御年礼馬代ニ差上候、

一、金壱両壱歩、
右者当正月江戸御年頭大上之御
熨斗台之代、福井数馬方へ渡ス、
一、同壱両壱分ト
羽書拾弐匁七分六厘、
右者　大岡能登守様当四月
十日松坂御泊、当番益織部・役人
平兵衛相勤候、道中上下入用惣高也、
一、羽書四拾八匁壱分、
右者当二月喧咜掛ヶ候ニ付、竹・
高札之板・釘・大工作料諸事入用之
高、大工権七方へ渡ス、
一、同三拾四匁弐分、
右者北御門御高札かこひ直し
申候諸事入用、右同人江渡ス、
一、同五匁九分、　小河町 半兵衛方へ払、
右者会所座敷之手水鉢すへ候
台之木弐本之代、
一、同六匁、　一之木 権四郎方へ払、
右者会所長屋之障子なをし、
色壁之ふち等ニ遣候小割之代、但辰ノ
二月十一日ゟ同七月五日迄之分、
一、同六拾四匁五分、　舟江 彦兵衛方へ払、
右者会所物置屋ね葺かへ候枌之代、
駄ちんともニ、
一、同四拾六匁三分、　瓦屋 源太郎方へ払、
右同断、屋ねへ置候瓦之代、
一、同八匁七厘、　釘屋長兵衛方へ払、
右者会所こかけかね・ひちつほ、
其外何角ニ遣候釘之代、但辰ノ正月七日ゟ
同六月廿一日迄分、
一、同六拾六匁、　大工 権六方へ渡ス、
右ハ会所之繕ひ普請作料、但卯之
十二月廿日ゟ辰ノ七月五日迄、日数廿二日分、
一日三匁つゝ、

一、同拾六匁六分、　大工 権七方へ渡ス、
右同断、此内三匁六分ハ屋ねおさへ竹
宮川ゟ取寄セ候駄賃、とゆ竹之代共ニ、
一、同八拾壱匁七分、　大工 庄右衛門方へ渡ス、
右者中嶋口堤石段直し候諸事入用、
又堤駒よせ直し申候諸事入用、
一、同四拾八匁壱分、　本屋九兵衛方へ渡ス、
右者会合ゟ江戸江遣候状賃、其外
小林御組衆ゟ被頼江戸へ遣し候状賃、
但卯ノ十二月十九日ゟ辰ノ六月廿八日迄之分、
一、金弐両弐歩ト
羽書五百弐拾四匁八分九厘、
右者　能登守様欣浄寺江御入之
節、何角繕ひ入用代、一之木町江渡ス、
一、羽書四百四拾八匁壱分、
右者卯十二月十七日ゟ辰六月廿九日迄之
会合飯料、人数三百七拾六人分、内
九十五人ハ物書飯料也、
一、銀百四拾壱匁三分、
右者当正月江戸御年頭御熨斗
拾把台之代惣高也、福井数馬方江渡ス、
一、金壱両弐歩ト羽書四拾七匁、
右者当四月七日　紀州様松坂江
御入ニ付、福井数馬松坂相勤候諸事入用、
数馬方へ渡ス、
一、羽書五百五拾六匁、　拝田村江渡ス、
右者辰正月朔日ゟ同五月廿日迄昼夜
六人つゝ、同廿一日ゟ七月十日迄ハ夜六人つゝ、
町方廻らせ候、人数合千百拾弐人、但
壱人前五分つゝ酒手ニ取らせ候、
六十八口合
金四拾両弐朱
銀百四拾壱匁三分
羽書九貫六拾壱匁六分
銭拾貫四百文

右之通御渡し可有之候、以上、
辰ノ
七月十日　　　　　三方（印）
福嶋左近殿

10、山田三方会合費出金依頼状（竪紙）

覚

一、金五拾壱両弐歩、羽書拾四匁三分四厘、
但銀三貫目之代、五拾八匁替、
右者　御公儀御悔、福井数馬差下候
路銀也、
一、銀三枚　　　　普光寺江遣、
右者火祭初尾如例遣ス、
右之通御渡シ可有之候、以上、
辰
十月廿六日　　　　三方（印）
福嶋左近殿

11、三方会合丁銀割目録（継紙）

丁銀五貫目之割
一、丁銀五百五拾目　上之郷
一、同四百四拾目　上中之郷
一、同四百四拾目　下中之郷
一、同五百五拾目　八日市場
一、同弐百四拾五匁　曽祢
一、同四百四拾目　（大世古／櫟木）
一、同四百四拾目　一志・久保
一、同六百目　宮後・西河原
一、同弐百四拾五匁　田中・中世古
一、同弐百四拾五匁　下馬所・前野
一、同五百六拾五匁　（岩渕／岡本／吹上）
一、同四百四拾目　（船江／河崎）
一、同三拾五匁　妙見町
一、同五拾目　世義寺坊中
一、同五百目　浜五郷
一、同三百目　二見北三郷

一、同弐百目　　　大湊惣中
一、同弐拾五匁　　　王中嶋村
一、同百目　　　一色村
是ハ鶴松御新田之掛り一ヶ年ニ二度かけ申候也、
右拾九口、合丁銀六貫四百拾匁也、
当月晦日を限御請取可有之候、以上、
辰ノ
十一月六日　　　三方（印）
福嶋左近殿

12、山田三方会合費出金依頼状（継紙）

覚

一、金五拾壱両弐歩与
羽書拾四匁三分四り、　　　堤刑部方へ遣、
但銀三貫目之代、五拾八匁替、
右者来御年頭御礼物代ニ罷下り候路銀、
一、同弐拾四両壱歩与
羽書拾三匁八分、　　　深井平兵衛扶持方ニ遣、
但銀卅三枚之代、五拾八匁替、

一、同拾七両与
羽書三匁三分壱厘、　　　井村伝大夫扶持方ニ遣、
但銀弐拾三枚之代、五拾八匁替、
一、同拾七両与
羽書三匁三分壱厘、　　　河村勘兵衛扶持方ニ遣、
但銀弐拾三枚之代、五拾八匁替、
一、同拾壱両与
羽書七匁七分四り、　　　河村善兵衛方へ遣、
但銀拾五枚之代、五拾八匁替、
一、同拾両、　　　小川金左衛門扶持方ニ遣、
一、同五両与羽書拾壱匁三厘、　　　小使 仁兵衛扶持方ニ遣、
但銀三百目代、五拾八匁替、
一、同五両与羽書拾壱匁三厘、　　　同 庄三良扶持方ニ遣、
但右同断、
一、同五両与羽書拾壱匁三厘、　　　同 勘吉扶持方ニ遣、
但右同断、
一、同五両与羽書拾壱匁三厘、　　　同 新七扶持方ニ遣、

但右同断、
一、同七両壱歩与　　会所守料
羽書拾匁四分八厘、　　深井平兵衛方へ遣、
但銀拾枚之代、右同替、
一、同弐両弐歩、　火消頭
志賀六左衛門扶持方ニ遣、
同
一、同弐両弐歩、　井口茂左衛門扶持方ニ遣、
一、同拾両、　下火消十人扶持方ニ遣、
但壱人前壱両宛、
一、同弐両　（権右衛門
忠兵衛）扶持方ニ遣、
但出火之時、注進ノ使役、壱人前壱両宛、
一、同壱両弐歩、　宮川堤番
十三郎扶持方ニ遣、
同
一、同壱両弐歩、　久兵衛扶持方遣、
前山庄屋
一、同弐両、　（善兵衛
吉右衛門）扶持方遣、
小林宿
一、同弐両、　甚兵衛方へ遣、

一、同壱両弐歩、　　右同人江遣ス、
但三方人度々勤、造作有之故如此遣、
一、羽書拾匁、　　右者ノ女房へ遣、
定例、
一、金壱歩、　中川原
久右衛門方へ遣、
定例、
一、同壱歩、　中嶋町
又右衛門方へ遣、
右同断、
一、同壱両、　北御門
六大夫方へ遣、
右同断、
一、同壱両、　一ノ鳥居
弥左衛門方へ遣、
右同断、
一、同弐歩、　常明寺町
庄兵衛方へ遣、
右同断、
一、銭五百文、　小林村
弥右衛門方へ遣、
右同断、
一、同五百文、　小俣村
文右衛門方へ遣、
右同断、

一、金弐両壱歩　中村六郎兵衛方へ遣、
羽書六匁、
但弐人扶持、七月ゟ十二月迄六ヶ月分、米壱石
八斗之代、但金壱両ニ付七斗六升八合替、
一、同弐両壱歩　前小使勤メ
羽書六匁、　又兵衛方へ遣、
右同断、
一、同弐両壱歩　小使新七親
羽書六匁、　三右衛門方へ遣、
右卅壱口合
金百九拾三両壱歩
羽書百弐拾五匁壱分
銭壱貫文
右之通御渡し可有之候、以上、
辰ノ十二月七日　三方（印）
福嶋左近殿

13、三方会合算用証文（竪紙）

覚
正徳元辛卯年極月廿日会合賄金之利分、
又足代民部賄ひ算用之残金、又両度之
配符銀、以上渡方合金七百三拾四両ト羽書
拾五匁三分三厘三毛ト丁銀三拾壱貫六百五拾匁也、
会合ゟ切手ニ而八度ニ請取候分合金千
三拾三両三歩弐朱ト丁銀三百五拾六匁三分ト
羽書九貫四百九拾壱匁八分七厘也、右渡シ方
請取方指引仕、過上金四拾四両ト羽書
九匁九分九厘七毛、其方江相渡し候、算用
無相違皆済之処実正也、為後日仍
証文如件、
正徳二壬辰年極月廿日　三方（印）
福嶋左近殿
○右十三通は一巻に成巻されている。

四八、屋敷売渡証文（竪紙）

手形之事

今度御所持之屋敷銘々ニ絵図・御証文之通、代金三百両ニ内山文大夫江御売渡シ被遊候、来年巳ノ七月中ニ右之金高ヲ以年貢之差引仕、御買返し之筈ニ双方申合置候、尤其刻右之絵図・証文共ニ急度請取可申進候、其過候ハ、此手形可為反古候、為後日仍如件、

正徳二壬辰年十二月十二日　使　奥本三郎兵衛（印）

福嶋左近様

四九、上田忠右衛門金子借用証文（竪紙）

覚

一、金小判拾弐両旅拵ニ拝借仕候処実正也、帰宅次第急度差上可申候、為其如此御座候、以上、（印）（印）

享保元丙申年十月廿六日　上田忠右衛門（印）

御台所

五〇、後桜町天皇口宣案（宿紙）

（端裏書）「口　宣案」

上卿　源大納言

宝暦十四年三月十三日　宣旨、

度会末命

宜叙従五位下、

蔵人左中弁兼左衛門権佐藤原俊臣　奉

五一、後桃園天皇口宣案（宿紙）

（端裏書）「口　宣案」

上卿　新大納言

明和八年四月廿八日　宣旨、

従五位下度会末命

宜叙従五位上、

蔵人左小弁藤原謙光　奉

五二、光格天皇口宣案（宿紙）

（端裏書）
「口　宣案」

上卿　右大将
寛政十一年十月七日　宣旨、

度会末村

宜叙従五位下、

蔵人左少弁兼左衛門権佐中宮大進藤原国長　奉

五三、仁孝天皇口宣案（宿紙）

（端裏書）
「口　宣案」

上卿　新源大納言
天保七年正月十一日　宣旨、

従五位下度会正澄

宜令叙従五位上

蔵人頭右近衛権中将兼皇太后宮権亮藤原忠能　奉

五四、孝明天皇口宣案（宿紙）

（端裏書）
「口　宣案」

上卿　徳大寺中納言
嘉永二年正月十一日　宣旨、

正五位下度会正澄

宜叙従四位下、

蔵人頭右中弁藤原資宗　奉

五五、福嶋相模金子預証文（継紙）

（端裏書）
「反古」

（印）
預り申金子之事

一、金七拾両也、

（印）
右之金子要用ニ付預り申処実正也、

返済之儀者其元入用之節無相違

急度返済可致候、為後日仍一札如件、

安永三甲午年三月

預り主
福嶋相模（印）

証人家来
山口七左衛門（印）

同
横橋吉左衛門（印）

同　市村五郎兵衛（印）
同　長谷政右衛門（印）
同　吉田源左衛門（印）
同　辻田専右衛門（印）
同　市村伝左衛門（印）
同　河村善五大夫（印）
同　小沢長兵衛（印）
同　中山忠治（印）
同　嶋田伝兵衛（印）
口入　村林作兵衛（印）

中山平兵衛殿

○本文・印共に墨引き抹消する。

五六、八木六左衛門後家等願書（竪紙）

御願奉申上口上

八木六左衛門後家ぎん・同親類行岡猪兵衛・安井市郎大夫・佐奈七兵衛御願奉申上候、当夏小方定八帰宅後名跡日夜是迄聞立申候処、今以相応之者無之難渋至極仕候、然所最早御旦廻出立之時節ニ茂相成申候得者、御上始　各様御賢察之程恐入奉存候、余り延引罷成申候間、何共御願申上兼候得共、今年者小方以定八飛脚勤ニ御免被為仰付被下候ハヽ、千万忝仕合可奉存候、此上無油断名跡聞繕ひ申候得者、相調次第相続御願申上度奉存候、是等之趣　御前宜御取成御披露奉頼上候、以上、

安永四乙未年九月廿二日

八木六左衛門後家　ぎん
親類　行岡猪兵衛（印）
同　安井市郎大夫（印）
同　佐奈七兵衛（印）

旦那様
御代官衆中

五七、辻庄大夫請状（竪紙）

一札

此度三宅長右衛門倅辰之助義、致別家辻庄大夫与
相改、　御家之御家来ニ被為成下候様ニ奉願候処、
御聞届被為遊候而願之通被為仰付被下難有
仕合奉存候、則　御家御格式并御家来勤方之儀
先格之通被　仰聞奉畏候、少も麁略仕間敷候、尤
宗門者浄土宗ニ而御坐候、万一悪事有之候共親類共
引請奉掛御苦労間敷候、右之趣幾久相守り
可申候、仍奉差上状如件、

下中之郷町
辻庄大夫（印）
安永九庚子年三月
八日市場町
三宅長右衛門（印）
宮後西河原町
濱口六右衛門（印）

福嶋相模様
横橋吉左衛門殿
長谷政右衛門殿
吉田佐兵衛殿

五八、橋村大炊申合一札（竪紙）

申合之一札

此度拙者倅吉五郎儀、勘十郎与致改名
貴殿御仲人ニ而福嶋豊後殿養子ニ
御所望ニ付致進上、後々目出度御家
相続為致可被下段忝奉存候、併此上
豊後殿御実子御出生有之、御実子江
御家督相続有之運ひニ相成候節者、
勘十郎儀右御実子之兄ニ御立被下
何方江茂御世話可被下旨致承知候得者、
右様之節者豊後殿思召次第御取計
可被成候、右申合候上相違無御座候、
為後日貴殿迄一札如件、

享和二壬戌年四月
橋村大炊（印）
親類
福井帯刀（印）

上部越中殿

五九、三方会合金子借用証文（竪紙）

一札

一、金弐拾三両壱歩也、

右者会合へ致借用候元金三拾両、
八ヶ月壱割之利足、去ル午六月ゟ当亥
五月迄可相渡金高也、今般廿ヶ年之
仕法相立候ニ付右年限相済候、翌申年
六月右金高取揃無相違相渡可申候、
為後年差入申一札如件、

天保十己亥年六月　三方（印）

福嶋豊後殿

六〇、三方会合金子借用証文（竪紙）

一札

一、金弐百三拾四両壱歩と
羽書三匁四分、

右者豊後国檀中ゟ之寄附有之候元金
弐拾五両、去辰八月ゟ当亥七月迄可相渡年
壱割之利足合金拾七両弐歩会合所へ
致借用候、元金三百両去辰十月ゟ当亥九月
迄可相渡年壱割之利足合金弐百拾両、残而
金六両三歩、三匁弐分者去ル巳年八月・九月・
十一月三ヶ度ニ預用達候金高也、今般廿ヶ年之
仕法相立候ニ付右年限相済候、翌申年九月
右金高取揃無相違相渡可申候、為後年差
入申一札如件、

天保十己亥年九月　三方（印）

福嶋豊後殿

六一、会合拝借金勘定書写（折紙）

天保十己亥年六月証文、

御会合拝借金、
元金五口合
金四百四両、
利足弐百六拾両弐歩、
十三匁八分六厘、
元利〆金六百六拾四両弐歩、
十三匁八分六厘、

御会合預ヶ金、
元金三口合
金三百五拾五両、
利足弐百五拾七両八歩、
三匁弐分、
元利〆六百十弐両弐歩、
三匁弐分、
指引不足、
金五拾弐両、
拾匁六分六厘、

卯年五月
一、金六両、（地震ニ付御役所拝借金、当方分会合普請用ニかし、）

摂社金利足渡し、
前々金拾両ツ、
弘化六（マヽ）申年　金拾両也、
同酉年四月　同拾両也、
同戌年五月　同五両也、
同七月　同弐両弐歩、
亥年六月　同弐両弐歩（戌年分、皆済）
　同弐両弐歩（亥年分、内渡し）
同十二月　同五両内渡し、
子年閏二月　同弐両弐歩（亥年分、皆済）
　同弐両弐歩（子年分、）
同五月　同七両内渡し、
丑年十二月　同五両内渡し、
寅年十二月　同三両内渡し、
卯年十月　同三両内渡し、

辰年｜月不分　同三両内渡し、
巳年同　　　同三両内渡し、
午年十一月　　同三両内渡し、

六二、三方会合金子借用証文（竪紙）

一札

一、金三拾両也、
右者会合江致借用候処実正也、去ル子年ゟ
廿ヶ年之仕法相立候ニ付、年限中ハ毎年五月
年三歩之利足無相違相渡、右年限相済候
翌申年六月ゟ年壱割之利足ニ相改可申候、
為其一札如件、

嘉永元戊申年六月　　　三方（印）

福嶋豊後殿

六三、三方会合金子借用証文（竪紙）

一札

一、金弐拾五両也、
右者其元旦中豊後国ゟ寄附有之候金子
之由、会合江預り申処実正也、去ル子年ゟ
廿ヶ年之仕法相立候ニ付、年限中ハ毎年七月
年三歩之利足無相違相渡、右年限相済候
翌申年八月ゟ以前之通、年壱割之利足ニ
相改可申候、為其一札如件、

嘉永元戊申年八月　　　三方（印）

福嶋豊後殿

六四、三方会合金子借用証文（竪紙）

一札

一、金三百両也、
右者会合所江致借用候金高也、去ル子年ゟ
廿ヶ年之仕法相立候ニ付、年限中ハ毎年九月
年三歩之利足無相違相渡、右年限相済候

翌申年十月右金高皆済可申候、若年
延之取計頼入候ハヽ、以前之通年壱割之
利足ニ相改可申候、為其一札如件、
嘉永元戊申年十月　　　三方（印）
福嶋豊後殿

六五、福島末方叙爵願引留（冊子）

（表紙外題）
安政乙卯年従正月至二月
叙爵願引留
福島保二郎末方

正月二日
一、末方
此名乗三日市家来児玉左大夫江相頼候処、色々撰呉候
得とも右末方と為相名乗候事、

同七日
一、吉日ニ付御惣官政所代檜垣四神主殿江予罷越し、面会之上倅保二郎儀権禰宜職御願申上度、右ニ付願方之儀万事不馴之事ゆへ願書等之義御差図被下、其余名代等御呼寄せ之義有之候ハヽ、自由之義ニ者候得とも、拙者方当時無人ゆへ御沙汰被下候ハヽ、拙者罷出可申候間、此儀御含ニ預り度、尤四代祖考之義者左之通認持参いたし候間、御覧可被下旨申入相頼候処、承知いたし候との事ニ而、左之通願書幷白銀拾五匁是者祭主殿江差上候事ゆへ、後刻迄ニ右両用とも下使ニ而宜候間御遣し可被成、左候ハヽ今日御名代被差出候積りヲ以可取計、則御願立之趣、明日京都江通飛ヲ以可申上との事ゆへ、万事相頼帰宅いたし、左之通願書本紙相認、白銀者宇仁田江包ニ遣し、夫ゟ下使ヲ以四神主殿江為持遣し候事、

高祖父	権禰宜度会末茂	
曾祖父	権禰宜度会末柱	
祖父	権禰宜度会末徳	
父	権禰宜度会末韶	
本人	末方	三歳

右之通切紙江認、持参之事、

一、願書左之通、

奉願口上　紙小原、立書、

此度私男保二郎末方儀、権禰宜職御願奉申上候、依之小折紙差上之候、早速御補任被為成下候様、宜被仰上可被下奉願候、以上、

卯
正月七日　福島伊豆印

御惣官御家

政所代殿

右願書ニ小折紙差上之と有之、此儀者宜御頼申上候旨申入相頼候事、尤此義者前書ニ有之四代祖考之事也、

正月十八日

一、政所代殿ゟ左之通書状至来、

御惣官

政所代使、

口上之覚

先達被願出候権禰宜職御補任至来候間、明十九日於司家頂戴可有之候、尤如例当方江受書可差出候也、

正月十八日

追而飛脚賃四匁差出可被成候也、

十九日

一、保二郎為名代今井孝右衛門継上下着用、白銀拾五匁包為持、大宮司殿江差遣し候処、受書持参被致候哉之旨役人出合申聞候ニ付、如何様之認方ニ候哉、主人不心得ニ付持参不致候、依之下書可被下之旨申入候処、則承知之上左之通下書申受帰り本紙相認、亦々差遣し候処、祭主殿御補任幷司奉行合而弐通被相渡候ニ付受取之、直様宿館へ差遣し、役人江面会之上、福島伊豆倅保二郎儀此度権禰宜職御願申上候処、御聞済之上今日於司中祭主殿御補任幷司奉行頂戴いたし候間則差上

申候、依之宮奉行願上候旨申入候処、慥ニ御預り申
候、明日四つ時受取ニ可被出との事、
一、左之通切紙江相認、右之節可差出、兼而用意持参可為
致事、

福島保二郎末方 三歳

一、大宮司殿江之受書左之通、（美濃紙、立書、上包同紙、）
此度拙者儀、権禰宜職御願申上候処、御許容相済
祭主殿御補任幷司奉行御渡し被成下、難有頂戴仕
候、仍御請書如件、
安政二乙卯年正月十九日　福島保二郎印
司家
政所殿
十九日
一、政所代殿江差遣ス受書左之通、（紙小原、立書、）
此度私儀権禰宜職御願奉申上候処、早速　御補任被
成下難有奉存候、就夫以来　御神事之節、祗承役可
被　仰付之旨奉畏候、仮名・実名相改候節者御願申
上　御物官様御許容之上披露可仕段承知仕候、仍御
請如斯ニ御座候、以上、
安政二乙卯年正月十九日　福島保二郎印
御物官御家
政所代殿
廿日
一、保二郎名代今井孝右衛門（継上下）宿館江差遣し、昨日御
願申上候宮奉行頂戴ニ罷出候趣申入、役人出合、則御
渡し申候との事、受取之、直様檜垣二神主殿江罷出花
押申受、久志本三神主殿江罷出候処、他出之よし二而
立帰り、亦々差遣し候処同様他出之よしニ而帰り候
事、
廿一日
一、久志本三神主殿江差遣し候処、在宿ニ而花押申受、夫
ゟ檜垣四神主殿・久志本五神主殿・松木六神主殿・松
木七神主殿迄花押申受候事、
廿二日

一、宮後八神主殿・檜垣九神主殿・檜垣十神主殿へ差遣し同様花押申受、直様宿館江差遣し、役人江面会、御正員中花押相済候間、御政印相願候旨申入、白銀壱両相添差出し候処、明廿三日四ツ時可被出との事、

廿三日

一、宿館江今井孝右衛門（継上下）差遣し、昨日願上候御政印相調候ハヽ、御渡し可被下旨申入候処、直様役人ゟ相渡し候ニ付受取帰り候事、

廿三日

一、政所代檜垣四神主殿江予罷出面会之上、段々御苦労被成下先権禰宜職相調忝奉存候、此上叙爵之儀宜願上候、尤自由之儀ニ候へ共、明廿四日同席福島豊後為御年頭上京いたし候間、祭主殿江御願立被下候者言伝申度、左候ハヽ、直ニ相届可申、且者脚料も入不申、此段御承知被下度御頼申上候旨申入、尚白銀拾五匁（宇仁田包、祭主殿之分）差上候旨申入候処承知いたし候、後刻迄ニ従是油紙包為持上候間、豊後殿京都着之上下男ニ而宜敷候間、言伝り候旨ヲ以祭主殿へ為御持遣し可然旨被申聞候事、

但し款状料百疋持参之事、

二月六日

一、御物官政所代殿ゟ使左之通、

御物官

政所代使、

半切認、

口上之覚

先達被願出候叙爵成　勅許口　宣案至来候間、明七日於司中頂戴可有之候也、

二月六日

追而三日切を以被差下候間、飛脚賃八匁可被差出候也、

二月七日

一、保二郎名代今井孝右衛門（継上下）司家へ差遣し役人江面会之上、先達御惣官政所代殿江願出候叙爵成　勅許口宣案至来ニ付、御当家様江頂戴ニ可罷出様、昨日政所殿ゟ御沙汰ニ付、則頂戴ニ罷出申候旨申述、白銀拾五匁并左之通御受書差上候旨申入候処、奥江被入候上口　宣案・祭主殿御下知并御告状合而三通被相渡候ニ付受取之引取候事、

一、請書左之通、美濃紙、立書、上包同紙、

此度拙者儀、叙爵御願申上候処、早速成　勅許、則

口　宣案・祭主殿御下知幷御告状合而三通御渡し被

成下難有頂戴仕候、仍御請書如件、

安政二乙卯年二月七日　　福島保二郎印

司家

政所殿

一、右司中江差出し、口　宣案・祭主殿御下知幷御告状受

取、直様宿館江罷出役人面会之上、右之三通於司中頂

戴いたし候間、宮奉行御願申上候旨申入候処承知いた

し候、右之三通者慥ニ御預り申候、明日四ツ時亦々可

被出との事、

一、右相済政所代殿江孝右衛門差遣し、昨日委細被仰下候

ニ付、只今司中江罷出頂戴仕候、此段御礼申上候、尚

昨日被仰聞候飛脚賃八匁差上候旨取次へ申入候処、慥

受取申候、其余入御念候義四神主江可申聞との事、

二月八日

一、保二郎名代孝右衛門継上下宿館江差遣し役人江面会、

昨日御願申候宮奉行頂戴罷出候旨申入候処、則御渡し

申候との事ニ而受取之、直様二神主殿江罷出花押申

受、三神主殿江罷出候処他出之よしニ而引取、亦々差

遣し候処在宿、花押申受、夫ゟ四・五・六・七神主殿

迄相済、及夕刻帰り候事、

九日

一、八・九・十神主殿へ孝右衛門継上下差遣し花押申

受、直様宿館へ罷出、御正員中花押相済候間御政印御

願申候旨申入、尚白銀壱両宇仁田包差出し候処、役人出

合承知いたし候、明十日四ツ時亦々可被出との事、

但し正員中へ罷出候節者玄関江可出事、

十日

一、名代孝右衛門継上下宿館江差遣し、今刻罷出可申様昨

日被仰聞候ニ付罷出候旨役人江申入候処、奥へ被入候

上、被出御政印相調候間御渡し申候との事ニ而受取之

帰り候事、

一、政所代殿江予罷越し面会之上、倅叙爵相調段々御苦労

被下候段忝奉存候、右御礼罷出候旨申入、尚為肴料百

疋差出し候事、

諸事入用方左之通、

権禰宜願之節祭主殿へ

一、白銀拾五匁、包壱　任料、

此代羽書拾五匁、封し賃とも

一、四匁、　飛脚賃、

但し京都へ往来とも

大宮司殿へ

一、白銀拾五匁、　司奉行料、

此代羽書拾五匁、封し賃とも

宮政所大夫殿江

一、同壱両、　宮奉行料、

此代四匁三分

叙爵願之節

一、白銀拾五匁、包壱　祭主殿江、

此代羽書拾五匁、封し賃とも

一、金壱歩、　政所代殿江、

右者款状料

一、八匁、　飛脚賃、

但し京都ゟ当地迄三日切也、尤当地ゟ

京都江者豊後殿江上京ニ付伝言ケ遣し

候ニ付無賃也、

御告状料

一、白銀拾五匁、　大宮司殿へ、

此代羽書拾五匁、封し賃とも

宮政所大夫殿へ

一、同壱両、　宮奉行料、

此代四匁三分、封し賃とも

政所代殿へ

一、金壱歩、　肴料、

惣〆百拾弐匁六分、

此金壱両三歩ト六分、

六六、三方会合金子借用証文（竪紙）

一札

一、金六両也
右者去寅十一月大地震ニ而居宅等及破損、
難渋被致ルニ付、為御救御金拝借被願上候処、
御取調子之上御憐愍を以御金御貸渡、来
辰ゟ丑年迄無利足、十ヶ年賦済被仰渡、
其許拝借金之内書面之金高会合所普請
用ニ借用申処実正也、然ル上者毎年会合ゟ
金弐歩六匁四分ツヽ、其許江無相違相渡可申候、
為其一札如件、
安政二乙卯年九月　　三方（丸印）
福嶋豊後殿

六七、借用証文案（竪紙）
借用仕御金之事
一、金拾弐両也
右者去寅十一月大地震ニ而居宅等及破損
難渋仕候ニ付、為御救御金拝借奉願上候処、
御取調子之上、御憐愍を以書面之金高
御貸下、来辰ゟ来ル丑迄無利足、十ヶ年賦済
被為仰渡難有奉存候、依之右金高御渡
被下借用申処実正也、然ル上者一ヶ年金
壱両拾弐匁八分ツヽ、来辰ゟ来ル丑迄毎年
十一月晦日限聊無遅滞急度御会合江
差上可申候、為後日証文如件、
安政二乙卯年九月　　何之誰
親類証人　何之誰
同断　――
三方――

六八、家事相談日次記（継紙）
安政六己未年三月廿七日
一、福嶋頼母ゟ利兵衛を以昨年以来御咄申候通家事難立

行、親類御相談預り度、明廿八日午時後ゟ御入来被下
度との事ニ付承知之旨申上候事、

同　廿八日

一、赤坂利兵衛罷出、明日御寄合之義御願申処、参宮人ニ
差支申候間御延引、追而御願申上度との事ニ付承知之
旨申上候事、

同　廿九日

一、前同人罷出、今日御出席被下度申出候事、

同　同

一、福嶋頼母殿へ罷出、同家家事寄合、福嶋大夫殿・谷采
女殿・予出席、年中納所方金四拾九両弐歩余、借財高
千両余有之、此節返金口并利足八十両計無之而者凌方
不相付何共相談六ヶ敷、依之親類中へ一同江相談ニ預
り可申、近々頼母殿夫々江被相廻候積りニ申入、尚於
家来ニも右八十両調達方心配可致候申談引取候事、

同　四月二日

一、赤坂利兵衛罷出、頼母方家事之義重申出候事、

同　三日

一、福嶋頼母殿ゟ鰹さしミ一皿 凡半節計 到来之事、

同　五日

一、福嶋頼母殿家事之義ニ付親類福嶋大夫殿・堤長門殿・
上部越中殿代図書殿・福本藤馬殿・谷采女殿・予同家
へ打寄り云々相談之事、
但し尚六人連候而下之久保北の屋へ罷越し鰻子等
ヲ給候事、

同　十四日

一、福嶋頼母殿方へ罷越し、谷采女殿ニ面会候、頼母殿方
松坂ゟ借り入金之義ニ付云々相談之事、

同　十五日

一、福嶋大夫殿入来、頼母殿へ借り入有之候松坂金八十両限月ニ付催促ニ来り候趣ニ而相談ニ被見候事、

同　廿日

一、福嶋大夫殿へ罷越し、頼母殿方家事仕法ニ付当坐入用金八十両融通頼入可申書状之義ニ付云々相談之事、

同　廿一日

一、福嶋頼母殿旦所阿州世話人中へ金八十両無用被頼入候ニ付親類ゟも同様礼状差遣し、大夫殿・采女殿・予三銘之連名花押いたし候事、

同　廿三日

一、福嶋大夫殿方ニ而頼母殿方松坂金之義ニ付、右両人谷采女殿・予云々相談之事、但し一名出ル、

同　廿五日

一、福嶋大夫殿・谷采女殿入来、頼母殿方松坂金之義ニ付、云々相談、一名差出し対面之事、

同　廿六日

一、福嶋頼母殿入来、松坂へ此節可差遣金七両出方無之、弐両者膳椀曲物ニいたし、弐両者大夫殿、壱両弐歩者采女殿、壱両弐歩之処融通ニ預り度頼候付勘考いたし置可申旨申入候事、

同　廿七日

一、谷采女殿相招、頼母殿方松坂金内納七両割取替、拙者分壱両弐歩口入方相付候ニ付致承知候、乍去来月卅日ニ者無間違返金預り度申入候処委細承知いたし候、手支いたし申間敷義被申聞候事、

同　五月同日

一、谷采女殿方へ罷越し、頼母殿方松坂金割取替、当方分金壱両弐歩持参、同人ゟ之証書預り来り候事、

同　五月十日

一、赤坂利兵衛先達大坂天王寺へ金子口入ニ差遣し候処、右於旦中聊融通出来いたし不申迚云々申出候事、

同　同

一、福嶋頼母殿入来、中旬参籠いたし候ニ付、留主中家事仕法御相談之義相願度、委細者利兵衛ゟ御聞取被下度との頼候付承知之旨申上之事、

同　廿日

一、福嶋頼母殿方へ罷越し、同人方家事之義ニ付、福嶋大夫殿・谷采女殿・予寄合相談之事、

同　六月十日

一、福嶋大夫殿へ罷越し、頼母殿方之義ニ付、大夫殿・福本藤馬殿・谷采女殿・上部越中代図書殿・予打寄、頼母殿暮し方并家事仕法相談、夜八ッ時帰宅之事、

同　十一日

一、福嶋頼母殿入来、昨夜寄合之一礼被申聞、同人暮し方并家事仕法之義云々噂有之事、

同　十三日

一、中北栄助方へ福嶋大夫殿同道罷越し、頼母方旦所丹波国売渡し有之、去五月限月之処今暫差延之義頼入候処、親共江も可申聞旨申聞候事、

同　十四日

一、赤坂利兵衛罷出、頼母方へ小林御組平川要人殿娘妻ニ世話可致哉之旨井村伊蔵申呉候、此節者家事之義御親類御相談取乱候折柄ゆへ、一応御伺申上候との事ニ付外親類とも相談し可申旨申入候事、

同　十五日

一、福嶋大夫殿方へ罷越し、昨日利兵衛申出候頼母殿妻縁

之義云々内談、明後十七日外親類ニも打寄候、可相談旨申約し候事、

同　十六日

一、赤坂利兵衛罷出、頼母妻縁一条、外之御親類中へ申上置候、此段御承知被下度との事ニ付承知之旨申上之候事、

同　十九日

一、赤坂利兵衛頼母殿方松坂ゟ借り入有之義ニ付罷出候事、

同　廿一日

一、福嶋大夫殿方ニ而頼母殿方御義ニ付、福本藤馬殿・谷采女殿寄合いたし候事、

同　廿三日

一、前同断之事、

同　七月五日

一、福嶋大夫殿へ罷越し、去ル一日申承り谷采女殿妻縁之義、去ル二日白米左近殿へ罷越し云々申入御談、尚又福嶋頼母殿方松坂金之義云々申談し候事、

九月四日

一、福嶋頼母殿方へ妻縁親類として老松壱升・切手鯛一尾・海老二相贈り候事、

六九、家事向相談相止に付書付（小切紙）

万延元庚申年二月五日

一、福嶋大夫殿帰国祝詞旁々入来、福嶋頼母方家事之儀、去年中親類相談ニ相成候処、此節ニ至り右相談之義者相止メ、家事向相任せ呉候様、本人ゟ申出候、右者以来家事向之義親類江世話等不相掛、勿論家銘連綿いたし候様、本人者不及申、猶父谷左馬殿ゟ一札親類江取

置、其上相任せ候様可致之事哉御談し承知との事ニ付、其通り御取計可被下御同意申候段申答候事、

七〇、福嶋頼母持分拾ヶ国永代売渡に付書付（小切紙）

万延元庚申年十月十五日

一、福嶋頼母殿方持分山城国京都町方・大和国・摂津国大坂町方・和泉国・河内国・近江国・江戸・遠江国・駿河国・当国、都合拾ヶ国代金弐百七十三両弐歩ヲ以福嶋大二郎と申銘ニ而、上中之郷町中北左右馬方江永代売渡し候ニ付、親類福嶋大夫殿・当方・谷采女殿・家来赤坂利兵衛・西崎源三郎・高部鹿八郎・植田重兵衛・口入人岡村全蔵調印致し候事、

右引留ニ有之候事、

七一、三方会合役人金子借用証文（竪紙）

覚

一、金七両也

右者出府入用ニ付借用申候処実正也、来ル五月限無相違可致返済候、為其一札如件、

文久二壬戌年二月　深井平大夫（印）

森　保之丞（印）

下田光助（印）

横橋吉左衛門殿

河村善五大夫殿

七二、御奉納物金銀之割（継紙）

文久三亥年三月十六日

御所ゟ御奉納大判拾枚之割

権任壱人ニ付

金壱歩弐朱

同十二月廿七日

現米百石御奉納、権任壱人ニ付

金三朱ツヽ之由

此時出府留主中ニ付愚妻ゟ承ル

同（マヽ）五丑年二月十五日
同五拾石御奉納
慶応元丑年五月廿八日
右割
御祈皆勤之権任　　　右割
金壱歩三朱
廿九匁五文一厘　　参勤皆勤
不参之権任
金三朱弐匁

七三、本居大平書状（折紙）
尚々、富永氏ゟ書状指上
不申段、拙者ゟ宜敷申入候
様、呉々御断ニ申候、左様思召
可被下候、以上、
先般得御意候一件、
早速御返翰被下、忝致
拝見候、薄暑相催候処、
愈御清栄被成御座候由、
珍重之義奉存候、然者
肥後国富永氏松坂
滞留中、若故障之義
等有之候ハヽ、国元江御駈
引、万事御引受御世話
可被成との義、御念入候、御紙
表之趣、委細致承知候、
当所逗留中、旅宿等
諸事御世話可申候、其段
左様思召可被下、猶又
先便被指遣候御案文、
富永氏江相渡申候処、
別紙一札被認出候ニ付、
御届ヶ申上候、慥ニ御落手
可被下候、右御報旁如此
御座候、恐惶謹言、
稲掛大平
四月十五日　　意富（花押）

福嶋御塩焼大夫様

七四、山田屋甚九兵衛口上書

権任獣之図

外ニ一種アリ神路山奥荒木田村ニ座ス、形チよく似タリ

啼声　キヨウ〳〵ト云

乍恐口上

興行人
山田屋甚九兵衛

此度於御当地奉入御覧候権人獣与申物者、往昔者天村雲之中ゟ下り候などゝ申触し、追々従類券（マヽ）属多く相成、当時者三拾疋余ニも相聴へ、元来元来（マヽ）此獣高き所江登奉り僭上ヲ好ミ、言而強欲なる生れ付ニ御座候、若時者毛色赤して常ニ五位鷺ヲ喰し功をふるニ随ひ黒キ色ニ変し、四位之実ヲ喰ふ、西風ヲ好ミ北風を立合嫌ふ、昨年ゟ京都柳ヶ原ニおいて興行仕、夫ゟ当所江参り興行可仕各様方江御披露申上候処、御上様ヲ始メ町々御一統様へ思召ニ不相叶候ニ付、興行人者不及申、一同当惑仕候様ニ御評判あしく候而者、銘々職務ニも相障り、今日ニも渇命ニ可及と昼夜悲歎仕候、何卒出格之御憐愍ヲ以、御助成歟又補銀歟、頂戴仕度左様被成下候ハヽ、右ヲ貫置、銘々始メ権人獣迄少々ツヽ食物ニ取続可申奉存候、何卒御聞分被成下候者、冥加至極難有仕合奉存候、仍此段奉願上候、已上、

御町中御客様

七五、豊後日田郡懇意姓名西下定宿姓名記簿（横帳）

（表紙）

豊後日田郡懇意姓名
西下定宿姓名
記　簿

豊後日田郡姓名

豆田魚町
　秋元正五郎
同　八幡町
　合春章三
同　同　丑六
大原祠官
　元森藩家老
　久留嶋通尚
豆田石井・上野・川下戸長
　合原経吉
同
　広瀬善平
隈町竹田
　古後　到
同
　佐藤芳蔵
豆田八幡町
　合原一蔵

同　医師
　諫山宋作
三加村戸長
　広瀬半蔵
同　惣代 用松村
　用松庄次
同　惣代 草場村
　大内小八
同　伍長 財津村
　熊谷多蔵
豆田戸長
　夜明村元庄屋
　森山太郎
田島村
　八幡祠官
　高倉雪雄
馬原村戸長
　穴井祐一

求々里戸長
穴井堅吾
日高村戸長
土岐小太郎
田島村戸長
土岐半吉
渡里十二丁村戸長
長野静平
同　伍長
石井安吉
小野村伍長　河内
財津丈平
同　同　小竹
野田与七
同　同　下小竹
神川真吉
同　同　上小竹
権藤幸一

同　同　元庄屋
佐藤四郎
鶴川内村伍長　桐尾
坂本三郎
同　同
井上丈太
同　世話人
本川新蔵
同　戸長
井上　清
夜明村戸長
森山梅太
友田村戸長
甲能時蔵
豆田町惣代
手島靖三
南豆田村戸長
甲能民治

隅町・竹田・庄手戸長
　二村三四郎
　　臼杵人
同　旧庄屋
　佐藤信一
同　世話人
　同　恒蔵
小山・堂尾・内川の村戸長
　原田　堺
小廻村伍長
　蒲池　武
山田　伍長
　福田賀内
　　彦山山伏
合田村戸長
　幸田秀雄
湯山赤岩村戸長
　矢幡東三

桜竹本城村戸長
　織田半二
出口村戸長
　日隈多門
五馬市塚田村戸長
　森　恒太
東大山戸長　僧侶
　原　灌智
西大山戸長
　桑野熊雄
同
　桑野慎作
高瀬村神官
　橋本八綱
　戸長代
赤石村戸長
　長谷部信右衛門
大野村戸長

三苫幹六
柚木村戸長
佐藤甚兵衛
西有田村戸長
壇　喜八郎
有田村戸長
中島勘兵衛
東有田村戸長
帆足重左衛門
羽田村戸長
麻生彦兵衛
花月村戸長
財津豊一
南豆田村伍長
松本政助
引合宿
小俣

川端や藤兵衛
木や長兵衛
新茶屋
泉屋吉右衛門
明星
三田屋三郎兵衛
櫛田
川口屋忠兵衛
松阪
米屋勘右衛門
大和屋与兵衛
六軒
小津や喜右衛門
雲津
津や伊三郎
津
瓢丹や惣助
久保田

椋本
津屋平六
戎や権右衛門
関
会津や安五郎
阪下
京屋権左衛門
土山
大黒屋長兵衛
水口
升屋市兵衛
万や伝兵衛
田川
やすりや喜兵衛
石部
八幡屋吉助
草津
藤屋与左衛門

瀬田
野村や安兵衛
松や清左衛門
大津
升屋徳左衛門
竹内定七
京
豊後屋友七
枡屋吉五郎
枡屋枡吉
仲山仲七
佐々木半七
大阪
淡路屋半兵衛
豊前屋良助
小倉
蔵本喜八郎
（以下、和歌は省略）

七六、三方会合預り金目録写（継紙）

会合預ヶ金
金三百両
嘉永元戊申年十月
同弐拾五両也
同八月
同三拾両也
同六月
外ニ利足金滞
弐拾三両壱歩
天保十己亥年六月
（弐百三拾四両壱歩、三匁弐分
天保十己亥年九月
三口
〆金六百拾弐両弐歩、三匁弐分

会合所預り金
金弐十四両口
嘉永元申十二月預り証文有
同百五十両口　清雲院口
嘉永酉四月預り証文有
同百両也
嘉永二酉年五月預り証文有
同三拾両也、風宮・忌火屋殿
天保十五十二月
同百両也
請負金　伊豆様
頼母様
嘉永元申十二月
天保十己亥年六月
弐百六拾両弐歩、十三匁八分六厘
〆六百六拾四両弐歩、十三匁八分六厘
さし引
〆五拾弐両、十匁六分六厘也

七七、三方会合年寄書上（切紙）

幸福右衛門
喜多出雲
足代祐左衛門
堤　正親
春木隼人
久保倉右近
榎倉主税
堤　栄之丞
坂　藤馬
益　大膳
橋村主膳
福井出羽
谷　左馬
久保倉主殿
福嶋四郎右衛門
三日市大夫次郎
上部越中
福井土佐
足代民部
福嶋藤多丸
下　幸福春丸
上　岩渕右馬之介
御炊大夫
龍　大夫

七八、福井末彰御届写（切紙）

御届

私苗字・実名従前之通相称シ、改名不仕候、
仍此段申上候、以上、

第一区小三ノ区
八日市場町

壬申四月　　士族
福井末彰印

度会県
御役所

七九、中山仲七金銭借用証券（罫紙）

借用証

一、金四円也㊞

右之通リ正ニ㊞借用仕候処実正也、然ル上者御返済之義
ハ本月十二日迄ニ無相違返済可仕候、為其一札如件、

明治十三年辰六月二日　京都西六条玉本町
さとミや代中山仲七㊞

福嶋三崎太夫様

八〇、福嶋末政金銭借用証券案（罫紙）

証

此度福嶋末方方家事為仕法貴殿方ニ於テ金三百円御弁用、
右為抵当ト居住屋鋪九百壱坪一合弐勺、地価金三百九拾一
円卅銭三厘差入、右全部致借用し、返済期限ニ至リ万一及
遅滞前書宅地御引取被成候共、於拙者ニ一言之苦情申入間
敷候、為其差入申証券如件、

山田八日市場町
八番屋敷

明治十五年七月　福嶋末政印

松島直次郎殿

八一、福嶋末政書翰（切紙）

（端裏ウハ書）
「〆

宇治

大国盛忠殿ニテ
福嶋末方殿　　　　福嶋末政」

前略、然者重代義、本年旧六月上旬ヨリ子宮病ニ罹リ、日々三四合ツヽ出血、医師ノ服薬止血ト相成候へ共、惣身貧血トナリ養生致し罷在候処、此節ニ至リ六ヶ敷趣申来リ、続テ本月八日午後三時死去致し、九日仮葬礼致し置候間、十日出郵書ヲ以申来リ候、此段御知らせ申入候、先者当用迄如此ニ御座候也、

廿一年十一月十六日

八二、福島末政書翰（罫紙）

（封筒表書）
「福島末方殿　　福島末政」

（封筒裏書）
「〆　　廿弐年第一月十九日認　　」

○一、縮緬イタユ六尺計　是ハおせいとのへ
一、西仙竪しま女絵入　壱
一、越後結城□竪横島女絵入　壱
但是ハ正恒始メ当方モ近辺ノおしか能く見知り候
衣類いへ、其心得ニテ御用可然、
○一、黒朱子丸女帯　壱
但是ハおせいとのへ相送り候事、

右之通、何れ江も極々内々ニテ相送り候間、御入手有之度、先達以来為持可遣之処彼是延引相成候、尚又外ニ緋絽帷子壱有之、是ハ暑中羽織ニ可遣と存候へ共、此侭ニテハ不都合幸松寿ニ京都へ序有之、染ニ遣し候上、可相渡候、依右者黒ニ為染候哉、又ハ上紺ニ可為致哉、両様ノ内御取極御申越し有之度候也、

一、正恒義帰宅後夜中一度罷出、是迄旅行先ノ始末荒々相記、直ニ帰り候て後、何等不申出如何いたし居候哉、十二月廿八日重代五十日墓参いたし呉との趣申来り候へ共、越年之時節断申遣し候、依其節次第も一向不相分、石碑も如何いたし候哉、右等之様子も何等聞込も無之哉、一寸此段乍序申添候也、

八三、福嶋末政金円貸付約定書（罫紙）

（封筒表書）
「廿弐年七月廿日　　連供人

金三百九拾九円　　鈴木新助

当廿弐年ゟ向三拾五年迄　　村井恒蔵

十四ヶ年賦、一ヶ年

金廿八円五拾銭宛」

廿弐年七月廿日

一、金三百九拾九円　向拾四ヶ年間、毎年廿八円五拾銭ツ、

内

廿弐年七月廿三日

一、金弐拾円　　請取

同　十二月三十日

一、金八円五拾銭　　請取

〆金廿八円五拾銭

廿三年一月廿四日

一、金四円廿五銭　本年六月可請取金拾四円廿五銭ノ

内都合有之、本日請取、

（別紙）

鈴木新助・村井恒蔵殿へ、別紙金三百九拾九円十四ヶ年賦、一ヶ年金廿八円五拾銭納メ、証券ノ内、二ヶ年分合計弐〔五〕拾七円ハ新助殿へ可差進、此貸金ハ元来新助・恒蔵殿両人して曽祢町へ⌈八ト申、米商店相始メ、元手金ニ依頼ニテ金四百円、一円ニ壱銭ニリ利ニて貸与へ丸一ヶ年計右利金も受取候処、其后損毛致し、以後利子も勘定ニ致兼、元金ハ十四ヶ年賦ニ致し呉との依頼ニ候へ共、右ニテハ元金ハ消失イ候同様ニ相当り、実々迷惑至極ニ候へ共、平日ハ外々ヨリハ別懇ニいたし、何事ニ不依、世話いたし被呉候

ニ付、右ノ年賦も承知いたし候事ニ候、尚拙者儀も百歳ノ後ハ末方義も拙者同様心易く致貰イ度、旁々ニ依テ右年賦金ノ内二ヶ年分ハ新助へ可差進、新助殿・末方両人ノ外口外不可致、残テ拾弐ヶ年分ノ内一ヶ年分ト四円廿五銭ハ拙者受取有之、其余ハ約定之通金子ニテナリトモ正米ニテナリトモ可請取事、

明治廿三年五月廿三日　　父　福嶋末政（印）

福嶋末方へ
鈴木新助殿へ

八四、福嶋末政小風呂敷封印状（切紙）

拙者儀、此度病気ニ付、小風呂敷包壱
鈴木新助殿へ預ヶ有之、其封印ハ
左之印判相用イ有之候間、万一
拙者百歳之後者、開封致し
書面之通可取計、夫迄ハ開封
不相成候事、

合印判（印）

明治廿三年五月　　福嶋末政

福嶋末方江

（別紙1）

記

鈴木新助殿へ預ケ小風呂敷壱、
此印判ニテ封印致し有之
候事、

（印）　福島末政

廿三年五月

（別紙2）

一、金五円　　おせいとのへ
一、金弐円五十銭　　末光江
一、金弐円五十銭　　おりと江
〆金拾円也
外ニ金壱円也、

廿三年五月

（別紙3）　（印）

（別紙4）

其方へ仕向ヶ之儀者開封ノ上相分り候事、

廿三年五月　末政

末方へ

○本紙・別紙1の印判は抹消されている。

八五、鈴木新助年賦証券（罫紙）

（印紙）（印紙）㊞（印紙）

（印紙）㊞　年賦証券

一、金百八拾円也　但し無利足

明治廿三年ヨリ向十八ヶ年間、毎年十二月廿五日限り金拾円ツ、行済之事、

右金額商用資本ノ為メ借用罷在候処、近年不景気ニ依リ非常ノ損失相生、一時御返済ノ目途ヲ失ヒ、今般更ニ無利足十八ヶ年賦行済ノ儀、懇頼仕事情御拝察被下、御承諾被成下候段忝奉存候、然ル上ハ、前記ノ通リ無相違、御返納可仕候、尤厚意ニ依リ従前之侭商業取繕候上ハ、多少快復ノ見込相立候ハ、、決シテ等閑ニ附シ貴様ノ儀ハ仕間敷、若万一壱ヶ度ニテモ年賦相滞候ハ、、其延滞月ヨリ金壱円ニ付一ヶ月壱歩弐り半ノ利子ヲ相附シ、苦情不中立、資力限り弁償可致候、為後日年賦証券依テ如件

明治廿三年六月十六日　鈴木新助㊞

福島末方殿

八六、福島末方・鈴木新助年賦金借用契約書（罫紙）

契約

昨明治廿二年七月廿日附ヲ以テ鈴木新助ゟ福島末政殿へ対

シ、金三百九十九円十四ヶ年賦行済望借用致居候処、爾来金四十円五十二銭返納ノ後、末政君病気ニヨリ百歳ノ後壱封相開可申トノ遺言ニヨリ死後開封候処、新助へ五十七円ヲ進呈シ、末方へ金三百一円四十八銭譲渡相成候ニ付、引続キ履行可致之処、既事件ニ付非常ノ尽力モ有之、且会計上不如意ニも有之候ニ付、○特別ヲ以テ○金百廿一円四十八銭ハ末方ヨリ新助へ進呈シ、残る百八十円十八ヶ年賦行済ト相定メ候、然ル上ハ爾来一層厚意ヲ尽シ、互ニ此遺志ヲ忘却致間敷、依テ該書二通ヲ製シ互ニ交換リ致置候事、

明治廿三年六月十八日　　福島末方（印）

鈴木新助（印）

八七、譲り与へ証案（罫紙）

譲り与へ証

一、金百四拾円証券　壱通

右者松崎藤九郎へ去廿弐年四月二日弁用、利子ハ別記之通毎度請取有之事、

一、金五拾円証券　壱通

右者岡本町百五銀行へ当預ヶ有之、

八八、福嶋末政譲り与へ証券（罫紙）

（印紙）㊞（印紙）

譲り与へ証券

一、金百四拾円証券　壱通

右者松崎藤九郎殿へ去廿弐年四月二日弁用、利子ハ去月迄両度ニ請取有之、右元利請取候ハヽ、本年三月中迄ノ分除之勘定ニ可預候事、

一、金五拾円証券　二三ノ二一番　壱通

右岡本町百五銀行へ当廿三年二月廿七日相預ヶ、入用之節者何時ニテも同店へ罷越シ可請取、

右之証券弐通、其方へ譲り与へ候、拙者追々老年ニ及ヒ、万一百歳ノ後ハ右金額請取、大切ニ相心得、費成事ニ遣捨間敷候、仍譲り与へ証如件

明治廿三年四月九日　　福嶋末政㊞

福嶋末方ヱ

八九、福嶋末政譲り与へ証（罫紙）

譲り与へ証

㊞
（印紙）（印紙）

廿三年二月廿七日
一、金五拾円　二三ノ二一番七百歩　百五銀行、
廿二年四月三日
一、金百四拾円　証券壱通　松崎藤九郎
右利子ハ廿二年九月・廿三年四月　二ヶ度ニ拾円五十銭ツヽ請取有之、
廿弐年七月六日付
一、金三百九拾九円　年賦証券
右別紙ニ委細記シ有之、
右者其方へ譲り与へ候、小金之義ニも無之大切ニ相心得、急度為成候様可取計、決テ費成事ニハ遣捨間敷、此段急度相心得候様可致候也、

明治廿三年五月廿三日　父 福嶋末政㊞

福嶋末方へ

追テ正金五拾円封入ス

九〇、尾崎行正借用金利足請取書（罫紙）

記

一、金拾円也　但シ仮証

右者小俣村釘谷氏ゟ借用金之利子二十五年分正ニ受取候也、

明治廿五年六月九日　城田村川端 尾崎行正（印）

有瀧
有田作右衛門殿

九一、貸金勘定証写（罫紙）

証　松崎藤九郎□

明治廿三年七月二日付

一、元金百弐拾五円

内

一、金四円六拾八銭七厘　廿三年九月廿九日三ヶ月分利子受取

一、金参拾円　廿四年三月十日受取

一、金拾三円五拾銭七厘　廿四年十一月一日十三ヶ月分利子受取

明治廿四年十一月ヨリ改

一、元金百円

一、金拾五円　廿四年十一月ヨリ廿五年十月マデ、利子受取廿六年一月九日

一、金拾円　廿五年十一月ヨリ廿六年六月マデ、利子受取廿六年七月四日

一、金七円五拾銭　同七月ヨリ十二月マデ利子受取、廿七年一月日

一、金参拾五円　廿七年四月廿五日受取

一、金弐拾円　廿八年六月廿日受取

一、金参拾円　廿九年九月四日受取

合計

外ニ

一、金参拾円　卅年十二月廿六日受取

此外金六円ト金　円帳尻ヲ取消ノコト

右示談ニテ返済出入無之、残余凡十五円計ハ棄捐ス、

九二、森由蔵金員分納契約書（罫紙）

契約書

㊞

明治卅四年十二月十二日附・同年同月十三日附・同年同月十四日附ニ縣ル金員相渡シ可申之処、不都合ニ付、近日ヨリ追々財政改復スルニ従ヒ分納可致事ニ村山氏立会之上示談相付候ニ付、契約書差入候、依テ後日ノ為メ如件、

明治卅八年四月十一日

宇治山田町大字八日市場町

森　由蔵㊞

福島末方殿

以下余白

九三、森由蔵借用金証券（罫紙）

（封筒表書）「末方へ　末政」

（印紙）㊞（印紙）㊞借用金証券　（印紙）㊞

一、金参百参拾円也㊞　無利子

右金員借用候処実正也、返済之義ハ来ル明治四拾年四月廿五日限リ㊞金八拾円、残金ハ明治四拾壱年ヨリ毎年四月廿五日限リ金五拾円ヅ、割済可致候、若シ毎年ノ弁済期日一ヶ度タリトモ延引候時ハ割済ノ契約ヲ取消シ、一度ニ皆済可致候、依テ借用金証券如件、

明治㊞三十九年五月十七日

度会県宇治山田町大字八日市場町

仝町　借主　森　由蔵㊞

保証人　森　権平㊞

宇治山田町八日市場町

福島せい殿

以下余白

九四、江神社川原祓祝詞（竪紙）

（端裏書）「江神社　川原祓」

祓所乃神等乃前尓白左久江神乎新御殿尓遷志奉良牟止為氏仕奉留種々乃物乎始氏官乃人等乃過犯介牟種々乃罪乎祓賜比清賜布事乎平介久所聞食氏罪止云布罪乎遺留事無久持失比賜倍止祓清米仕奉良久止申須

大正二年十二月　日

九五、過去帳控（折紙）

元亀三年壬申八月二十四日
度会涼忍末将居士
覚明院理峰暁天大姉
明照院了空智巌大姉
涼徳院皎月周円居士
性林玄輝童子
理本秀覚童女
忠山慧元信士
義全湛秀信士
同日戦死諸性霊
宝永三丙戌十一月三日
冬雲信士
覚翁理心信士
涼心信士
法誉浄念信士
一切寃家諸含識

九六、古文書目録（竪紙）

古文書目録

一、二月廿一日 無年号 房兼状 宛福嶋 一通
一、九月十六日 無年号 房兼教兼連署状 宛山田三方 一通
一、元亀四年九月廿二日同連署状 宛北監物 一通
一、天正元年十月廿二日同連署状 宛同名親類 一通
一、同年同月同日同連□（署）状 宛山田三方 一通
一、同年十一月十五日具豊朝臣状 宛北監物 一通
一、同年同月同日同朝臣状 宛山田三方 一通
一、同三年六月六日房兼状 宛北監物 一通
一、同年七月廿四日信意朝臣状 宛北監物 福嶋鍋二郎 一通
一、同年同月同日津田一安状 宛同前 一通
一、同五年六月廿四日信長公朱印状 宛北監物大夫 一通
一、正月廿日 無年号 同公墨印状 宛同前 一通
一、天正八年二月廿三日信勝朝臣状 宛北監物大夫 同鍋次郎 一通
一、同十五年正月五日秀吉公朱印状 宛北監物大夫 福嶋五郎兵衛大夫 一通
一、三月五日 無年号 同公朱印状宛福嶋大夫 一通

一、十二月廿八日　無年号　北監物大夫目安案　一通
一、目安案　無年号月日名署等　一通
一、福嶋左京亮妻縁書記
一、福嶋家親類署名書記　一通
一、天正十五年九月小禰宜清広願書案　一通
一、十一月十日　無年号　信長公状　宛金剛峰寺老若　一通
以上

九七、福島新四郎持分書上（竪紙）

第一区小三区八日市場町　福島新四郎

美濃国方県郡之内

則松村　九拾五戸
中山村　拾弐戸
神谷村　拾九戸
鵜飼之洞村之内　九戸
石谷村　七拾七戸
椿洞村　四拾戸
八代村之内　五拾一戸
長良町之内　廿五戸
武芸郡之内

九八、某口上書（切紙）

口上

四五両との事ニ候へ共、少々不都合
弐両遣し申候、以上、

正月廿九日

九九、橋村正恒書翰（竪紙）

余寒之砌、不相変御壮栄之条、珍重奉賀候、然者過日来御
数多帰宅候趣、御申越相成迅速戸長場ゟ回答候へ共、其後
御答も有之哉与相待入候得共、今以御返事モ無之如何候
哉、重代義も是非当地へ引越候義ハ承知無之哉、国元ニ於

テ難義不都合之義ニ候者、一先当地へ罷越相成候者、其段心配無之様奉存候ニ付、過日申上候通ニ御座候、何事君ゟ相すゝめ、病気養生旁罷越候様、御願申上候、拙子都合之次第も有之候間、御相談之上、至急御回答被下度候、此義ハ何分家名永続之為メ、拙子義も実ニ尽力ヲナシ、世話方ト相談シ、漸伊勢講ヲ取立、過日ゟ講参も有之、近村ゟ家祈祷も依願ニテ、村々ニ於テ人気宜敷方ニテ世話係も日々披露ニ罷出、尤拙子義ハ昨冬ゟ病気ニテ無拠、医師ニ検察ヲ願候処、腹コン病ト申病気ニテ実以相艱、殊々〳〵困入申候、日々腹薬ヲ相用居候得者、追々全快ト相見受候間、御安可被下候、尚又外ニ壱名暫時当地へ罷越呉候人物ハ無之哉、乍併当座無給金ニテ追々講参繁栄之上、兎モ角相談可仕候間、此段御尋ね申上候、先者右御願旁以略書ヲ得貴意如斯御座候、恐々頓首

伊勢館ニテ

旧二月二日発ス　　　　橋村正恒　奉

福嶋末方様

一〇〇、しげ代書翰（切紙）

（端裏ウハ書）
「末方様

上　　　しけ代ゟ

三月二日　　　　　　」

御機けんよろしく御入せ遊し、御目出度そんし候へく候、先日ハよふそや御こし下され候、何之御事も御取なく候、左よふ候へハ、其節御たのミ申上候品、御めんたふさまニ候へ共、此者へ御かし下され度候、御すき御座候へハ、ちと〻御出まし下され度候、しよふなからねかひ上候へく候、大あくひつ御はんし下され候

一〇一、福嶋末政口上書（切紙）

口上

東京新聞一枚及返却候、官令新誌者不苦候者、
暫借用相叶不申候哉、可然御頼被下度、
此段可然御承引被下度候也、
五月三日　　末政
末方殿

一〇二、福嶋末韶書翰（切紙）
（端裏ウハ書）
「〆
末方殿　　末韶」
前略御免、然者昨夕従斎館達し
之一条常綬神主殿江相伺候哉
御尋問申候、右達し之通、二代目ゟ
書顕し候相成候者、双方無申分様御座候、
其品ニ寄り後刻罷出候而も宜敷候、
先者右御尋問如此候、以上、
五月十六日

一〇三、福嶋新四郎書翰（切紙）
（端裏ウハ書）
「末方殿　　新四郎」
尚々、真之悪習ニ因州・石州へ
罷越候との事、
濃州帳面仮りニ罷越し候処、元新左衛門当時
他行中、内割入訳申入、借り受来り候、早々
御調子御達し可有之、婦人之義候而新左衛門帰宅
之上如何可申哉ト心配いたし候趣ニ可有之候、
此段御含一両日中御戻し可被下候、
先者当用如此ニ候、以上、
八月一日

一〇四、福嶋末政口上書（切紙）
口上
一、子供麻上下
一、同紋付帷子

右借用いたし度、麻上下者所持
可申筈ニ候へ共、帷子も有之者
借用御願申度如此候也、
八月三日

一〇五、福嶋末政口上書（切紙）

口上
一昨日者子供麻上下忝、則御返し
申候間、御仕方置可被下候、已上、
八月五日　末政
末方殿

一〇六、福嶋末詔書翰（切紙）

（端裏ウハ書）
「〆
末方殿　末詔」
前略御免可被下候、然者時節柄之事ニ付、
御備等者決而御断之旨拝聴、承知いたし
候へ共、何共相備不申半而者心済いたし不申、
誠ニ寸志之至り、饅頭切手ヲ以相備度、
宜敷御取計可被下候、若御返却被下候而者、
右心済いたし不申、右之含ヲ以宜敷御取計
可被下候、昨日も申上置候へ共、今日者御悔参上
可致之処、藤社畠地之義付、坂・福井同道、
舟江町へ罷越し、右相済度、藤社畠并屋敷地、
其外自分持同断書出しニ可取掛多用ニ付、
今日者御不沙汰申上候、不念御承引可被下様
御申上頼入候、先者当用而已如此ニ候、以上、
八月十一日

一〇七、福嶋伊豆口上書（切紙）

口上　福嶋伊豆
私義　御朱印持参、此度上京昨今御暇乞
参殿仕候処、御不在不得拝顔、残念奉存候、

弥明廿九日中飯頃発足、松坂泊りニ而出かけ
申候、留主中之義者万事宜敷奉願上候、
最早日合無之、別段参殿不仕、失敬御免
可被下候、彼地御用等御座候者、明朝迄ニ
可被仰下候、草々、以上、

八月廿八日

一〇八、某口上書（切紙）

口上

一、長持　　壱
一、箪笥　　二

右之桐油無之哉、若所持ニても候ハヽ、
御かし被下度頼上候、已上、

九月四日

一〇九、某口上書（切紙）

口上

前略御免、然者重代義弥明後廿日発足、
付テハ御談シ等之義も有之、且正恒方江者
書状等も御認ニ預り度御用多ニ可有之候へ共、
御摺合せ明十九日早天ゟ上之久保へ向ヶ
御越し被下度、此段御紙札如此ニ候也、

九月十八日

末方殿

一一〇、福嶋末政書翰（切紙）

（端裏ウハ書）
「〆
末方殿　　末政
御上候　」

尚々、罷出候迚も時節柄之義、
決而御構無之様いたし度候、

御手紙致見、然者藤社御遷坐、且御奉祝之
義有之、明廿三日夕七ッ時過ゟ罷出候様御紙

面之趣、忝承知致し候、先者右為取敢御上候、
如此ニ御座候、以上、
九月廿二日

一一一、福嶋末政書翰（切紙）

（端裏ウハ書）
「（墨引跡）
末方殿　　末政」

昨日申承り候種瘡之義、日記吟味致し
候処、左之通安政三丙辰年九月廿四日館
有瀧屋ニ而金剛坂高木典膳ニ種瘡為致候事、
但種者田丸在池部村之小児ヲ右高木
連レ来リ候様相見へ候事、
九月廿三日

一一二、江藤右衛門口上書（切紙）

口上

昨日被申聞候口　宣案其外共為持進候事、
冷泉殿御歌弐枚有之候様覚居候処、一枚ゟ
者無之、是又入筥正御入手可有之候、草々、以上、
九月廿七日　　江藤右衛門
保二郎殿
尚々、今日者風邪気如何有之候哉、
乍序御尋申候、以上、

一一三、福嶋末政口上書（切紙）

口上
三条大橋東詰豊後屋友七ヨリ其御家江
何枚も差出シ候参宮人宿引札一枚貰イ受度、
昨年も常緩君ニ一枚貰イ受罷越し候事ニ候、
此段御頼如此ニ候也、
十月十一日　　末政
末方殿

一一四、福嶋末政口上書（切紙）

口上

貴様之幼少之節、着用之麻上下所持ならば、
此者へ借用御頼申度、無拠方ヨリ被頼候ニ付、
此段御頼申候、否とても可被下候也、

十一月十三日　　末政

末方殿

一一五、福嶋伊豆書状（切紙）

（端裏ウハ書）「〆
豊後様　　伊豆
上置」

前略御免、御繁多と奉察上候、しかれは昨日
於下宿御願申上候○印、宜御配慮奉願上候、
今日ニ者不限候へ共、宜御含御取計可被成下候、
尤証文者如何様とも相認可申候、

○昨日御願申上候
御朱印付、宰領是亦宜　御取計可被成下候、
明後者会合も取込ニも可有之、其節ニつくり
間違等有之候而者心配仕候間御家来秀吉ニ成とも、
被仰付置被下候ハヽ、難有奉存候、尚先刻大夫様ニ
拝顔及承候ニ者明日八ッ時頃御荷造り之趣、
夫迄ニ私之衣類為持上候、宜御承引可被成下候、
尚替り大小も持参いたし候事ニ候へ者右も
可差上旨右御同人ゟ被仰下候間、
是も御言葉ニあまへ御預ヶ申上度奉存候、
右者願之上之願宜御承引可被成下候、参上
可申上之処、御繁用と奉察上候ニ付、
以愚札奉願上候、草々、以上、

三日

一一六、しげ代書翰（継紙）

（端裏ウハ書）「おせいさま　　しけ代ゟ」

白々時候ニ相成候へしのとなたさまニも
御機嫌よろしく御入せ遊ハし候半と目出度
そんし候へく候左よふ候へハ、先日ハ後室さま
よふそや〳〵御こし下され何之御事も御座なく候、
わたしもいろ〳〵思ふニまかせす事御座候間
あなたさまに御咄しも致し度候間、一寸さんし
候とそんし候へ共、きふんあしく御不沙汰致し、
いつれ其内さんし候而、かたらへ申上候あなた
さま・母さまもちと〳〵御遊ひニ御こし下され度候、
尚末方様こちらへ御こし之節一寸御より下され候様
御仰下され度、ねかひ上参らせ候、先ハあら〳〵、
早々、かしく、

一一七、貸金取扱覚書

拙者方ゟ御預ヶ申上置御座候元金三口
合三百五拾五両、尚又此利足金今度証文ニ
御取計被成下候、金高三口合弐百五拾七両弐歩
羽書三匁弐分之処を以御勝手次第御取計可被下候、

一一八、福嶋家系図（一巻）

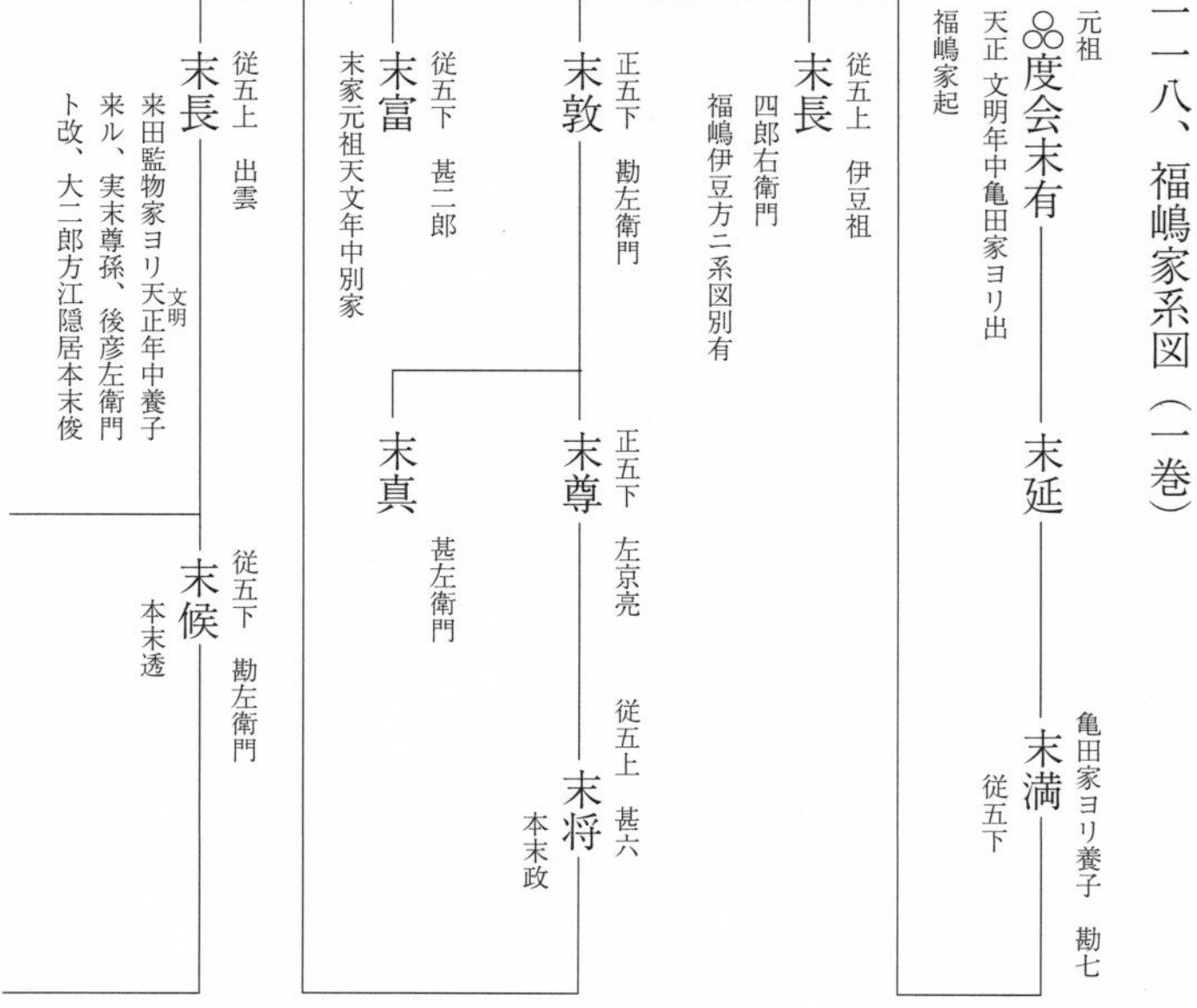

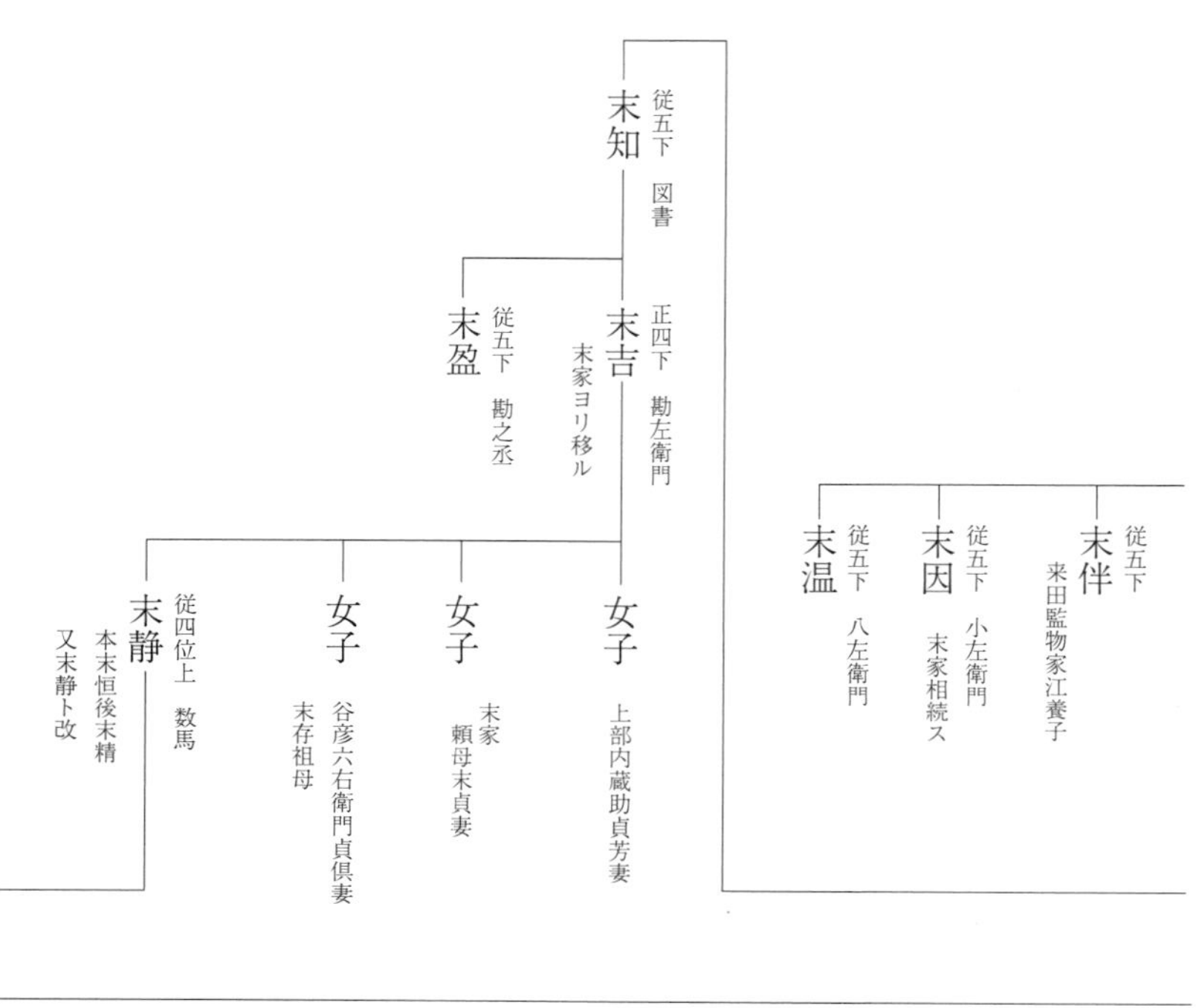

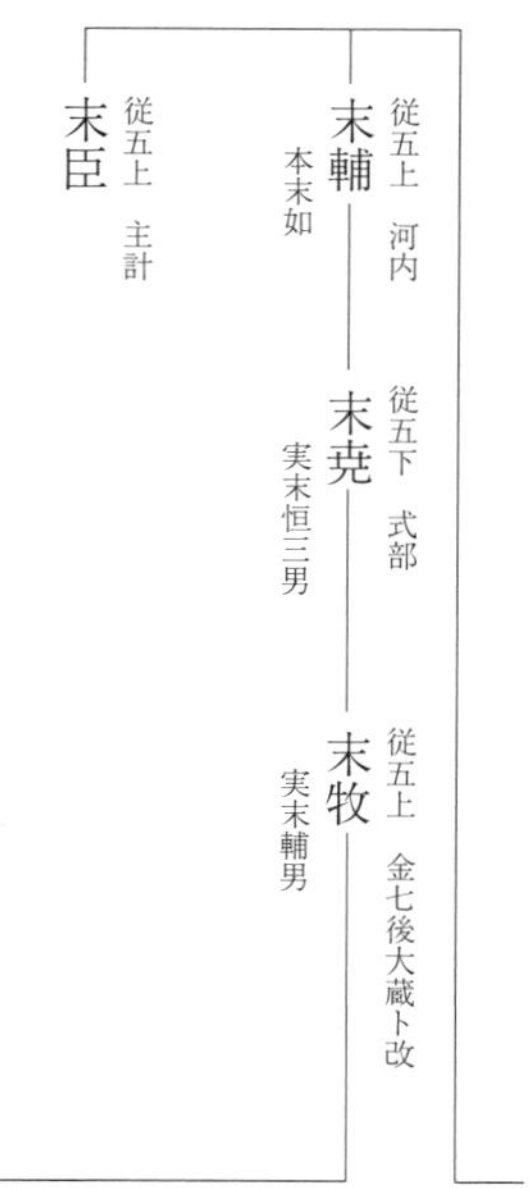

末誠 左近後兵庫 末家ヨリ移 又彦左衛門ト改 実末貞男 本末昭

末存 従四下 勘左衛門 谷家ヨリ養子 貞倶孫

末堅 上部家ヨリ養子 知貞男

末旨 実末堅男

「福島信悟家所蔵文書」ついて

本巻に収録する「福島信悟家所蔵文書」（以下、当文書と記す）は、茨城県取手市の福島信悟氏の所蔵で、伊勢神宮の御師家の一つである福嶋勘左衛門家に伝来した文書である。

当文書と「皇學館大学史料編纂所所蔵福嶋御塩焼大夫文書」（本資料叢書第七輯収録）・「八幡朝見神社所蔵福嶋御塩焼大夫文書」（本資料叢書第八輯収録）は、本来ひとつの文書群である。[1]

なお、当文書のなかには、近代の横浜税関関係の資料が含まれているが、こちらの翻刻は割愛した。また、書籍類も除外している。[2]本巻で収めたのは、文安二年（一四四五）から明治三十九年（一九〇六）に及ぶ全一一八点の文書である。

以下、恵良宏氏[3]と窪寺恭秀氏[4]の成果に依拠しつつ、福嶋勘左衛門家と当文書の特徴を述べる。

神宮御師は、廻旦（御祓配り）や止宿の世話、祈祷などを行っていた宗教者で、前近代においては、これらの活動を通じて伊勢神宮と各地の旦那との関係を仲介していた。その数としては、正徳年間（一七一一～一七一六）で、内宮御師が二四一家、外宮御師が五〇四家ほど存在したとされる。[5]

福嶋勘左衛門家は外宮御師の中でも屈指の有力御師であった。近世の同家は、伊勢国度会郡山田の八日市場町に居住し、外宮権禰宜職・土宮御塩（みさき）焼物忌職を世襲するとともに、外宮鳥居前町（山田）の住民組織である山田三方を構成する三方年寄を務めた。同じく三方年寄である福嶋伊豆家は本家筋にあたる。

この「福嶋」という苗字の由来については詳らかではない。ただ、十五世紀後半には既に呼称されていたことが確認できる。土宮御塩焼物忌職も同時期には保持されており、「御塩焼大夫」という御祓銘も使用されていた。

また、本家・分家ともに度会姓の権任家[6]であるが、もともとの出自は不明である。これに関して、延享三年（一七四六）三月に秦倫興が著した随筆『古老茶物語』に、「福嶋家ハ昔諸座有たる時に双六の賽(サイ)の座にて賽(サイ)屋大夫とも称す」との記述がある。(7) さらに、近世中期に福嶋伊豆家の分家（福嶋主膳家）出身の福嶋末済が自身の家の来歴をまとめた「家世紀聞」にも、

福島要人家ニ、賽屋大夫ト云称号有シモ博陸(スゴロク)ノ投(サ)子(イ)ナリ、是モ中世投子ヲ販(ヒサキ)テ商賈ニ隠(カク)レタルニヤ、家の標(シルシ)ニ投子ヲ用ユ、古キコト見ヘタリ、

とある。(8) なお、ここで言う「福島要人家」は福嶋勘左衛門家を指す。

したがって、真偽はともかく、少なくとも近世中期においては、双六の賽(さい)を販売していた都市商人が出自であると信じられていたようである。

度会姓を称するようになった時期については、度会姓福嶋氏の系譜から考える必要がある【図1】。

【図1】度会姓福嶋氏の系譜

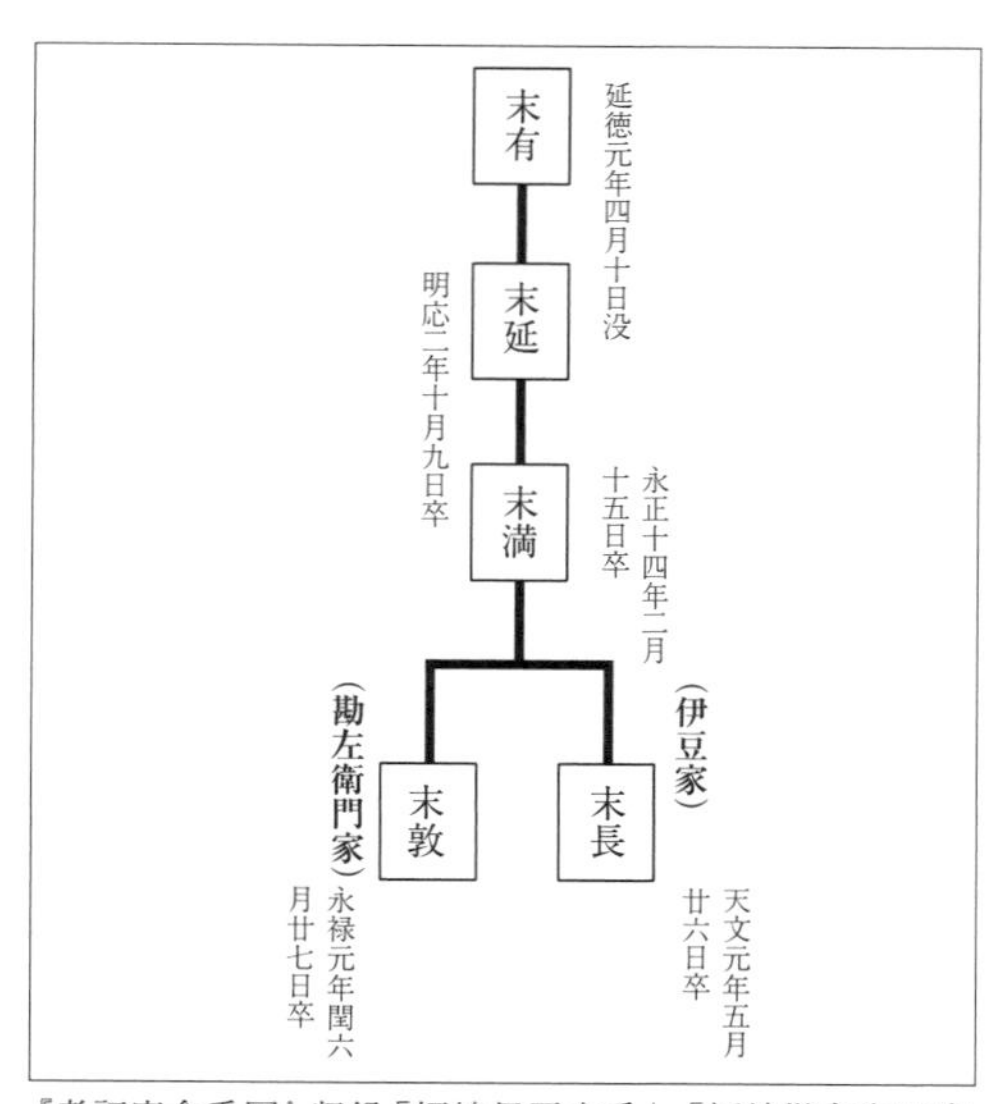

『考訂度会系図』収録「福嶋伊豆家系」・「福嶋勘左衛門家系」（神宮古典籍影印叢刊編集委員会編『神宮古典籍影印叢刊5－1　神宮禰宜系譜』所収、皇學館大学）から作成。

近世後期に編纂された『考訂度会系図』では、延徳元年（一四八九）に没した末有を始祖とし、「家伝曰、文明之頃、出レ自二亀田氏一而興二於福島家一云云、」という福嶋伊豆家の伝承を載せている。(9)

この度会姓亀田氏の出身とする末有に関しては詳らかではないが、その子である末延は、文明十一年（一

四七九）三月に清水寺成就院願阿が同寺の再建のため勧進を行った際に作成された「清水寺再興奉加帳」に、「一本廿貫、伊勢山田原慶（マヽ）会神主末延」と見えており、度会姓を称していたことがわかる。(10) 少なくとも末延の頃には既に度会姓であったと指摘できよう。

　しかし、末延が権禰宜であった確証はなく、権任家としての確立は、末延の子にあたる末満からと理解した方が妥当かもしれない。末満は、同系図によると、「実亀田太郎大夫末久四男也、末延為二養子一、自レ是福島家叙爵連綿」とあるように、亀田氏から養子に迎えられた人物で、以降、叙爵を受けるようになったとある。また、文亀元年（一五〇一）九月に斎行された外宮仮殿遷宮の召立には「先陣菅御笠　権神主末満」と載せられており、権禰宜として奉仕していることが確かめられる。(11) これらから、ここに画期があったことが予想される。

　この末満の長男末長の系統は嫡流として福嶋伊豆家となり、次男末敦の系統が分立して福嶋勘左衛門家となる。そして、土宮御塩焼物忌職は、末敦が継承し、同家で相伝されるところとなった。

　勘左衛門家の旦那（道者）・旦那所については、安永六年（一七七七）三月の時点で、一八万五一七二家ものそれを所持していた。(12) その内訳をまとめたものが【表1】である。

【表１】旦那・旦那所の内訳

旦那・旦那所	家数
相良壱岐守殿（肥後国人吉藩主）	記載なし
谷播磨守殿（丹波国山家藩主）	記載なし
大和国	4,200
紀伊国	1,300
伊勢国	1,919
豊後国	77,500
肥後国	100,200
外略	記載なし
合計	185,172

「安永六年丁酉年外宮師職諸国旦方家数改覚」（皇學館大学史料編纂所編『神宮御師資料』第五輯所収、皇學館大学出版部、一九八六年）をもとに作成。

一見して明らかなように、同家の主な縄張りは豊後国・肥後国であった。これは中世に遡るもので、例えば、前者の守護大名であった大友氏やその家臣団との師旦関係は十五世紀末から十六世紀初頭の成立と考えられる。右の旦那との関係に関しては、本資料叢書の第七輯・第八輯に収める文書からその実態を窺うことが可能である。

当文書の特徴に触れておく。第一に挙げられるのは、中世の道者売券を多く含んでいる点である。例えば、№2は宝徳四年（一四五二）に普光寺の住持僧から八日市庭太郎衛門へ宛てられたもので、現存する最古の道者売券である。

右の売券は、①寺院が修験者などを対象に止宿の世話を行っていたこと、②その活動を地下人層が取得し、御師として自立していったこと、を示唆するものとして研究史上、重要視されてきた。[13] なお、文安二年（一四四五）六月廿九日付の№1はその関連文書であると考えられる。このほかの道者売券も、御師家が「御師職」を集積し、経営を拡大してゆく過程を端的に表す証左として貴重である。

第二には、北鍋次郎による勘左衛門家相続に関する文書を収めている点である。これは元亀四年（一五七三）に起きた一件で、当主である福嶋末尊が殺害され、家系断絶となった同家を北之親の次男鍋次郎が相続したというものである。[14] 北之親は山田二俣町に住む有力御師で、伊勢国司北畠氏の被官でもあった。右の一連の処置は北畠氏の意を受けたものであったとされる。これに関する文書は、今まで写しによって存在が知られていたが、当文書の№15〜№20はその正文である。このほかにも、№24・№25・№35・№36のような関係文書が散見される。

第三には、近世の御師家の家政に関する文書がある点が挙げられる。とりわけ興味深いのは№37・№41のような相続関係の文書である。前者は勘左衛門家の親類と思しき御師家のそれが一つに成巻されている。この種類の文書は現存数が少なく、御師家の相続や経営を考える上で必須の史料となろう。

第四には、近世の山田三方関係の文書が含まれている点である。例えば、№47である。正徳年間（一七一一～一七一六）の一時期においては、勘左衛門家が山田三方の運営費の管理を行っていたことがわかる。そして、その出納の記述から具体的な活動が判明する。これらの文書から、従来、不明なことが多かった同組織の運営のあり方を窺うことができる。

なお、№65は福嶋伊豆家の福嶋末方が叙爵を申請した際の記録である。おそらく、先例として参照する目的で伊豆家から借用し、書写したものであろう。

当文書はこのような豊富な内容を有している。また、御師家の旧蔵文書は、浦田家文書[15]・上部家文書[16]・大主家文書[17]・来田家文書[18]・白髭家文書[19]・橋村家文書[20]などが有名であるが、いずれも文書の残存に偏りがあると言わざるを得ない。これらに対して当文書は、前述した第七輯・第八輯の両文書と併せて見ることにより、中世から近代までの幅広い事柄を通覧することが可能である。

当文書の積極的な活用を通じて、神宮御師は言うまでもなく、伊勢神宮や伊勢信仰、鳥居前町などへの理解が深まることを期待したい。

註

（1）管見の限りでは、神宮文庫所蔵「福島大夫関係御師文書」（図書番号一門一二六九九号）も福嶋勘左衛門家の文書である（全一〇六点）。

（2）「福島信悟家所蔵文書」の全容については、「取手市史資料目録　第十一集　諸家文書」（取手市史編さん委員会、一九八九年）所収の目録を参照。

（3）惠良宏「福嶋御塩焼大夫文書について」（皇學館大学史料編纂所編『神宮御師資料』第七輯所収、皇學館大学出版部、一九九八年）。

（4）窪寺恭秀「解題」（皇學館大学史料編纂所編『神宮御

師資料』第八輯所収、皇學館大学出版部、二〇一七年)。

(5)新城常三『新稿　社寺参詣の社会経済史的研究』(塙書房、一九八二年)、七五八頁。

(6)権任家は、権禰宜には任じられるものの、禰宜に昇任することができない家格の家々を指す(拙稿「神主の組織」、三重県編『三重県史』通史編近世1所収、三重県、二〇一七年)。

(7)神宮司庁編『増補大神宮叢書24　神宮近世奉賽拾要』後篇(吉川弘文館)所収、五六頁。

(8)神宮文庫所蔵「家世紀聞」(図書番号六門五二九号)。

(9)『考訂度会系図』収録「福嶋伊豆家系」(神宮古典籍影印叢刊編集委員会編『神宮古典籍影印叢刊5-1　神宮禰宜系譜』所収、皇學館大学)、四〇〇頁。

(10)「成就院文書」所収(東京大学史料編纂所編『大日本史料』第八編之十一、東京大学出版会)、三七四頁。

(11)前掲『考訂度会系図』収録「福嶋伊豆家系」、四〇〇~四〇一頁。

(12)「安永六年丁酉年外宮師職諸国旦方家数改覚」(皇學館大学史料編纂所編『神宮御師資料』第五輯所収、皇學館大学出版部)。

(13)西山克『道者と地下人―中世末期の伊勢―』(吉川弘文館、一九八七年)、一七一~一七四頁。

(14)この一件に関しては、前掲『道者と地下人―中世末期の伊勢―』(二〇六・二一五頁)を参照。

(15)神宮文庫所蔵「浦田家旧蔵資料」。これについては、西川順土「解題」(神宮文庫編『浦田家旧蔵資料目録』所収、神宮文庫、一九九三年)を参照。

(16)可睡斎所蔵「上部家文書」。これについては、福田以久生「可睡斎所蔵の中世文書について―上部文書を中心に―」(『愛知大学総合郷土研究所紀要』第二七輯、一九八二年)を参照。また、同文書は翻刻されている(可睡斎史料集編纂委員会編『可睡斎史料集』第一巻、思文閣出版・三重県編『三重県史』資料編中世3上、三重県)。

(17)皇學館大学研究開発推進センター所蔵「大主家文

書」。これについては、荊木美行「大主家文書目録について」・千枝大志「『大主家文書』について」（『皇學館大学研究開発推進センター紀要』第一号、二〇一五年）を参照。

(18) 京都大学文学部博物館所蔵「来田文書」。これについては、西山克「解説　伊勢―失われた霊場―の復元」（西山克編『京都大学文学部博物館の古文書第七輯　伊勢御師と来田文書』所収、思文閣出版、一九九〇年）を参照。また、同文書は翻刻されている（三重県編『三重県史』資料編中世3中、三重県）。

(19) 鳥取市歴史博物館所蔵「白鬚大夫文書」。これについては、霞会館資料展示委員会編『霞会館資料第三十一輯　参宮・遷宮・伊勢神宮』（霞会館、二〇〇九年）を参照。

(20) 天理図書館所蔵「伊勢御師橋村家文書」。これについては、高橋正彦「解題（伊勢御師　橋村家文書）」（天理図書館善本叢書和書之部編集委員会編『天理図書館善本叢書和書之部六十八巻　古文書集』所収、天理大学出版部、一九八六年）を参照。また、同文書は翻刻されている（三重県編『三重県史』資料編中世3中、三重県）。

97	福島新四郎持分書上	明治	103
98	某口上書	正・29	106
99	橋村正恒書翰	旧2・2	107
100	しげ代書翰	3・2	108
101	福嶋末政口上書	5・3	110
102	福嶋末韶書翰	5・16	111
103	福島新四郎書翰	8・1	112
104	福嶋末政口上書	8・3	113
105	福嶋末政口上書	8・5	114
106	福嶋末韶書翰	8・11	115
107	福嶋伊豆口上書	8・28	116
108	某口上書	9・4	117
109	某口上書	9・18	118
110	福嶋末政書翰	9・22	119
111	福嶋末政書翰	9・23	120
112	江藤右衛門口上書	9・27	121
113	福嶋末政口上書	10・11	122
114	福嶋末政口上書	11・13	123
115	福嶋伊豆書状	3	124
116	しげ代書翰		127
117	貸金取扱覚書		131
118	福嶋家系図		146

63	三方会合金子借用証文	嘉永元・8	70
64	三方会合金子借用証文	嘉永元・10	71
65	福島末方叙爵願引留	安政2・正～2	77
66	三方会合金子借用証文	安政2・9	79
67	借用証文案	安政2・9	80
68	家事相談日次記	安政6・9	81
69	家事向相談相止に付書付	万延元・2・5	82
70	福嶋頼母持分拾ヶ国永代売渡に付書付	万延元・10・15	83
71	三方会合役人金子借用証文	文久2・2	84
72	御奉納物金銀之割	文久3・3・16	85
73	本居大平書状	4・15	109
74	山田屋甚九兵衛口上書		128
75	豊後日田郡懇意姓名西下定宿姓名記簿		126
76	三方会合預り金目録写		129
77	三方会合年寄書上		132
78	福井末彰御届写	壬申・4	87
79	中山仲七金銭借用証券	明治13・6・2	88
80	福嶋末政金銀借用証券案	明治15・10	89
81	福嶋末政書翰	明治22・11・16	91
82	福島末政書翰	明治22・正・19	92
83	福嶋末政金円貸付約定書	明治23・5・23	94
84	福嶋末政小風呂敷封印状	明治23・5	95
85	鈴木新助年賦証券	明治23・6・16	96
86	福島末政・鈴木新助年賦金借用契約書	明治23・6・18	97
87	譲り与へ証案		130
88	福嶋末政譲り与へ証券	明治23・4・9	143
89	福嶋末政譲り与へ証	明治23・5・23	144
90	尾崎行正借用金利足請取書	明治25・6・9	98
91	貸金勘定証写	明治30	100
92	森由蔵金員分納契約書	明治38・4・11	101
93	森由蔵借用金証券	明治39・5・17	145
94	江神社川原祓祝詞	大正2・12	104
95	過去帳控		35
96	古文書目録		40

30	熊鶴定時旦那譲状	文禄 2・3・吉	26
31	中西弘朝書状	慶長 15・2・8	27
32	山田大路元澄道者進上状	慶長 16・4・吉	28
33	福嶋末長譲状	元和 4・12・吉	29
34-1	福嶋左京女房伝之次第書		32①
34-2	福嶋左京生害之覚書		32②
35	北監物大夫言上書	12・28	33
36	福嶋跡職之儀覚書		34
37	福嶋家親類相続関係文書（一巻）	承応 4 ～享保 20	41
38	八木但馬守様御意承候覚書	万治 3・9・23	42
39	坂倉九郎左衛門金子預証文	寛文 7・閏 2・11	43
40	中川五郎左衛門諸道具等請取手形	延宝 5・6・3	44
41	福嶋勘左衛門譲状写	貞享 3・11・6	45
42	来田宣親書置写	元禄 11・4・11	46
43	為田直定金子預証文	元禄 16・3・吉	47
44	福本元吉豊後国旦廻請負証文	宝永 6・10・26	48
45	三宝院金子請取証文	宝永 8・3・29	49
46	梅香寺祠堂料金子請取証文	正徳元・5・24	50
47	三方会合費勘定文書（一巻）	正徳元～ 2	51
48	屋敷売渡証文	正徳 2・12・12	53
49	上田忠右衛門金子借用証文	享保元・10・26	54
50	後桜町天皇口宣案	宝暦 14・3・13	55
51	後桃園天皇口宣案	明和 8・4・28	56
52	光格天皇口宣案	寛政 11・10・7	60
53	仁孝天皇口宣案	天保 7・正・11	65
54	孝明天皇口宣案	嘉永 2・正・11	72
55	福嶋相模金子預証文	安永 3・3	57
56	八木六左衛門後家等願書	安永 4・9・22	58
57	辻庄大夫請状	安永 9・3	59
58	橋村大炊申合一札	享和 2・4	61
59	三方会合金子借用証文	天保 10・6	66
60	三方会合金子借用証文	天保 10・9	67
61	会合拝借金勘定書写	天保 10	68
62	三方会合金子借用証文	嘉永元・6	69

※本書の文書番号と『取手市史資料目録』第11集所収「福島信悟家文書目録」の整理番号対照表

文書番号	史　料　名	年月日	整理番号
1	世古口用久道者返進状	文安2・6・29	1
2	普光寺住持天寶道者売券	宝徳4・3・晦	2
3	三宝院新堂住持乗恵道者譲状	文正2・2・18	3
4	中南の八郎左衛門光次道者売券	文明4・9・20	4
5	太郎祢宜安興道者売券	文明14・12・12	5
6	宮こ屋末次道者売券	長享2・10・13	6
7	山田三方酒座定文	明応2・8・7	7
8	八日市庭善三郎家助相物座売券	大永7・4・吉	8
9	某弘重道者等目録写	享禄元・12・13	9
10	斎藤利政寄進状写	天文13・9・16	10
11	山田大路元貞道者売券	天文17・6・1	11
12	世古光継屋敷売券	天文19・9・29	12
13	足代弘幸御宿職売券	天文20・10・16	13
14	小綿屋文貞・同文次連署道者売券	天文24・9・14	14
15	北畠氏奉行人連署奉書	9・16	15
16	北畠氏奉行人連署奉書	元亀4・9・22	16
17	北畠氏奉行人連署奉書	天正元・10・22	17
18	北畠氏奉行人連署奉書	天正元・10・22	18
19	北畠具豊判物	天正元・11・15	19
20	北畠具豊判物	天正元・11・15	20
21	宮後四郎右衛門畠地売券	天正2・8・吉	21
22	北畠信意判物	天正3・7・28	22
23	津田一安副状	天正3・7・24	23
24	織田信長判物写（『福嶋家古文書』所収）	天正5・6・24	39①
25	織田信勝判物	天正8・2・23	24
26-1	織田信勝金子請取状写	天正8・2・23	25①
26-2	某書状写	7・3	25②
27	織田信長判物写	正・20	30
28	北畠具房奉行人奉書	2・21	31
29	豊臣秀吉朱印状写（『福嶋家古文書』所収）	天正15・正・5	39②

一、世古口用久道者返進状

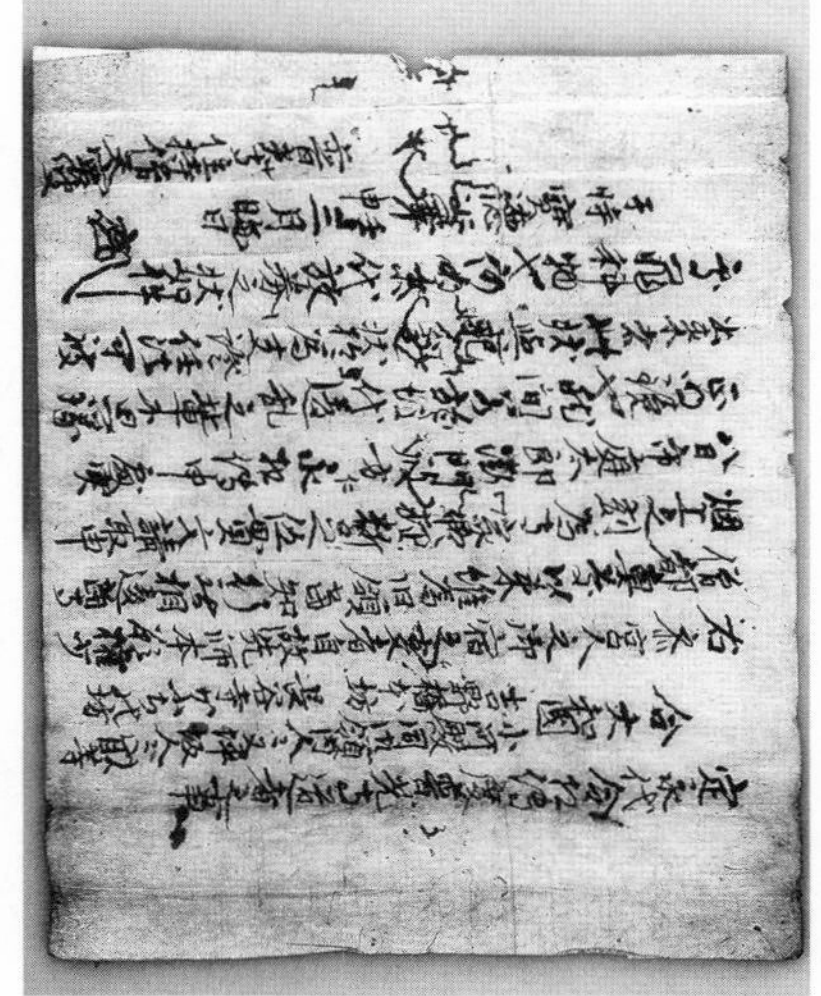

二、普光寺住持天甍道者売券

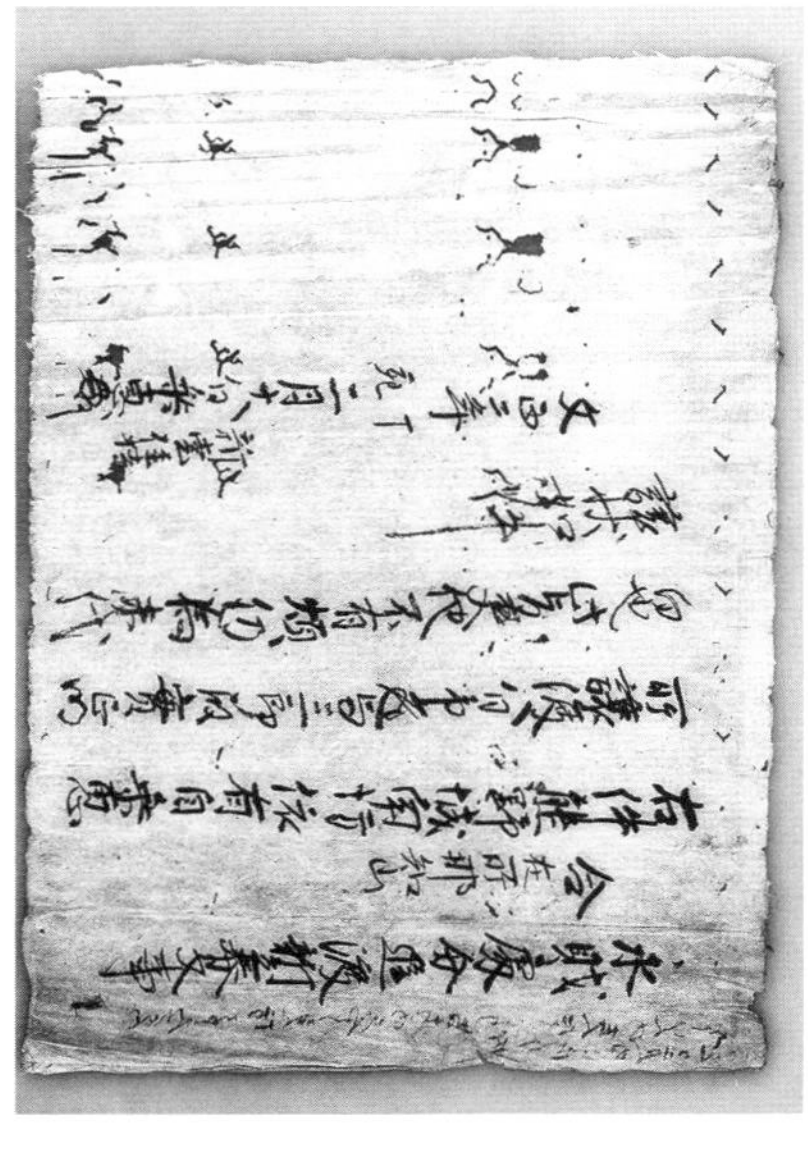

三、三宝院新堂住持乗恵道者譲状

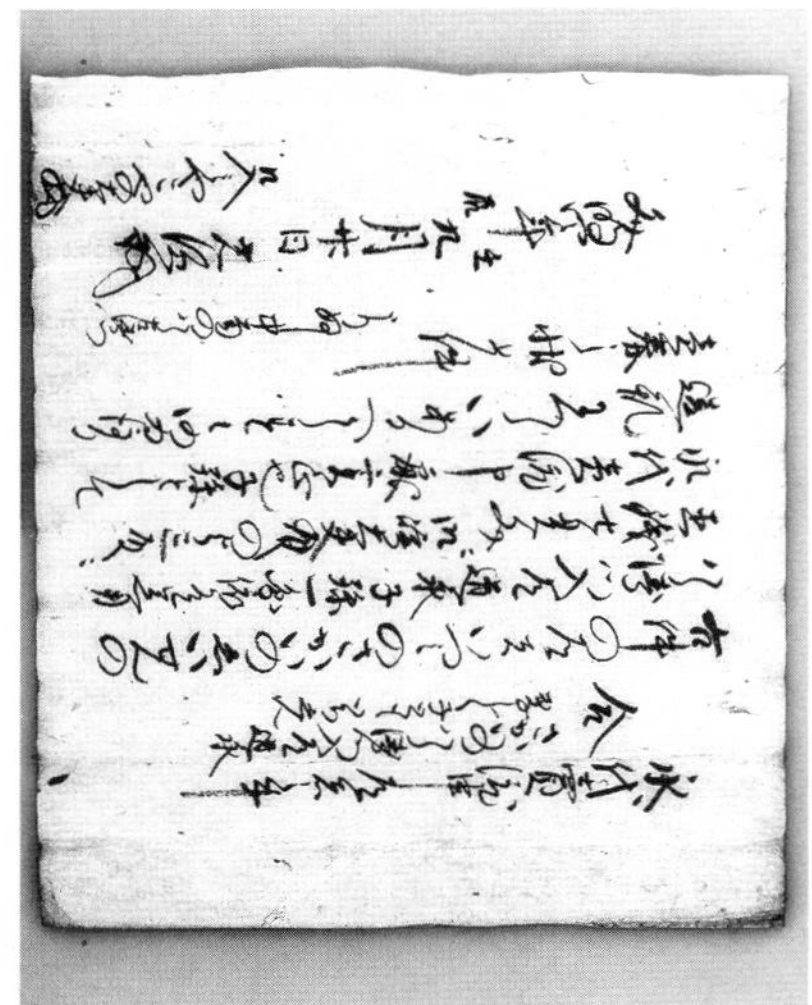

四、中南の八郎左衛門光次道者売券

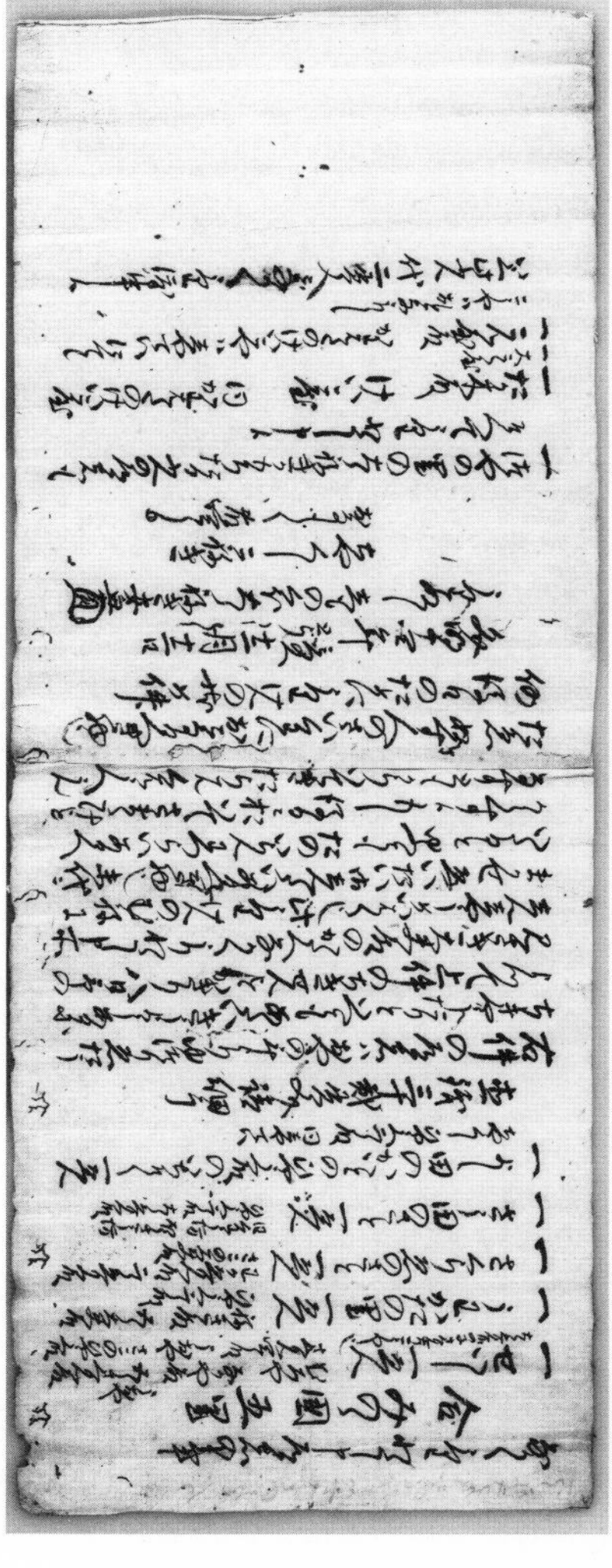

五、太郎祢宜安興道者売券

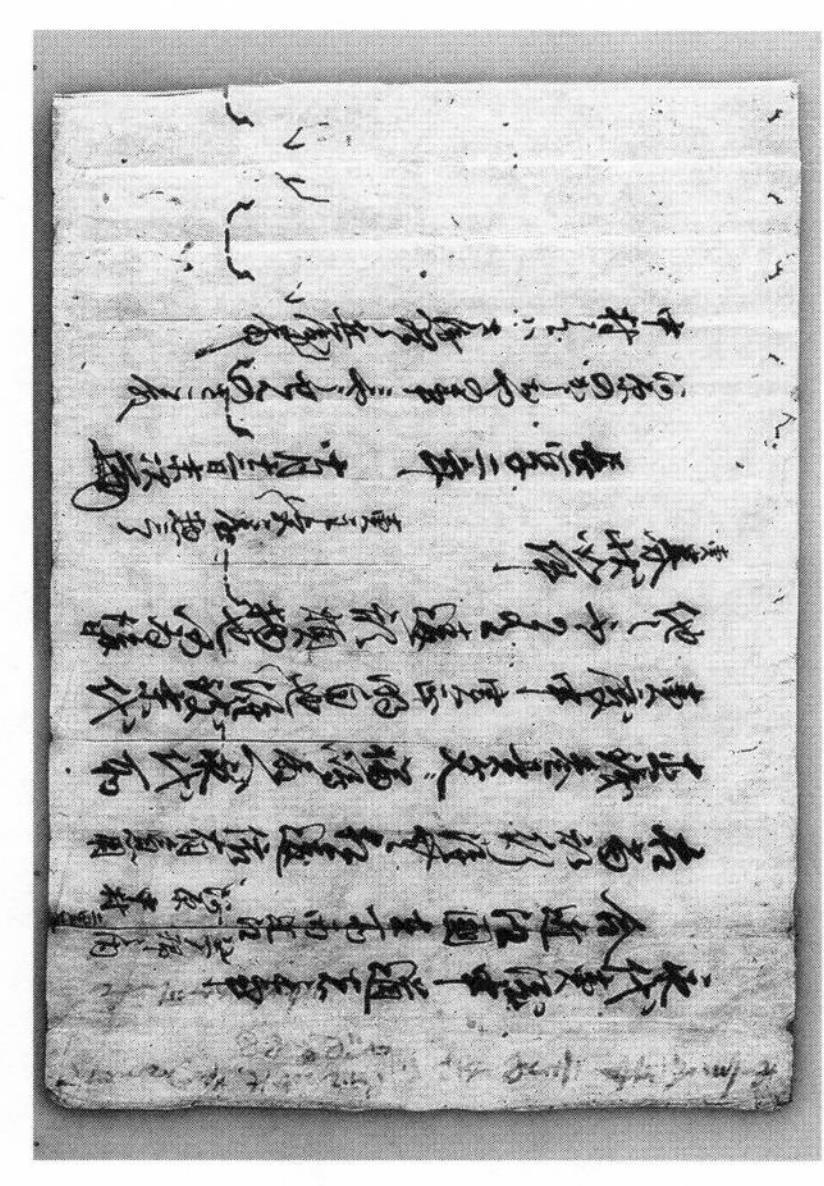

六、宮こ屋末次道者売券

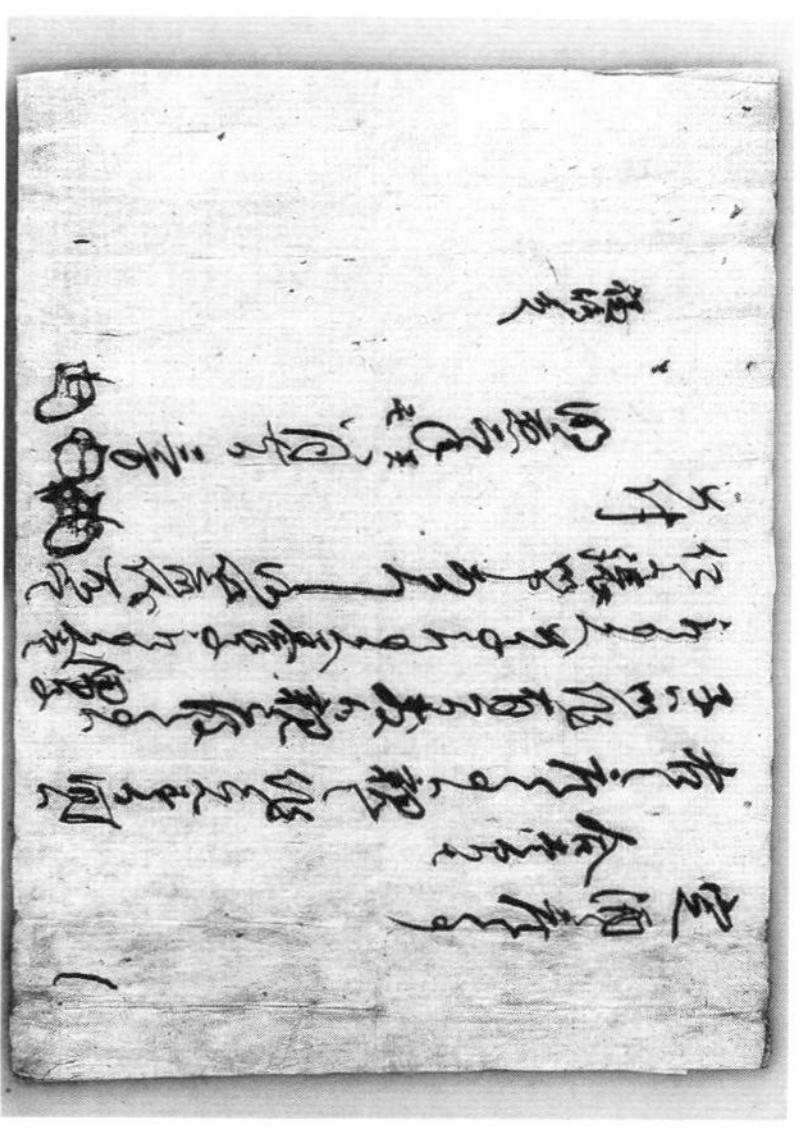

七、山田三方酒座定文

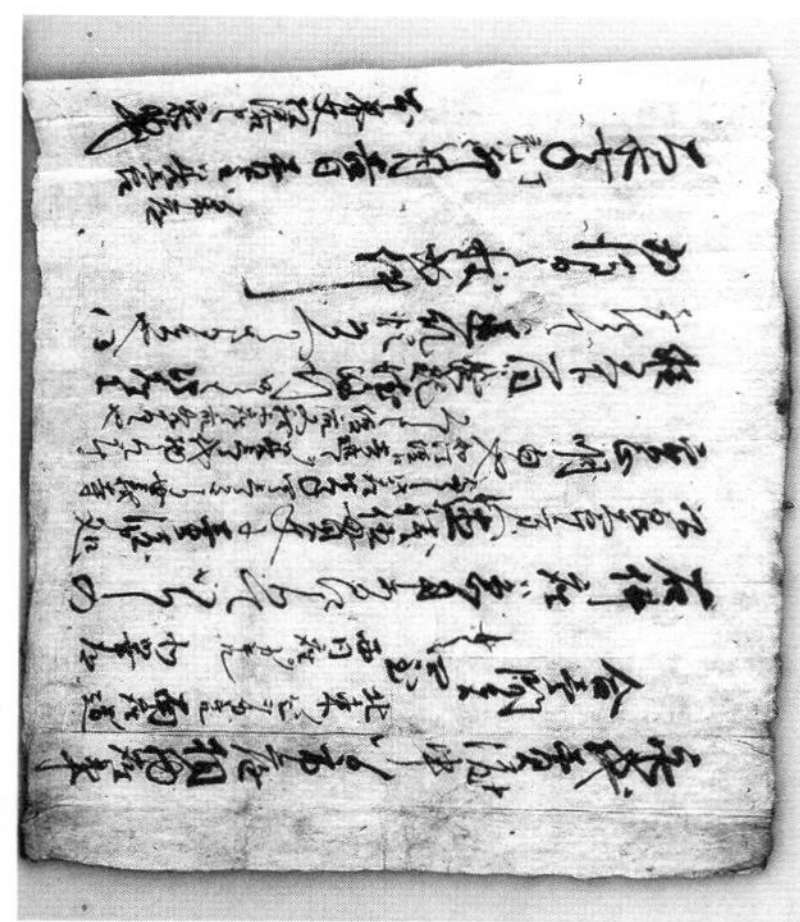

八、八日市庭善三郎家助相物座売券

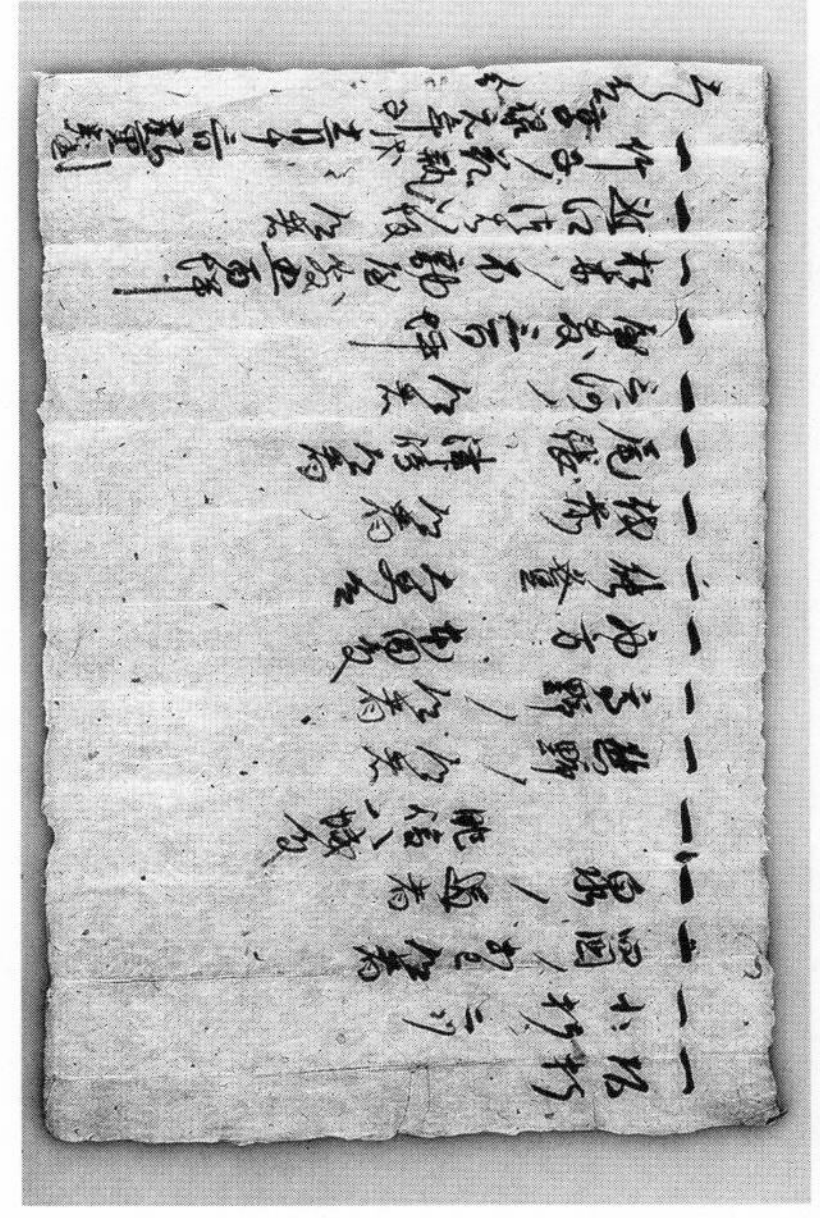

九、某弘重道者等目録写

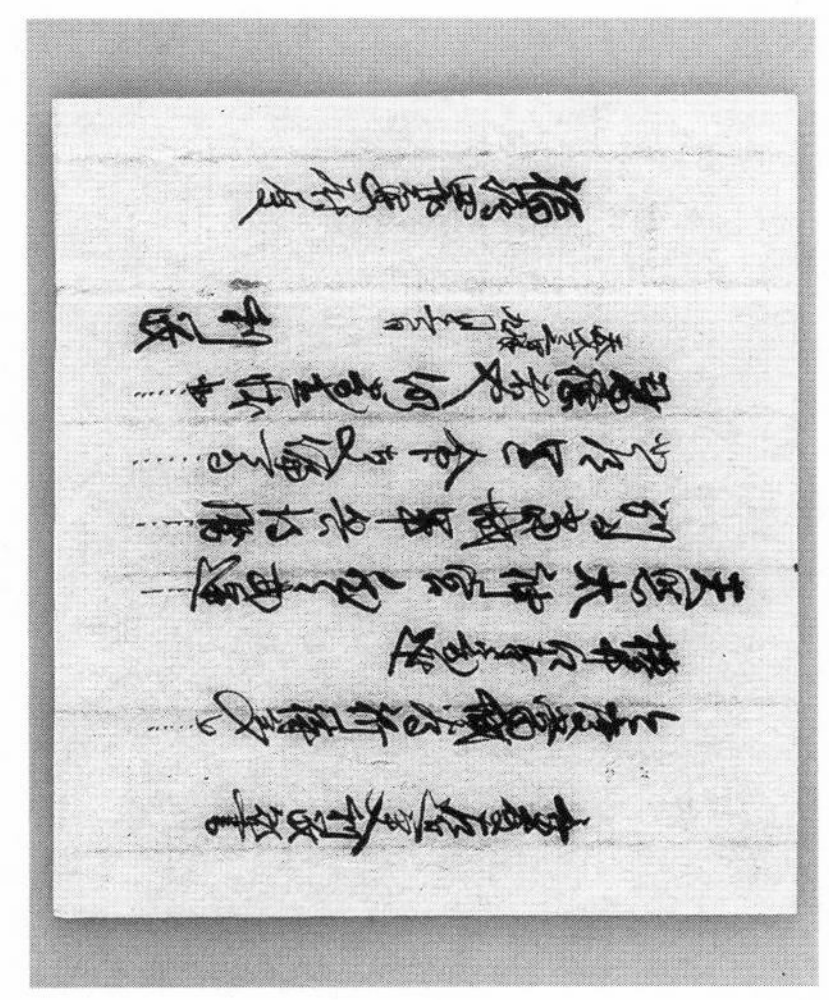

一〇、斎藤利政寄進状写

二、山田大路元貞道者壱売券

三、世古光継屋敷壱売券

一三、足代弘幸御宿職売券

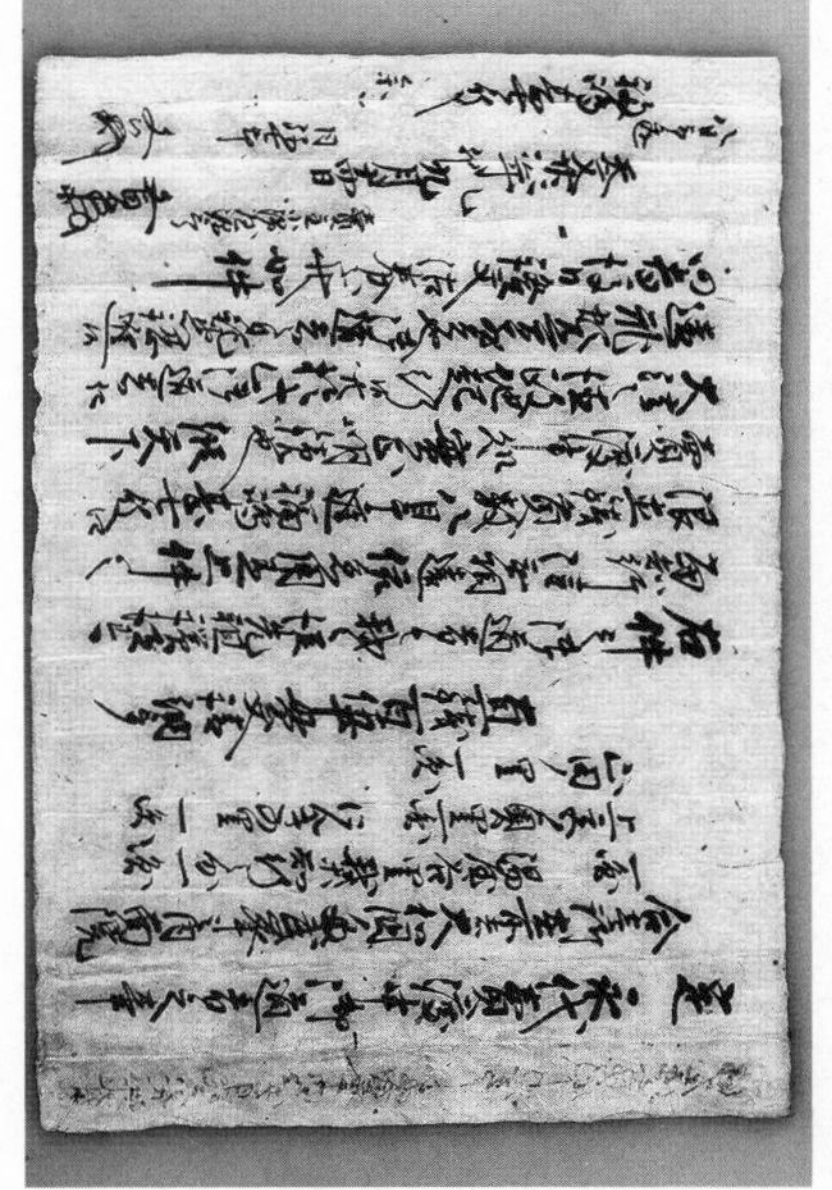

一四、小綿屋文貞・同文次連署道者売券

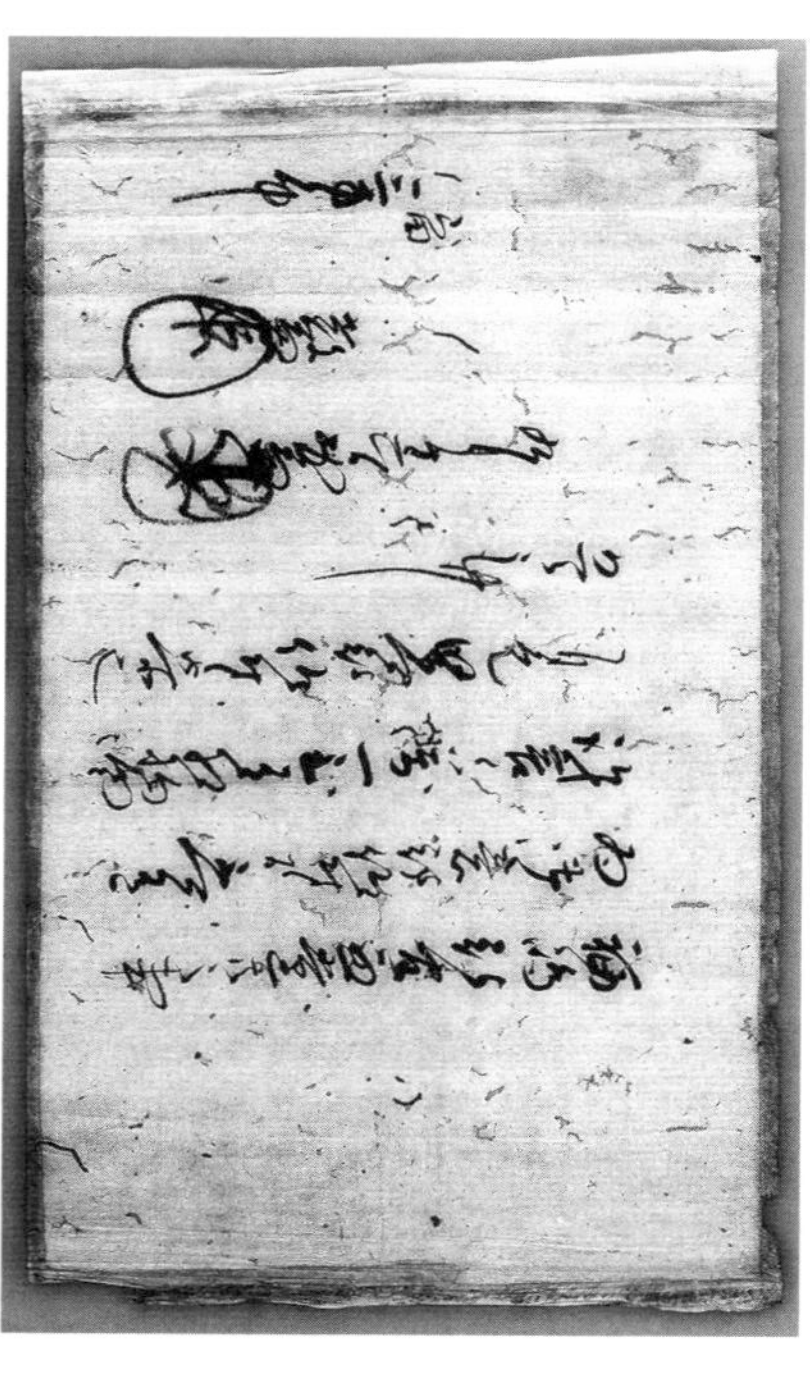

一五、北畠氏奉行人連署奉書

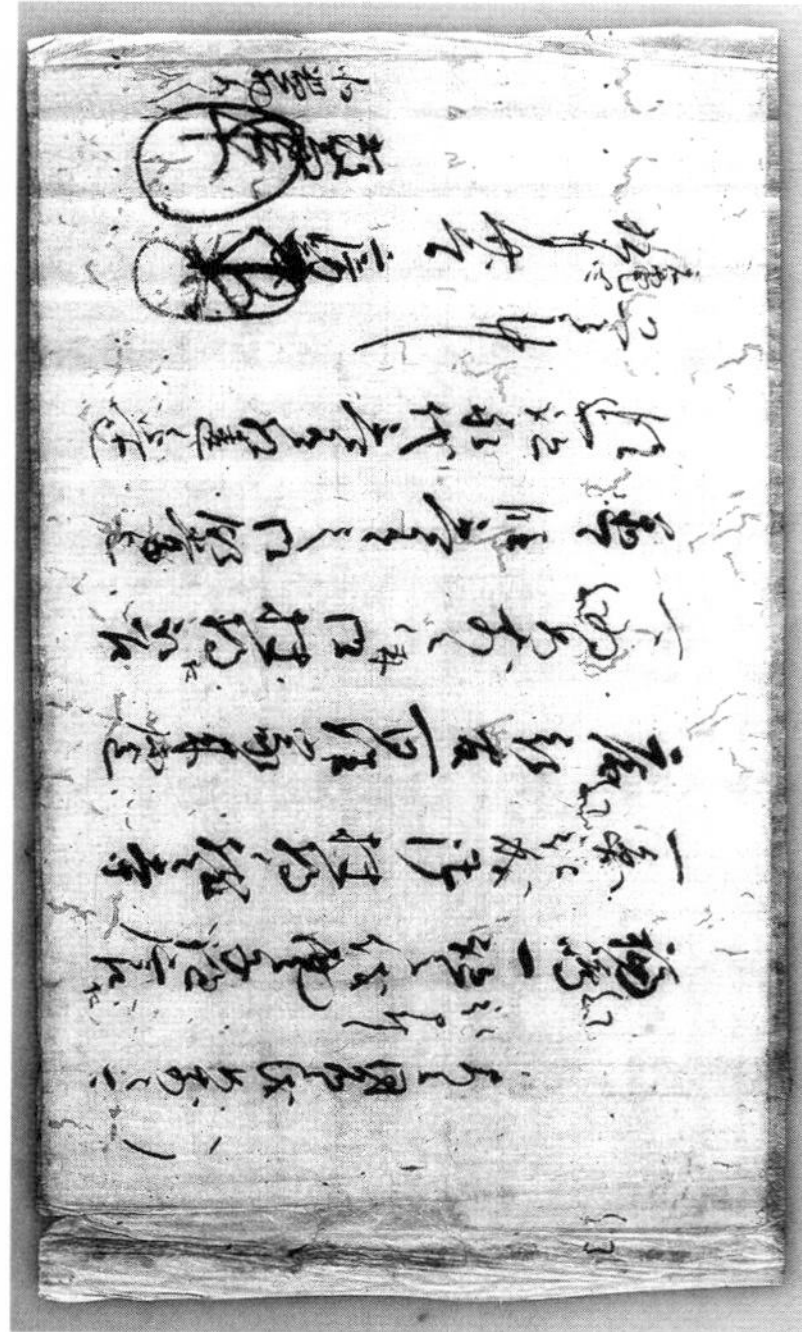

一六、北畠氏奉行人連署奉書

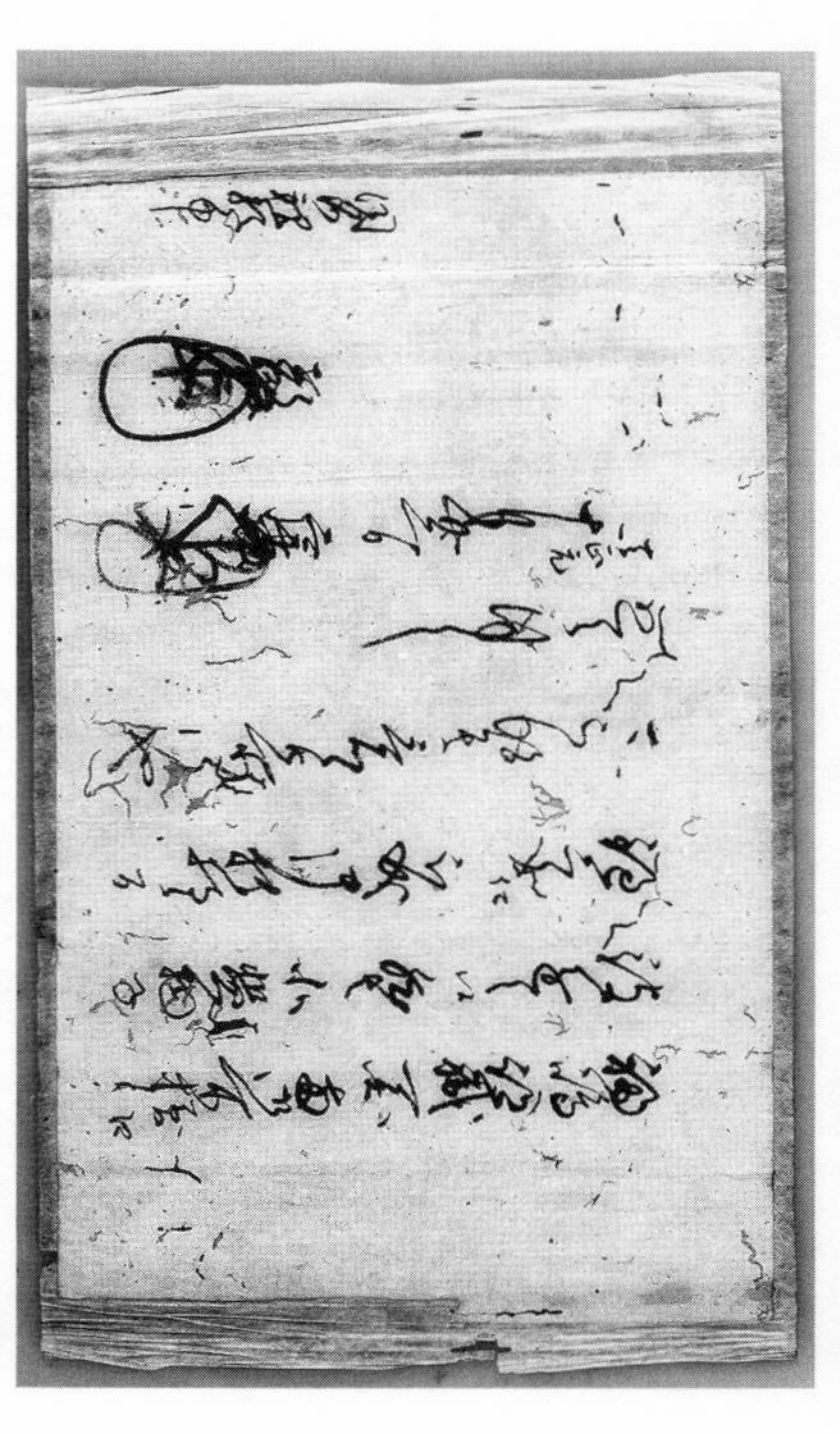

一七、北畠氏奉行人連署奉書

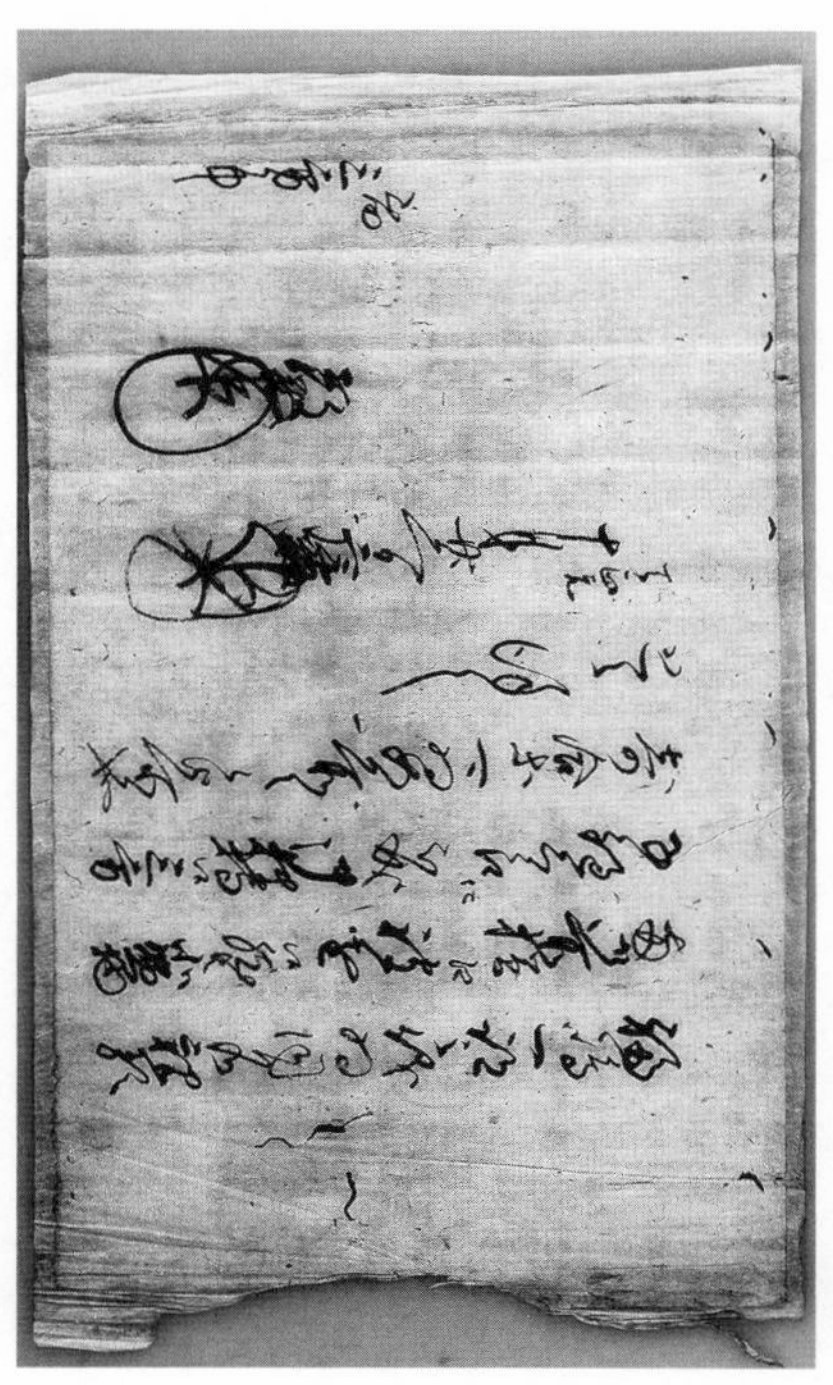

一八、北畠氏奉行人連署奉書

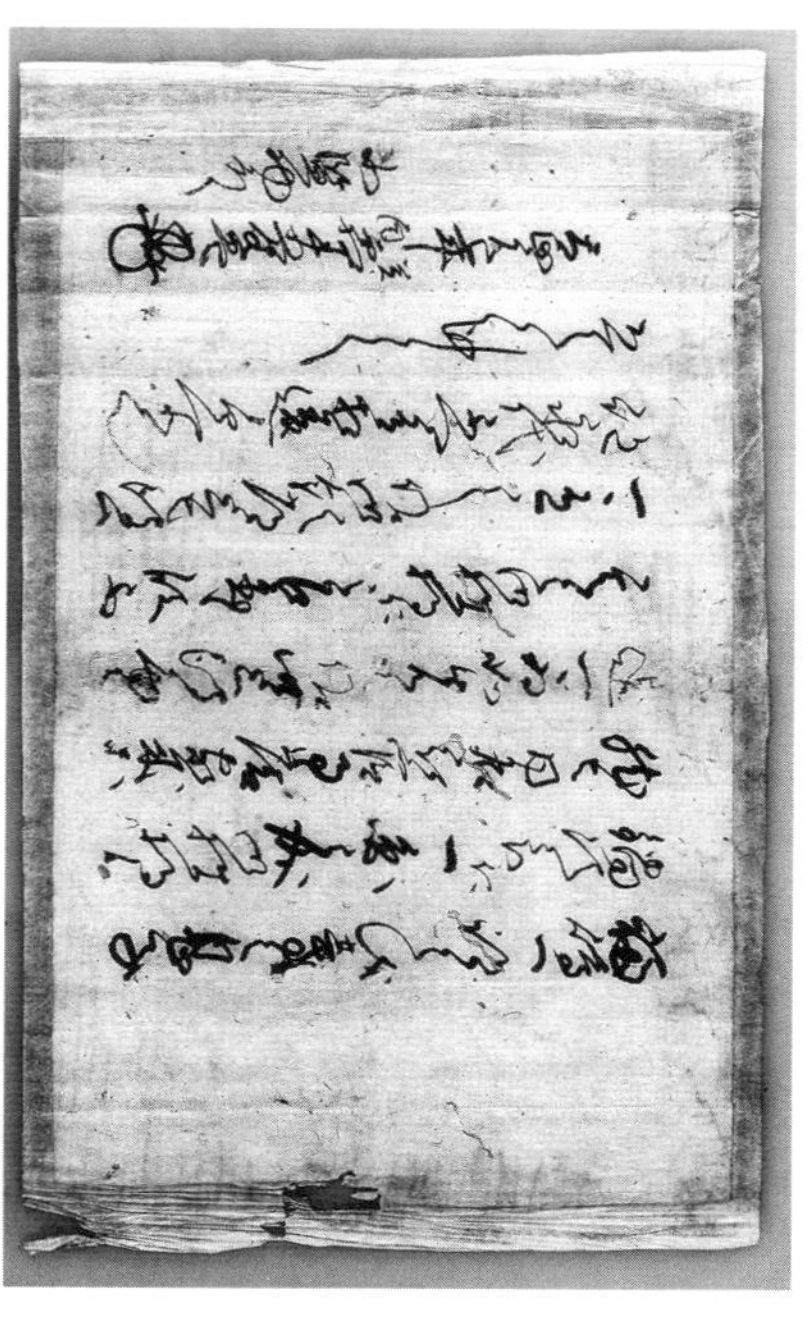

一九、北畠具豊判物

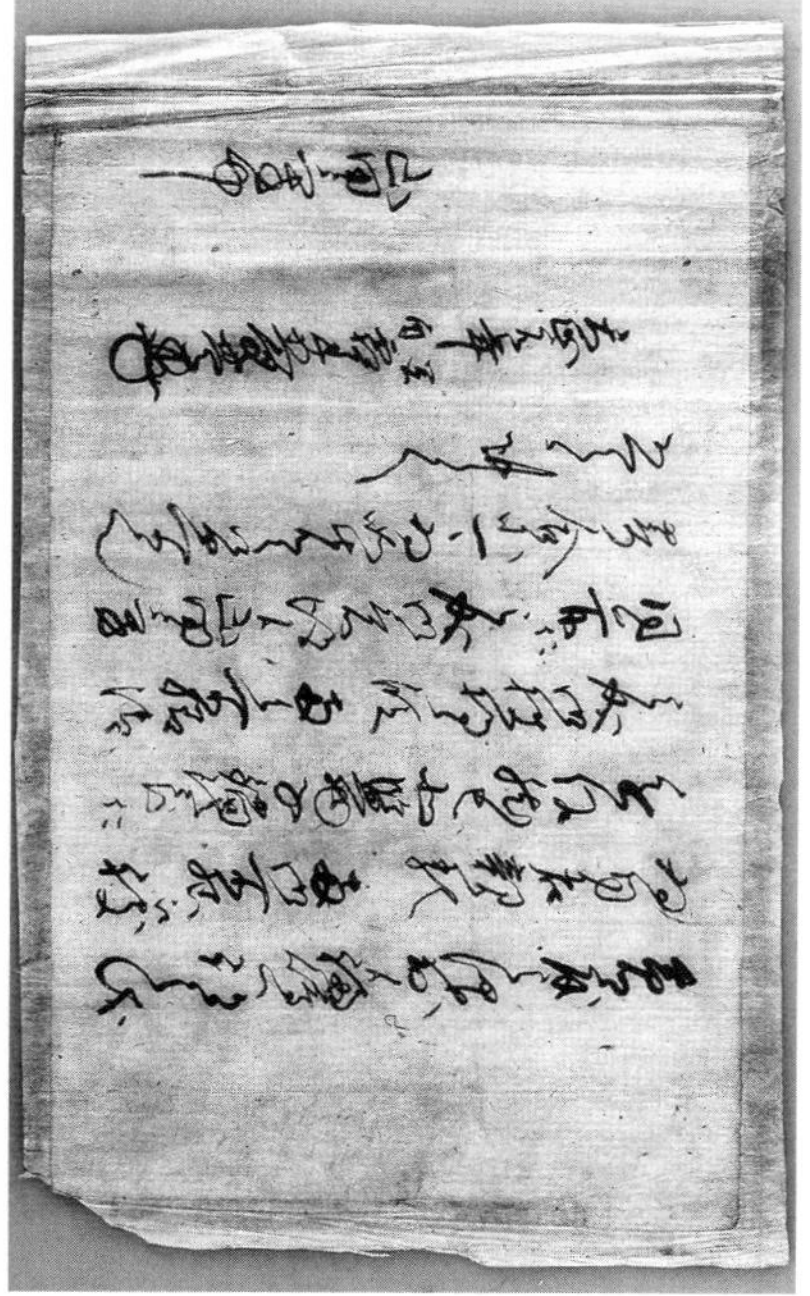

二〇、北畠具豊判物

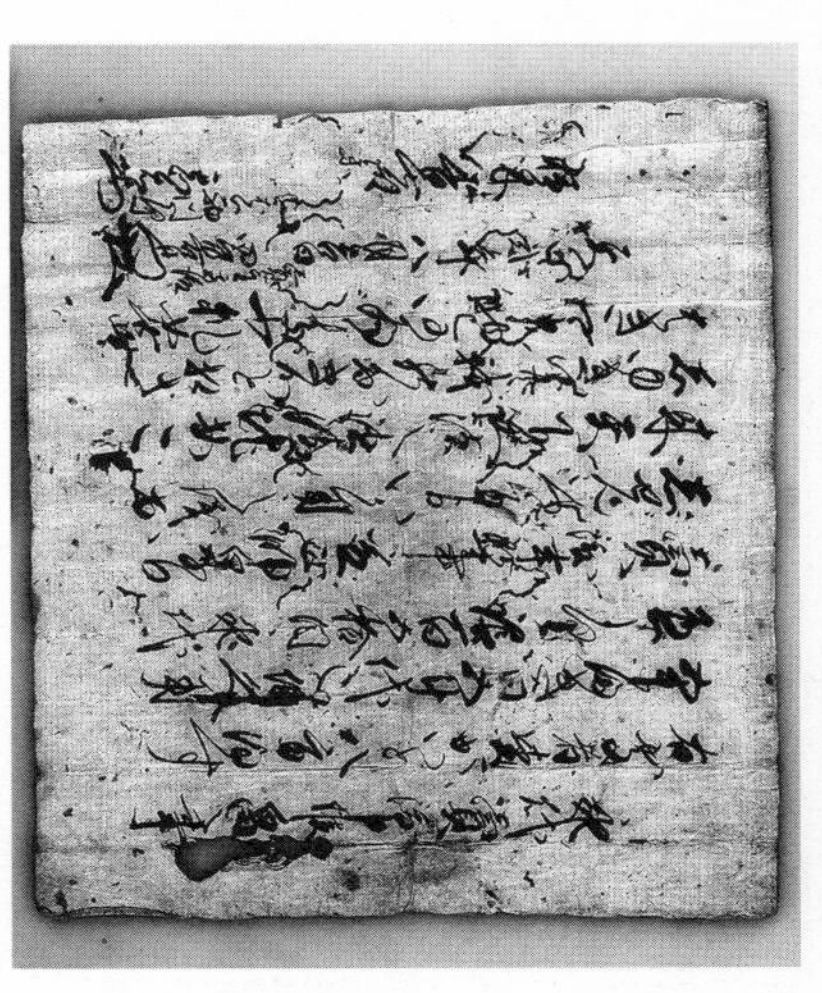

二、宮後四郎右衛門畠地売券

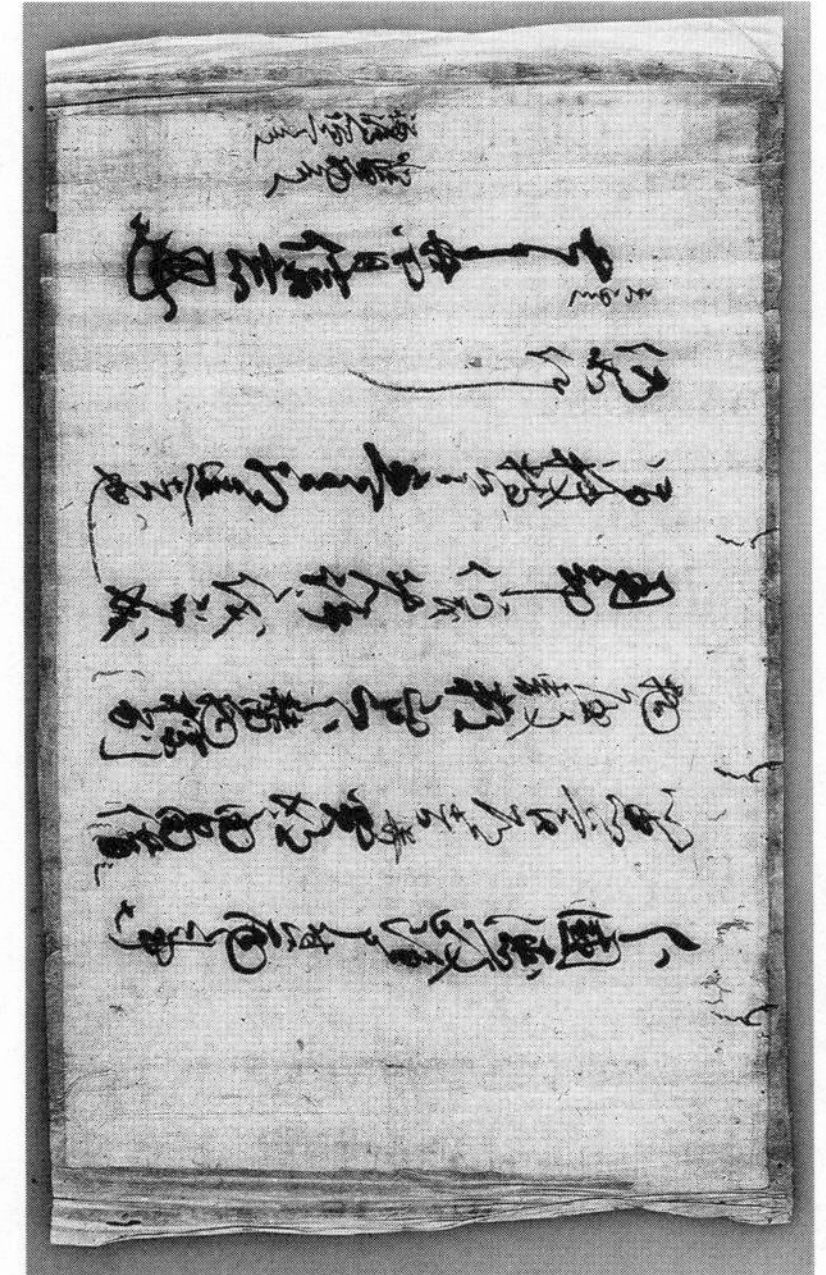

三、北畠信意判物

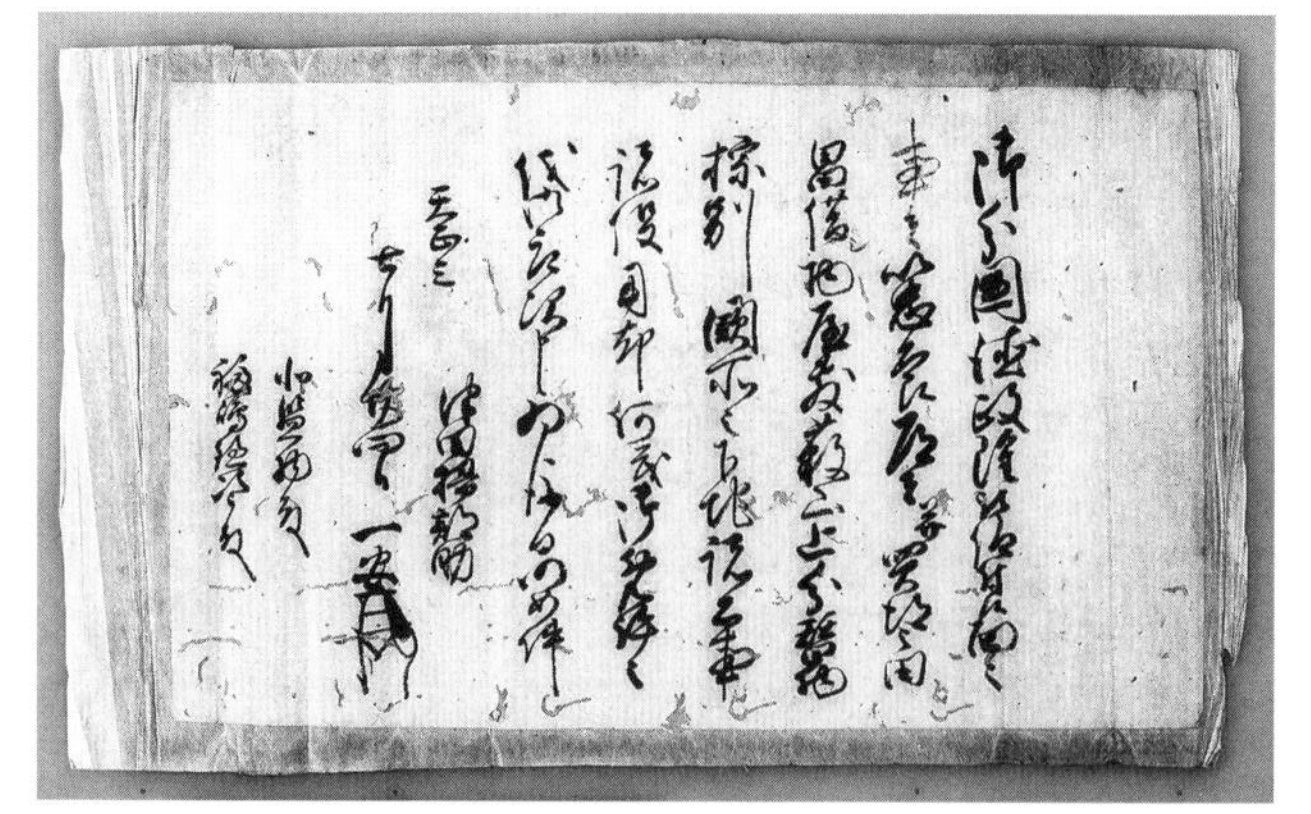

一三、津田一安副状

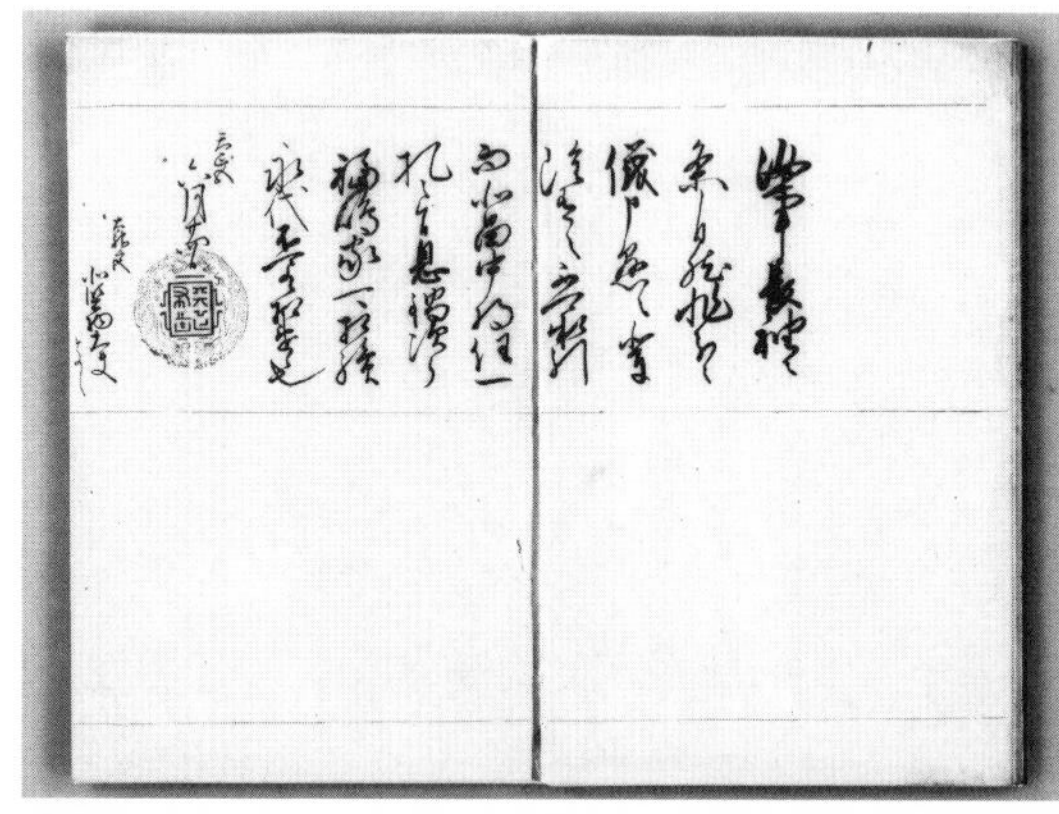

一四、織田信長判物写

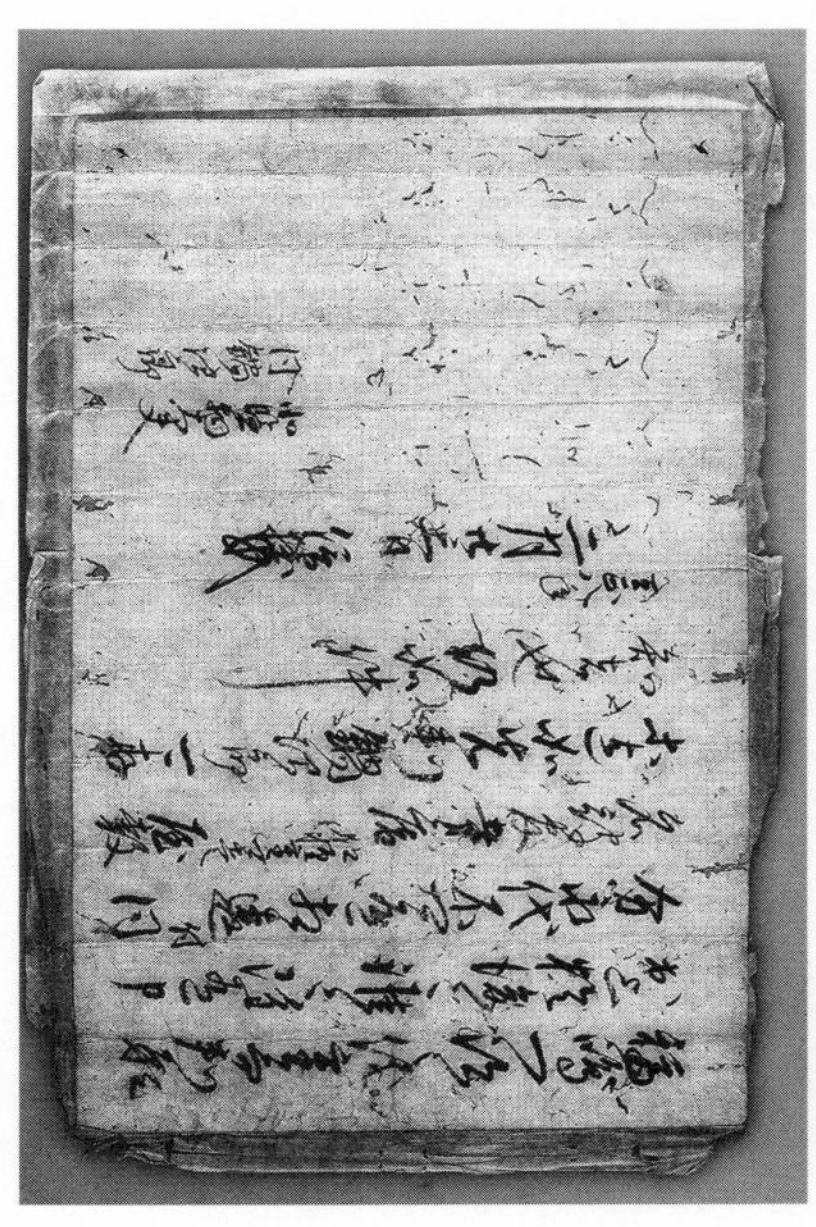

二五、織田信勝判物

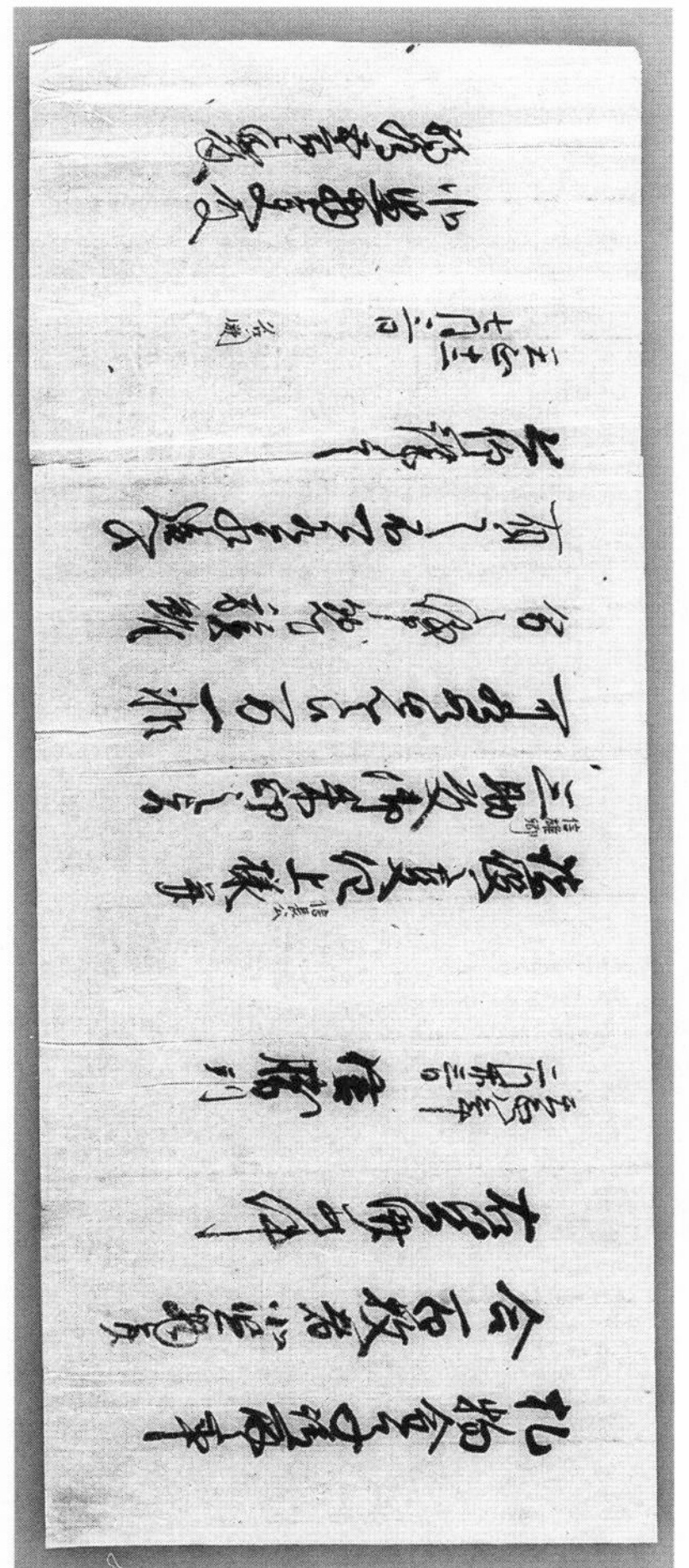

二六－一、織田信勝金子請取状写

二六－二、某書状写

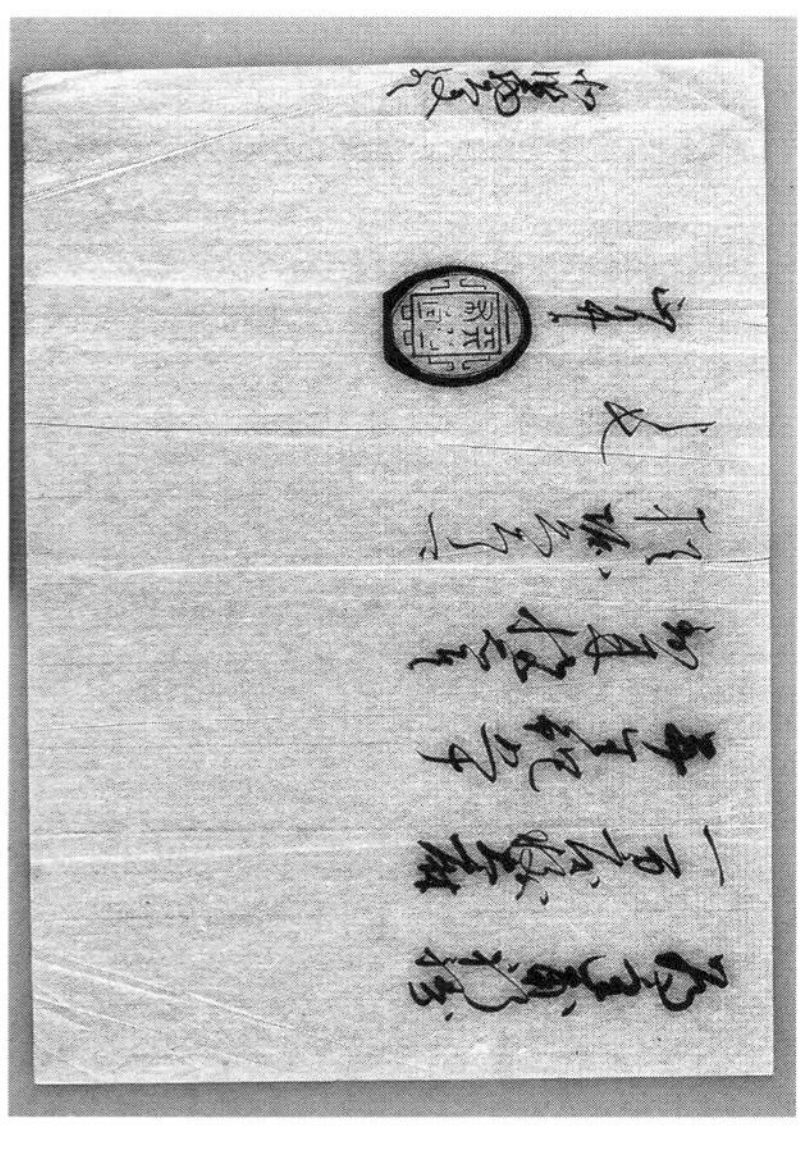

二七、織田信長判物写

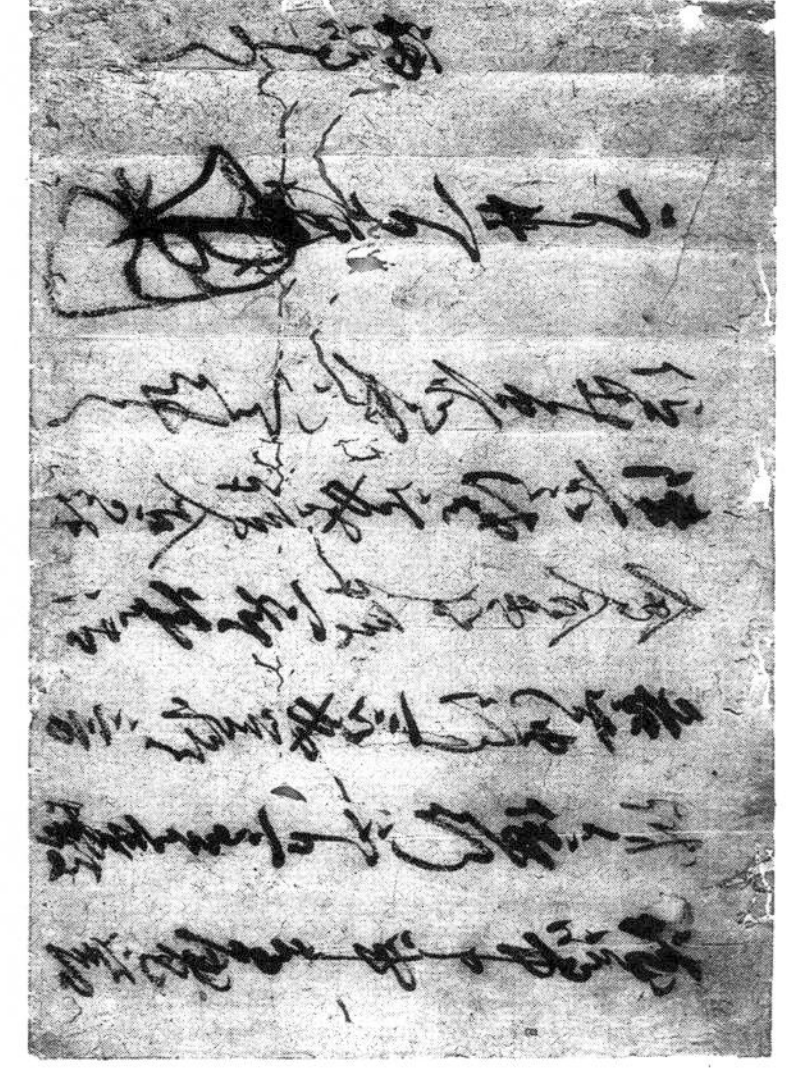

二八、北畠具房奉行人奉書

二九、豊臣秀吉朱印状写

三〇、熊鶴定時旦那譲状

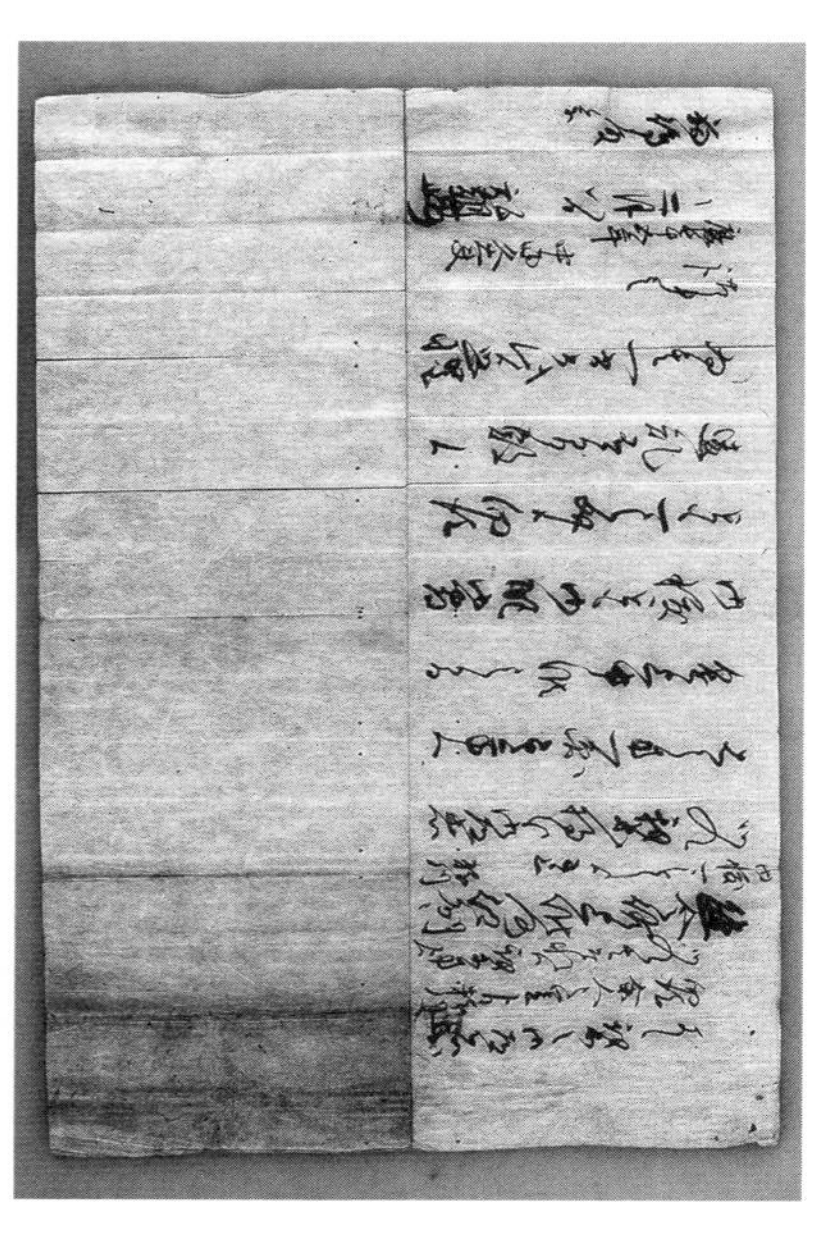

三一、中西弘朝書状

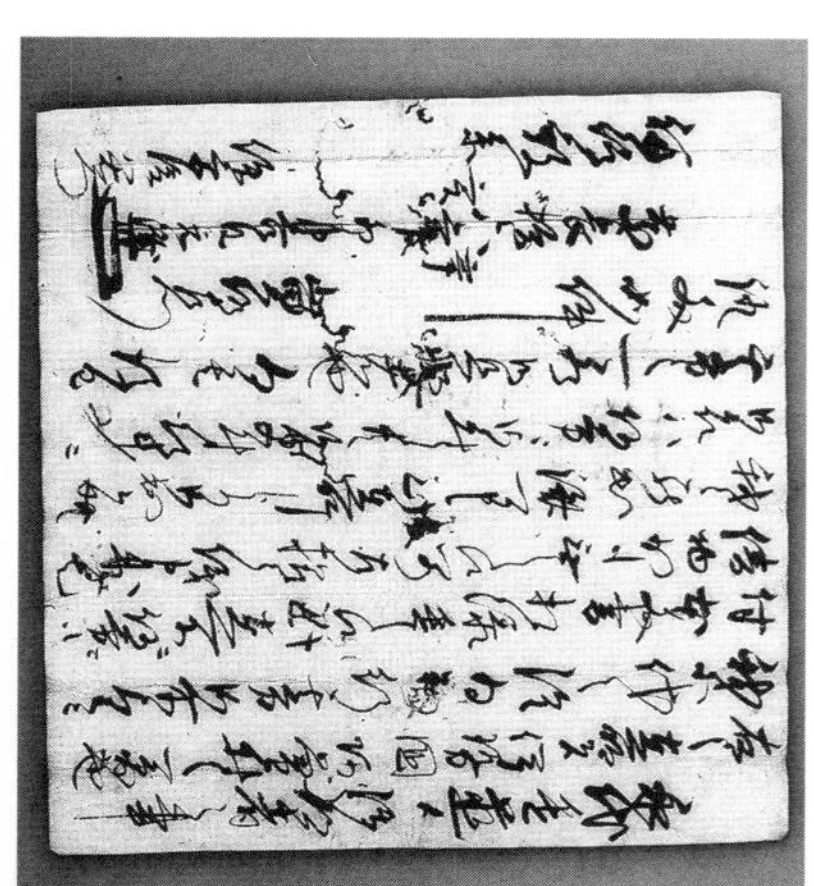

三二、山田大路元澄道者進上状

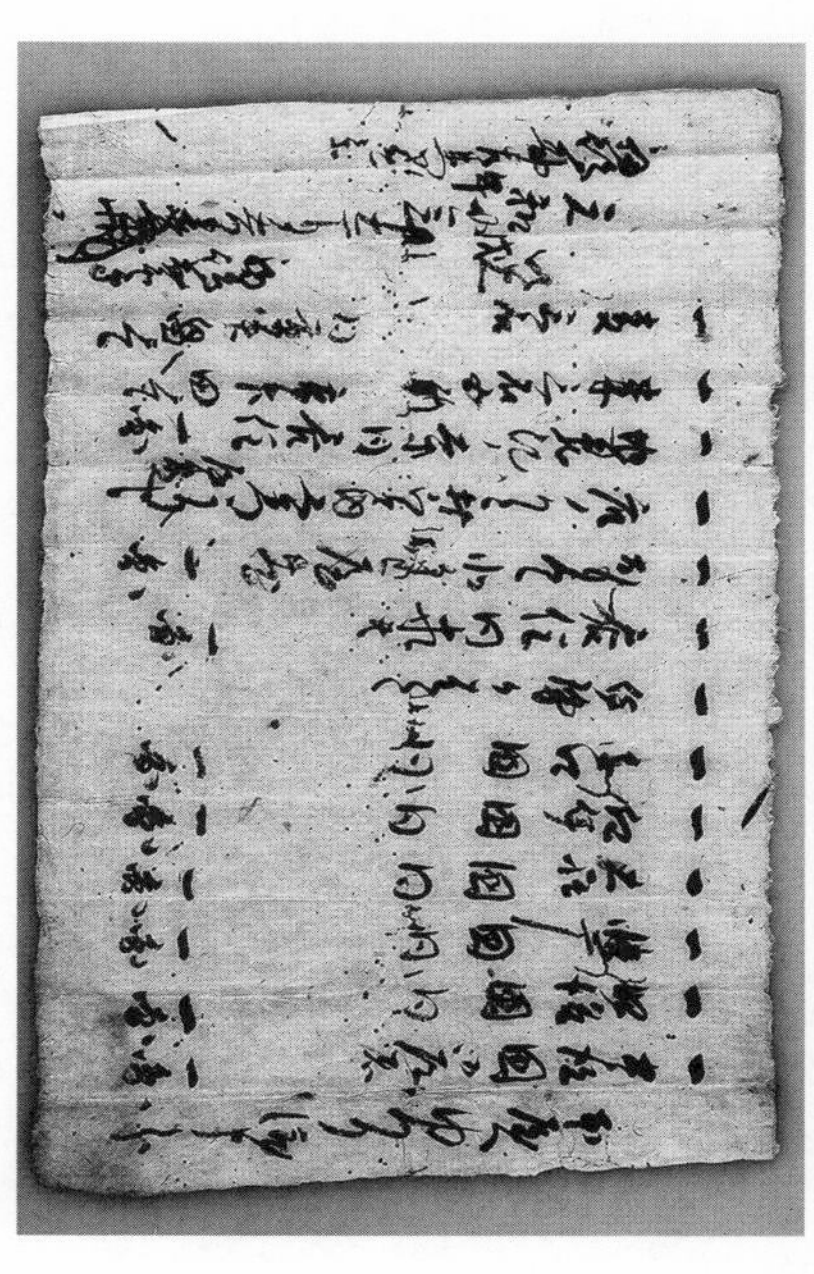

三三、福嶋末長譲状

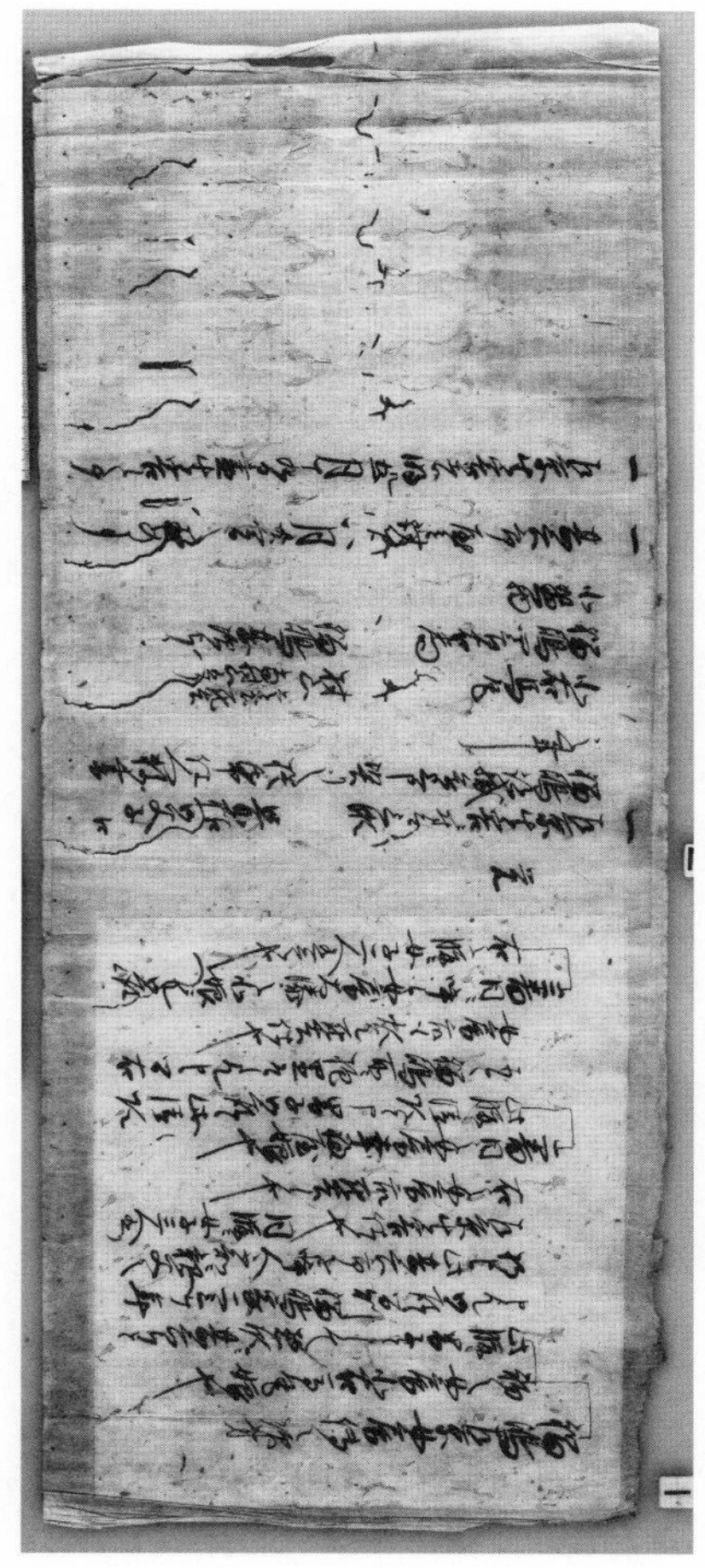

三四－一、福嶋左京女房伝之次第書
三四－二、福嶋左京生害之覚書

三五、北監物大夫言上書

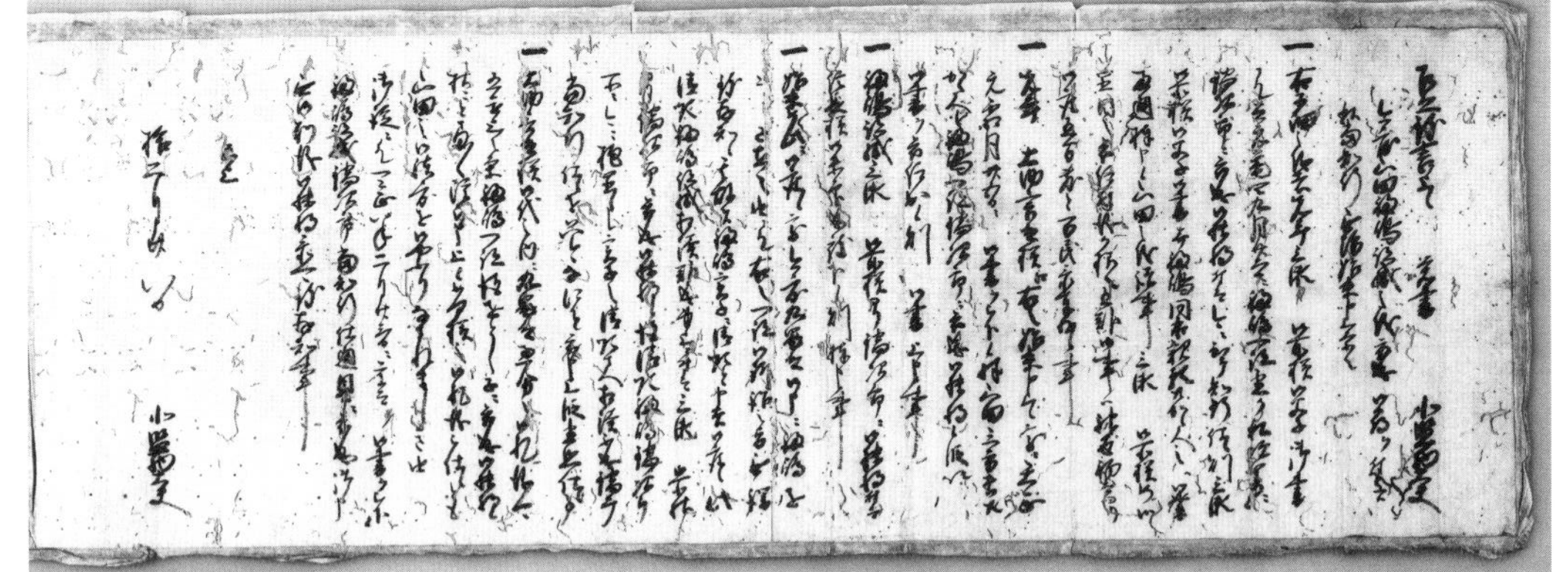

三六、福嶋跡職之儀覚書

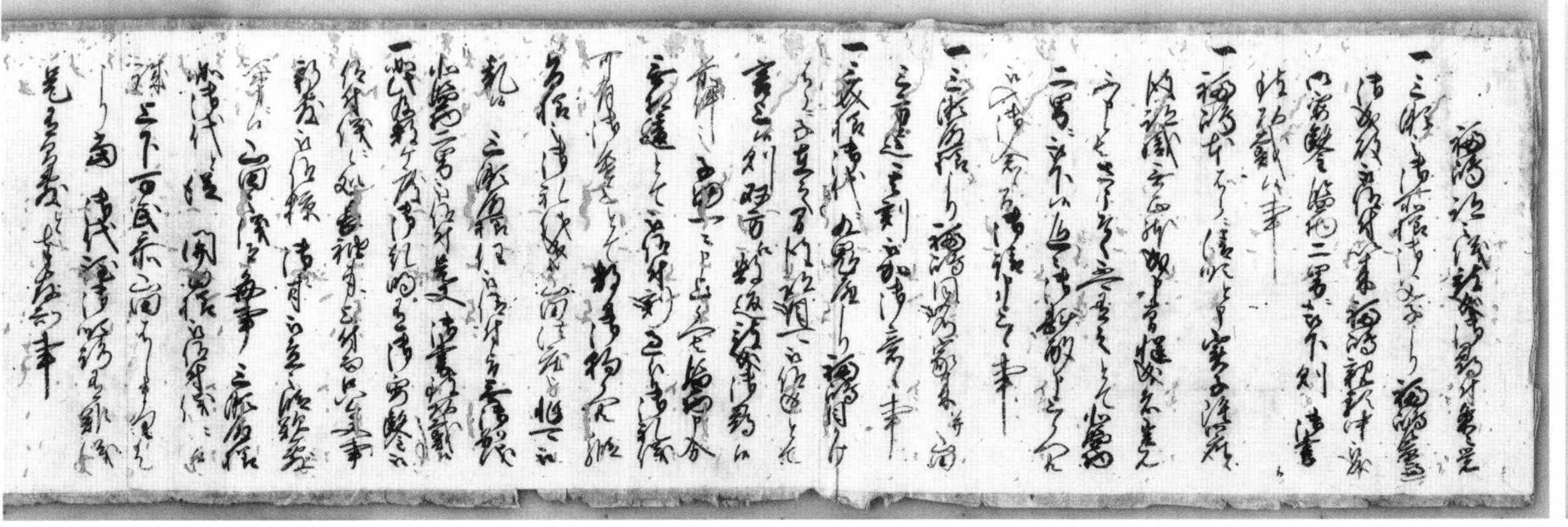

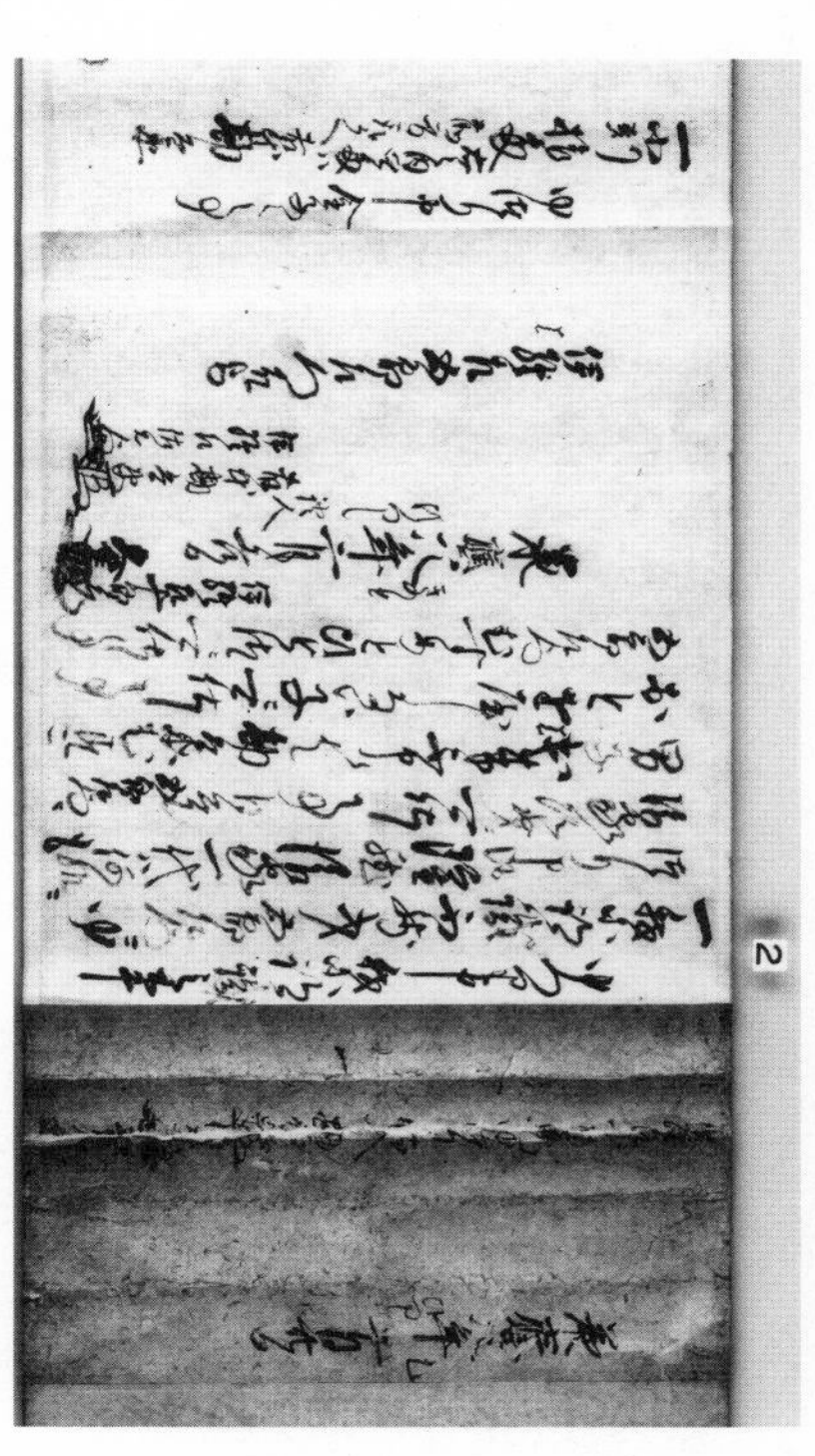

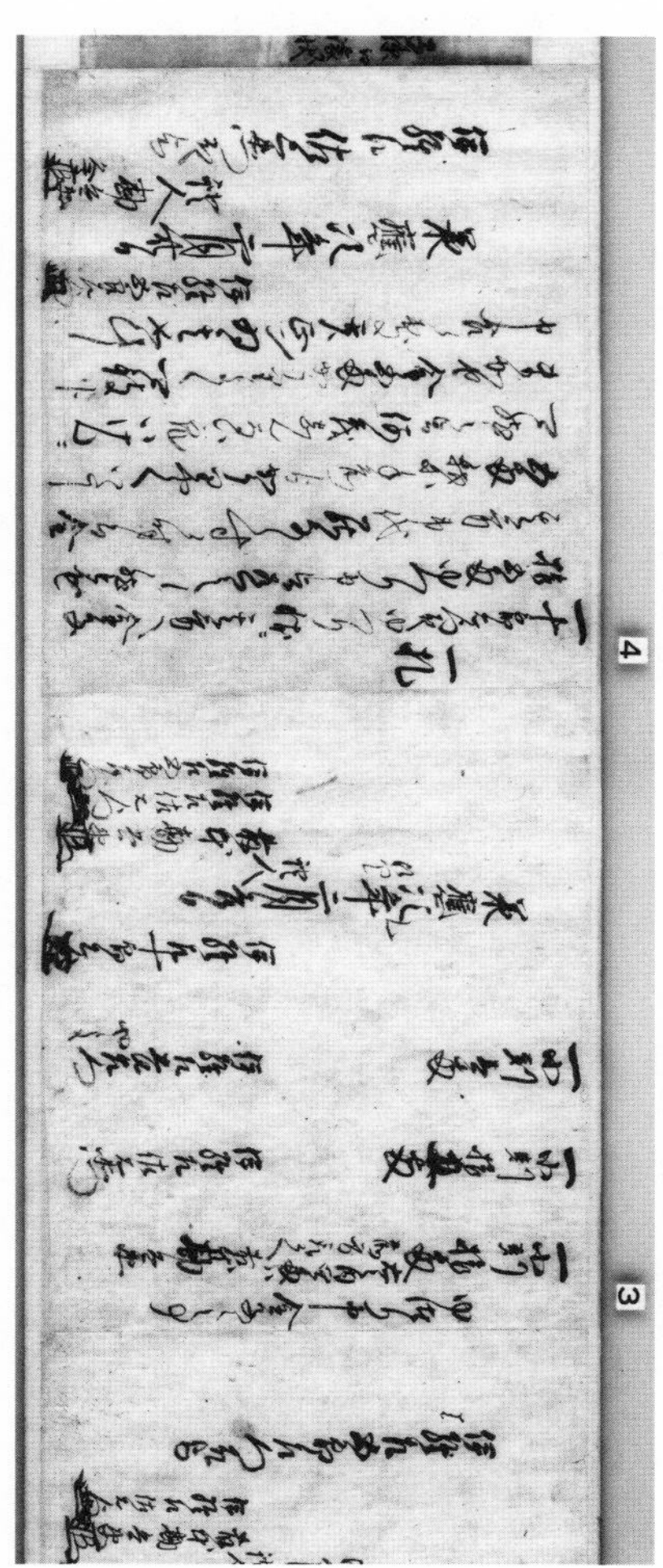

三七、福嶋家親類相続関係文書

1、伊羅古久長譲状包紙

2、伊羅古久長跡職譲状

3、伊羅古久長金子譲状

4、伊羅古五郎右衛門一札

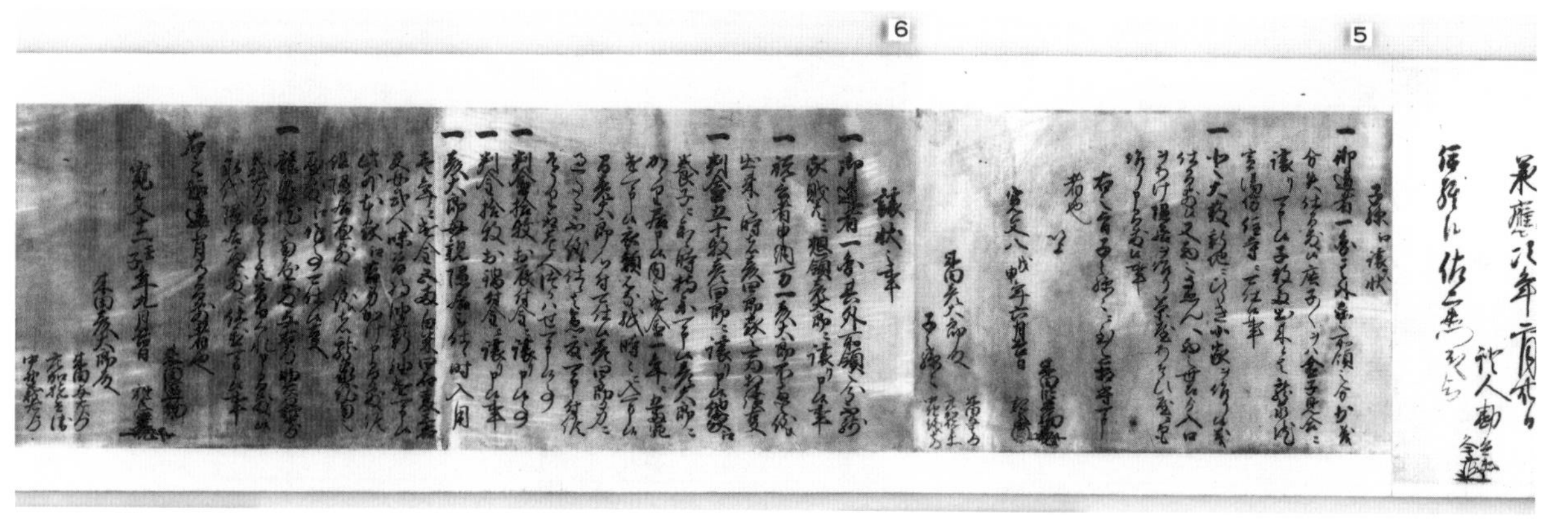

6、5、来田親忠譲状

8、7、来田親忠書置
来田宣親書置

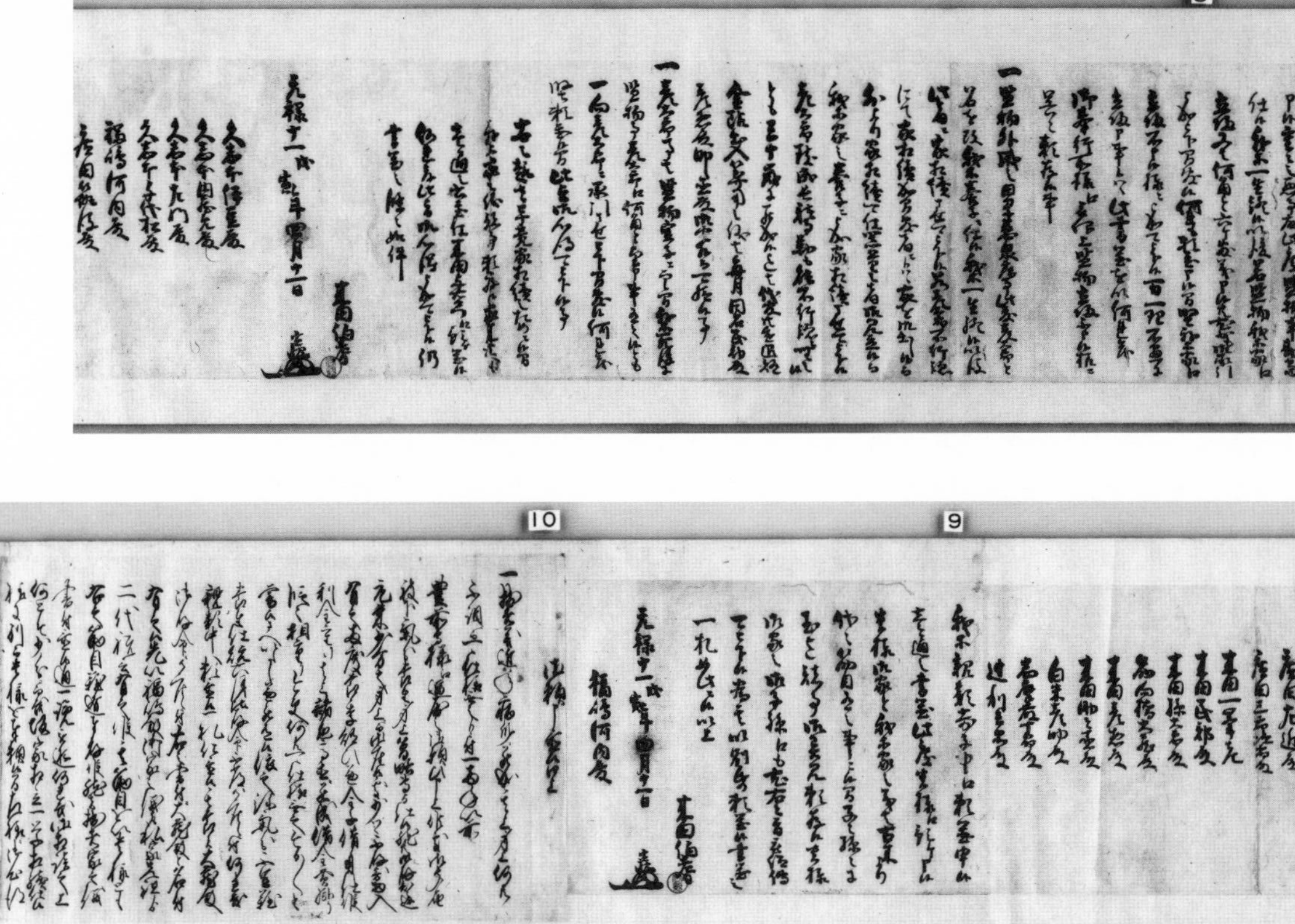

9、来田宣親書置
10、坂氏光書置

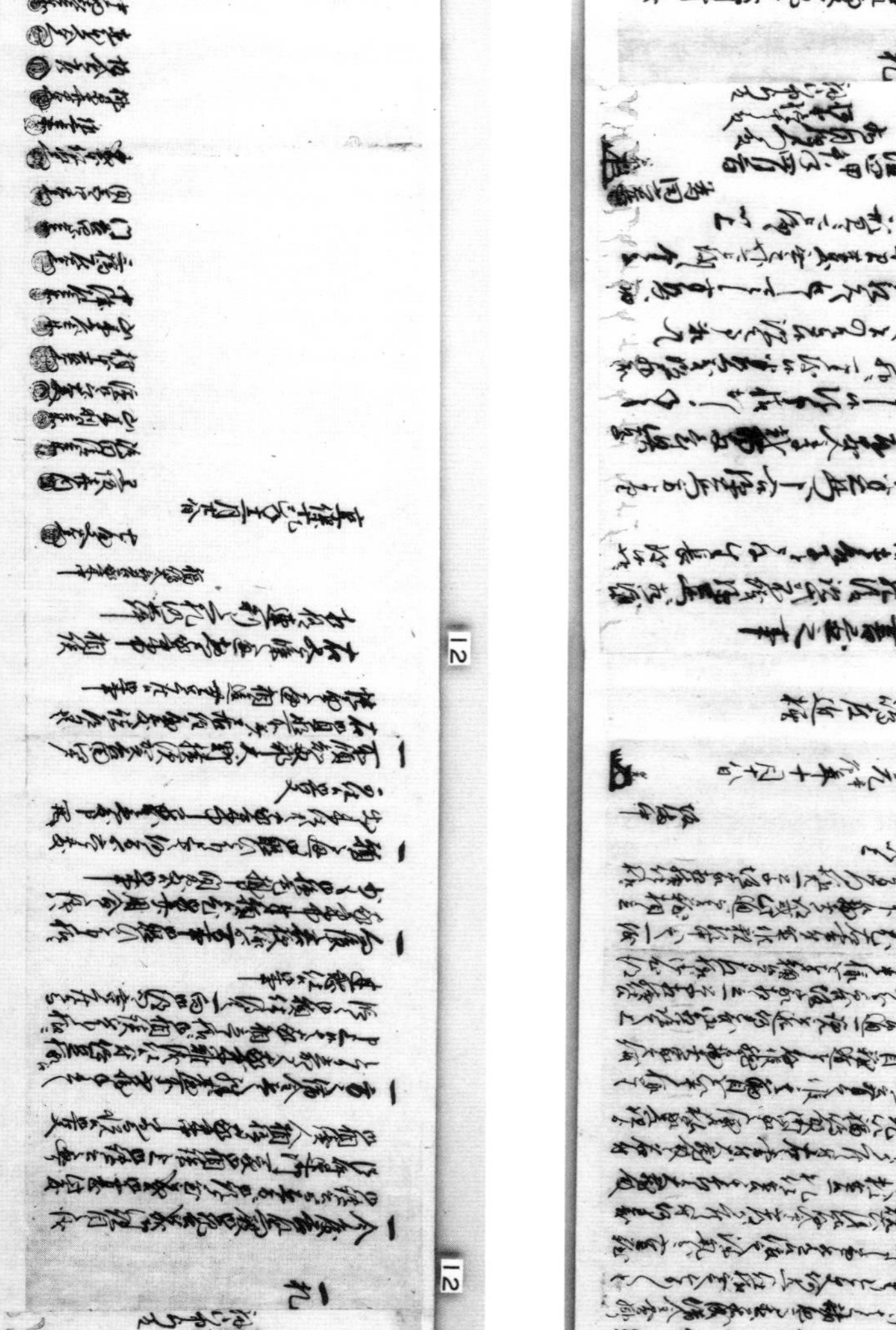

11、為田公邦書置

12、福嶋家惣家来中連判状

13、福嶋家並村山家和談一札

14、大主大夫家来連判状写

15、為田定直遺言状

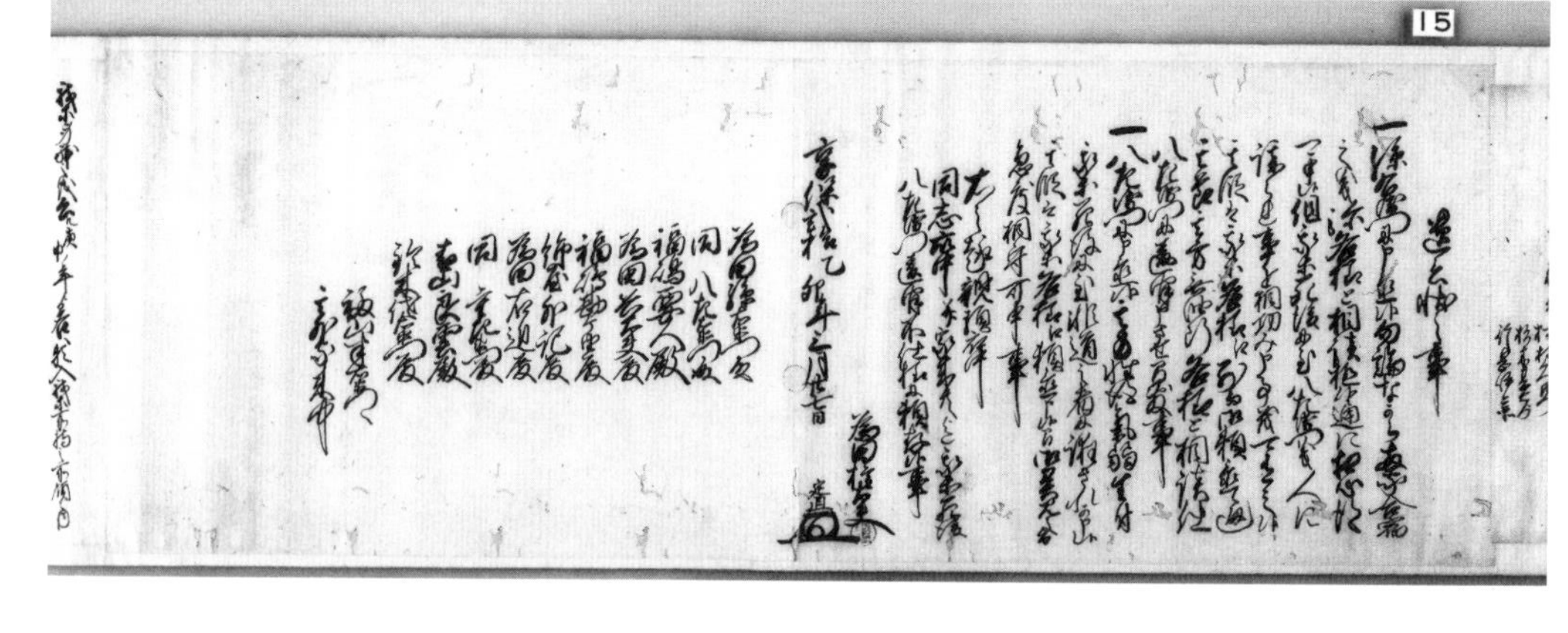

16、堤盛尹借財返済覚書

17、上部内蔵助堤家借財返済覚書

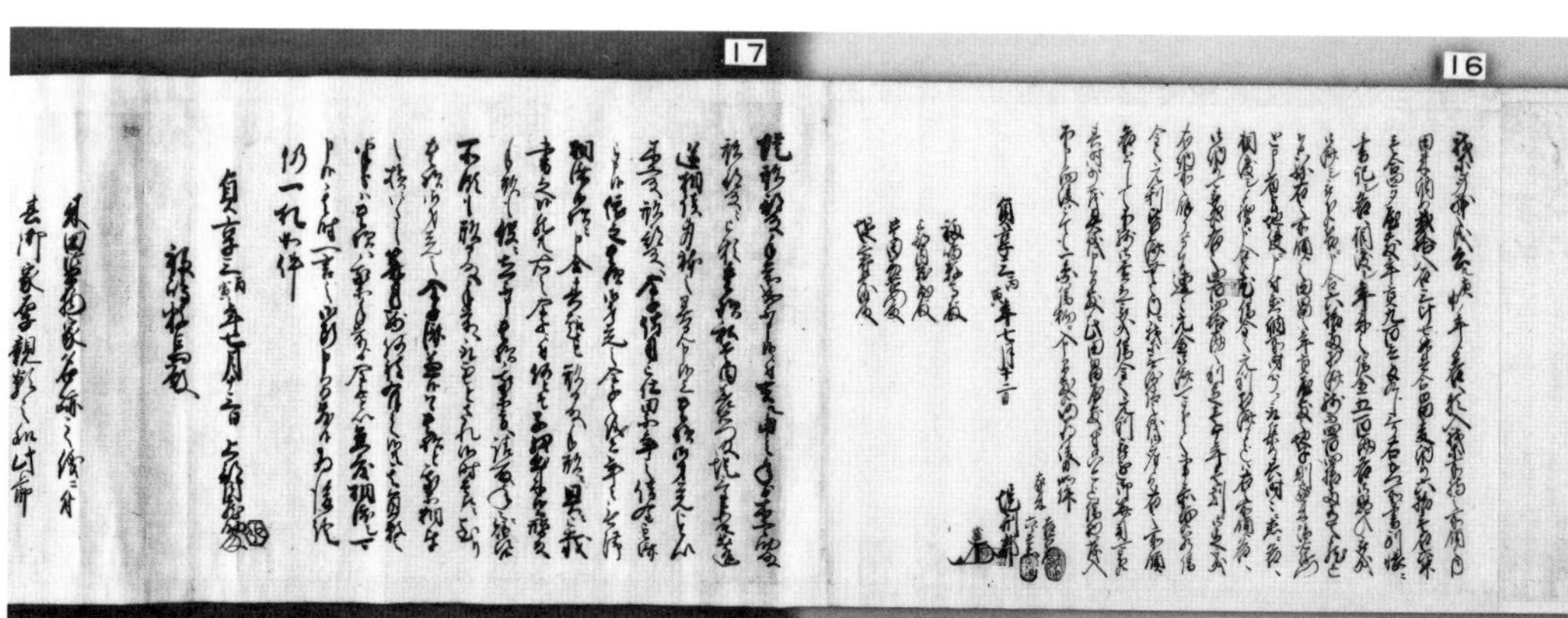

18、来田舎人等監物家名跡一札

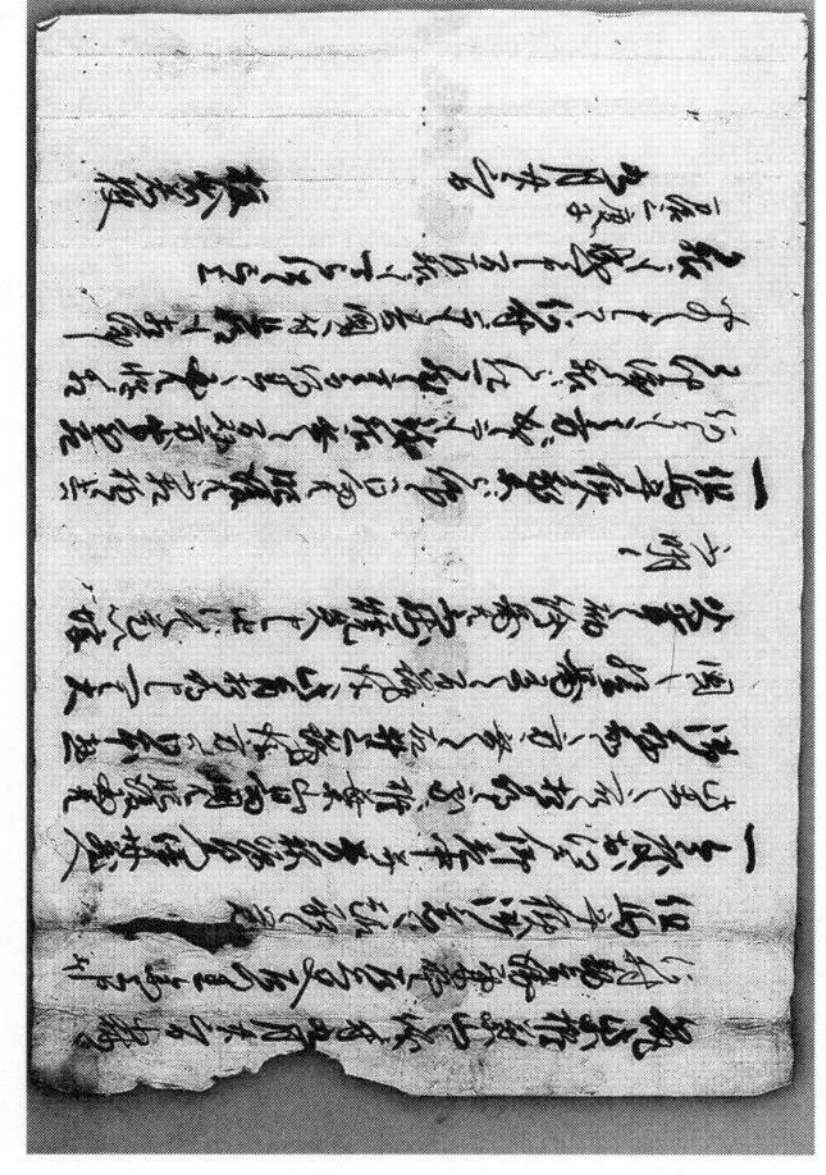

三八、八木但馬守様御意承候覚書

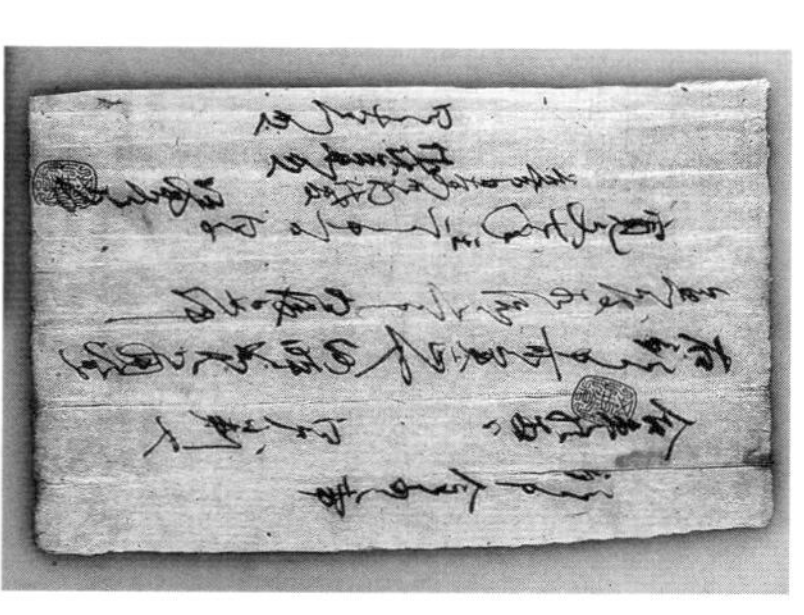

三九、坂倉九郎左衛門金子預証文

四〇、中川五郎左衛門諸道具等請取手形

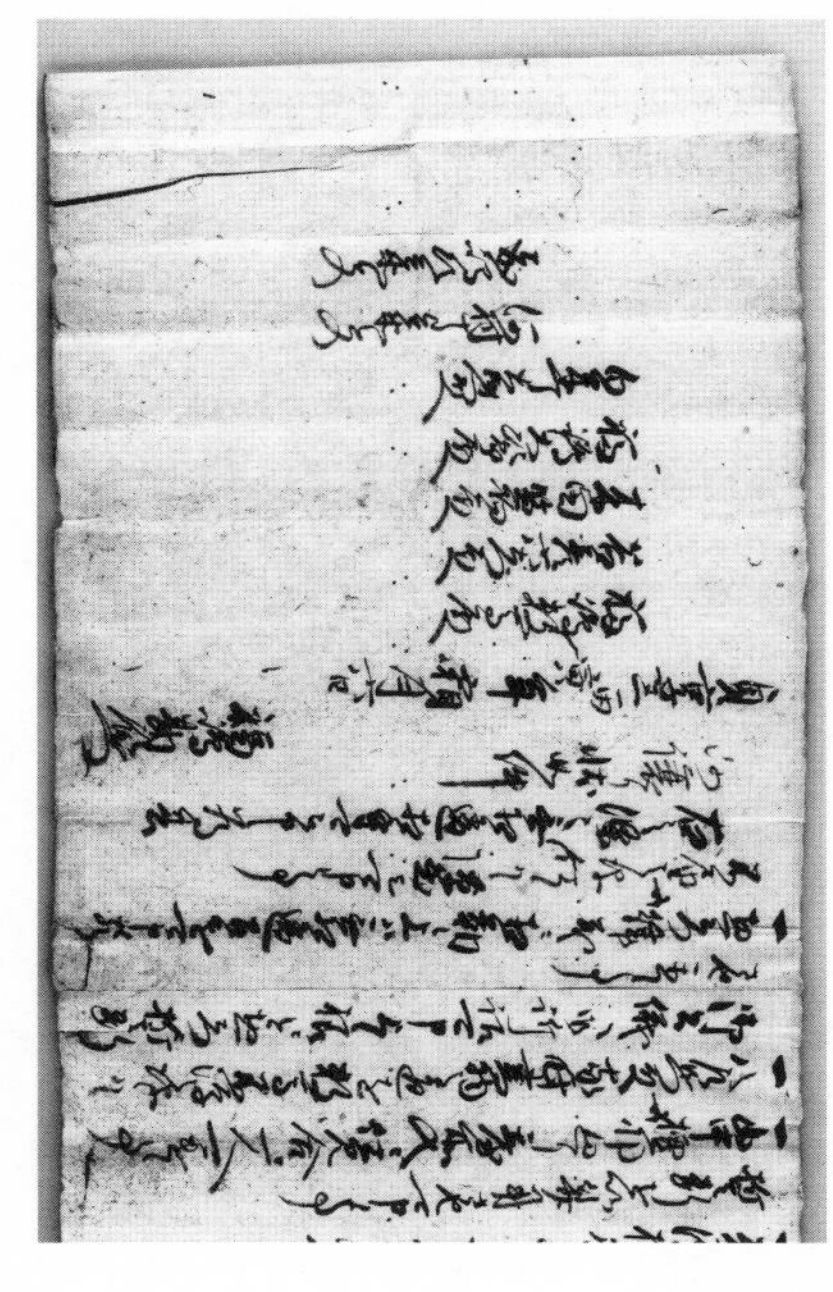

四一、福嶋勘左衛門譲状写

四二、来田宣親書置写

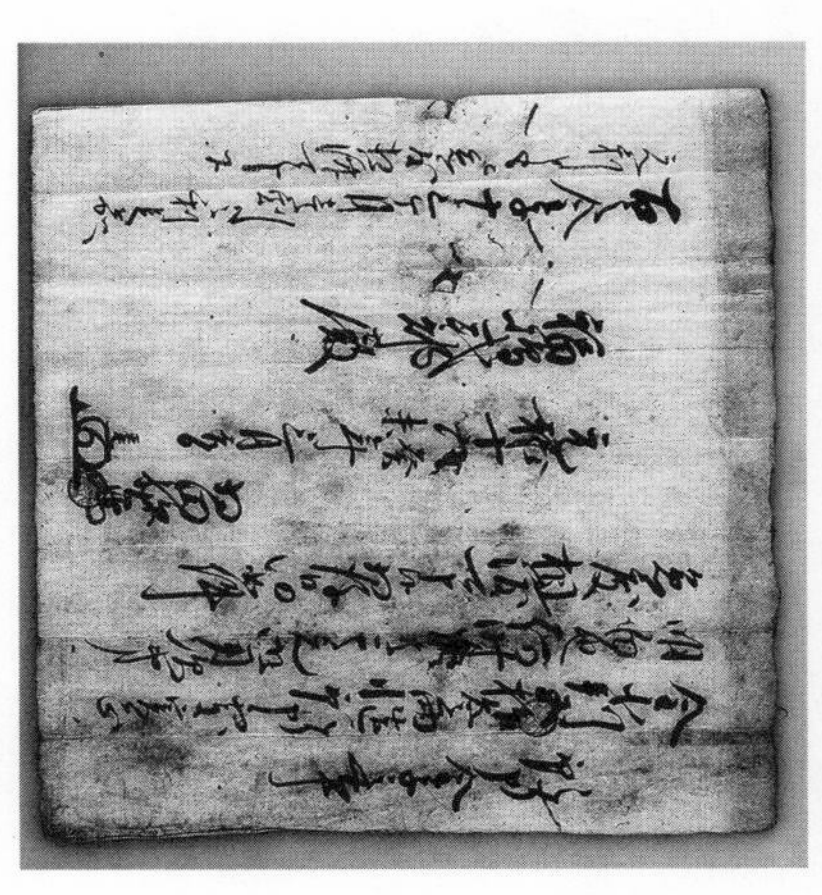

四三、為田直定金子預証文

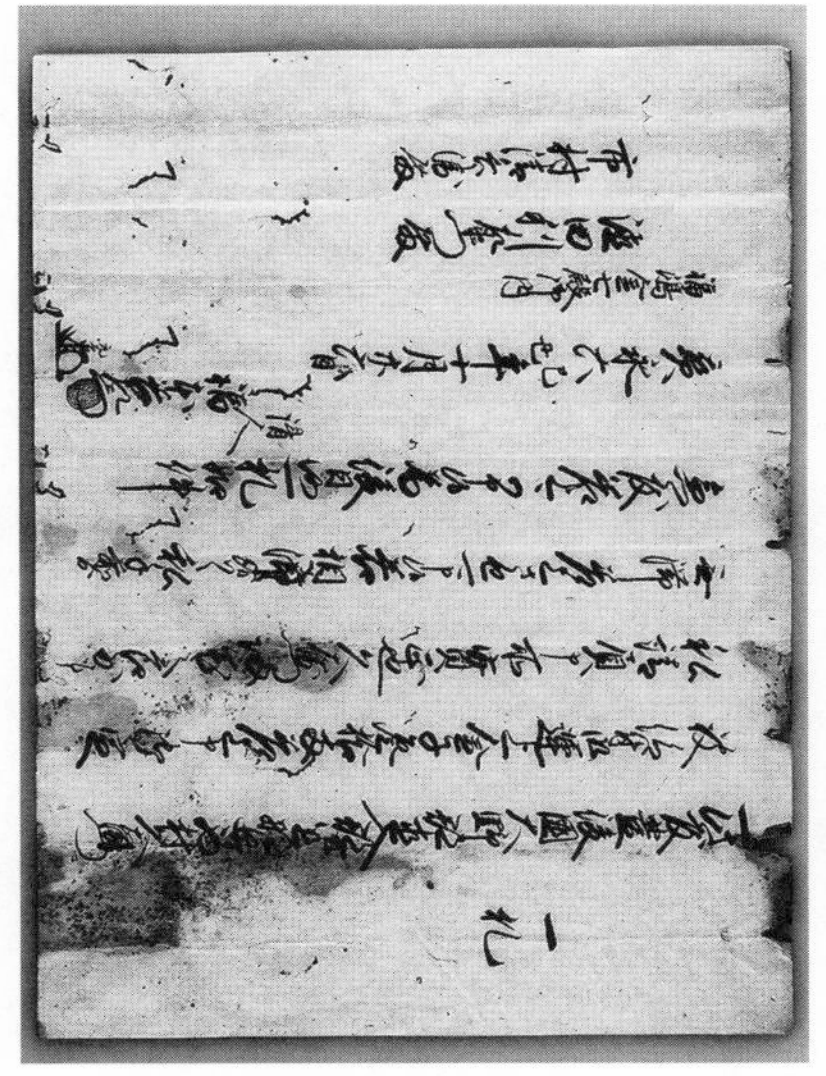

四四、福本元吉豊後国日廻請負証文

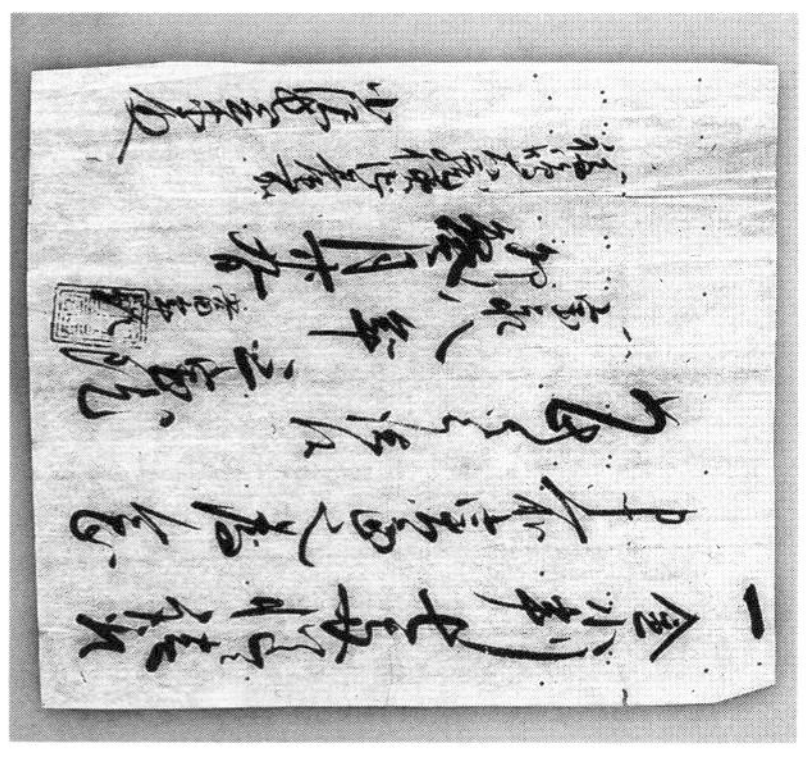

四五、三宝院金子請取証文

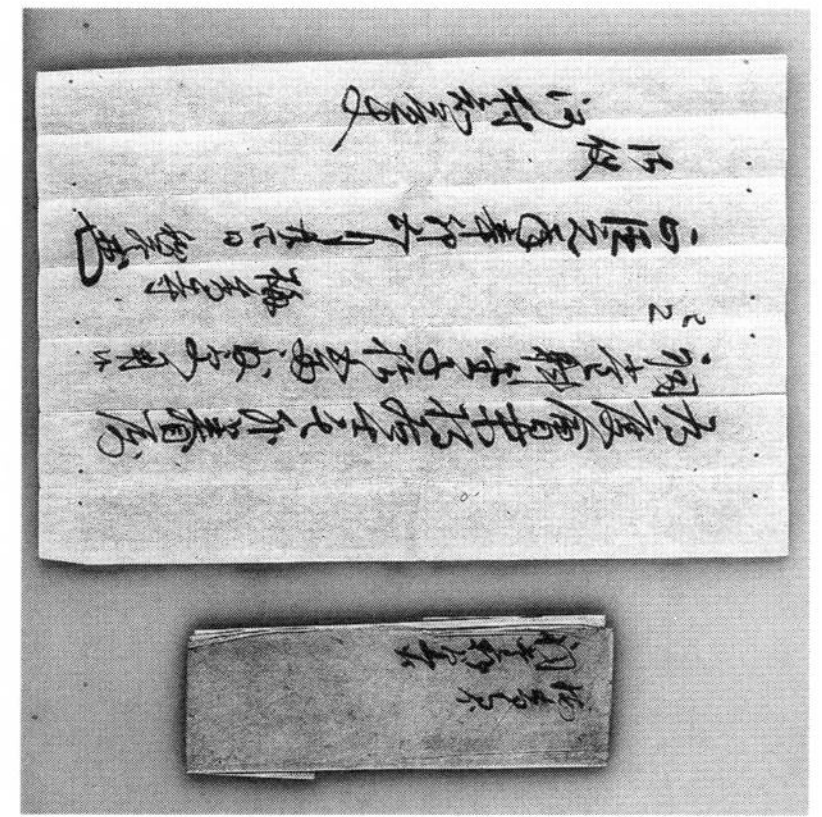

四六、梅香寺祠堂料金子請取証文

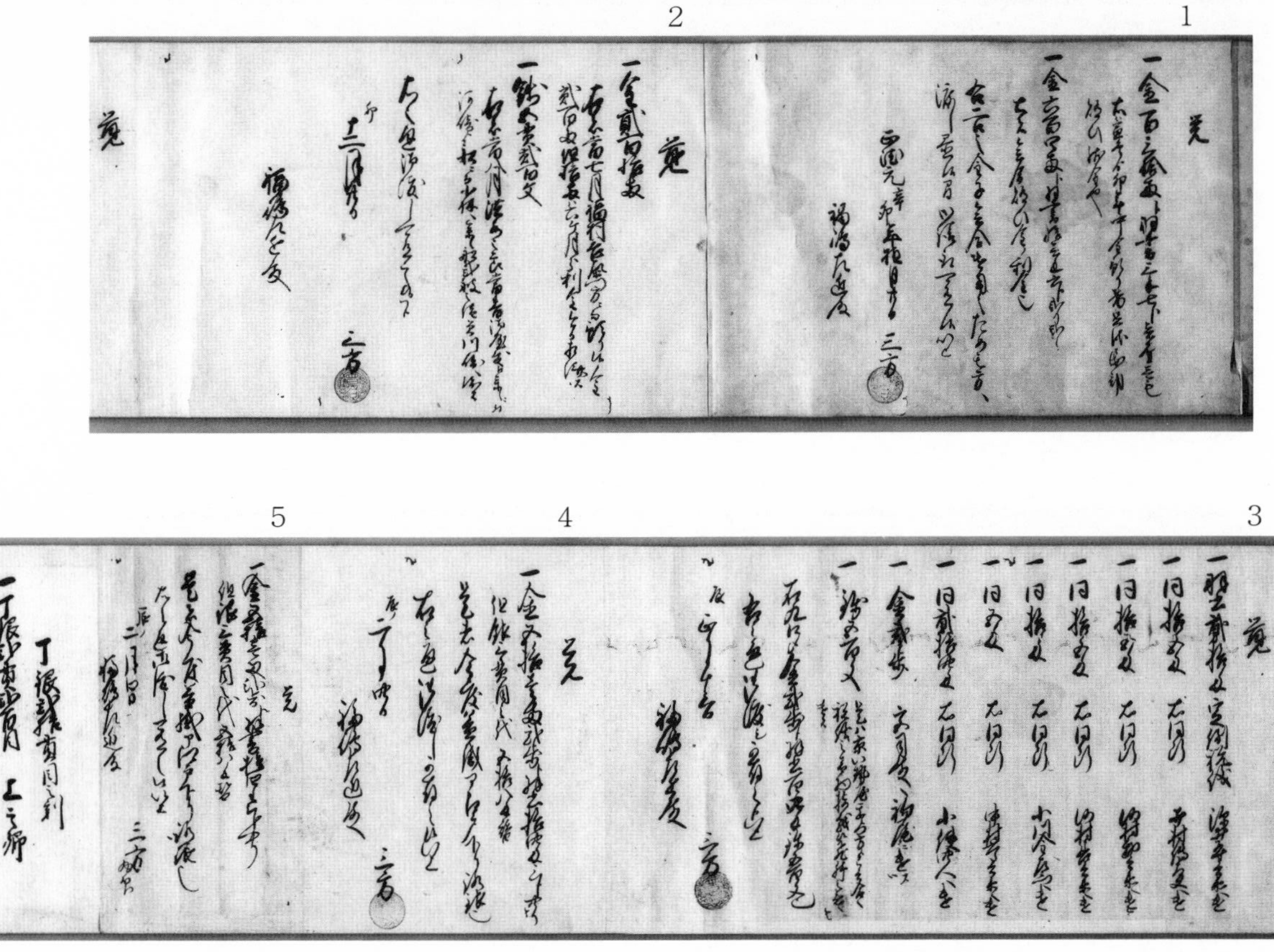

四七、三方会合費勘定文書

1、三方会合費送状

2、三方会合費出金依頼状

3、三方会合費出金依頼状

4、三方会合費出金依頼状

5、三方会合費出金依頼状写

6、三方会合丁銀割目録

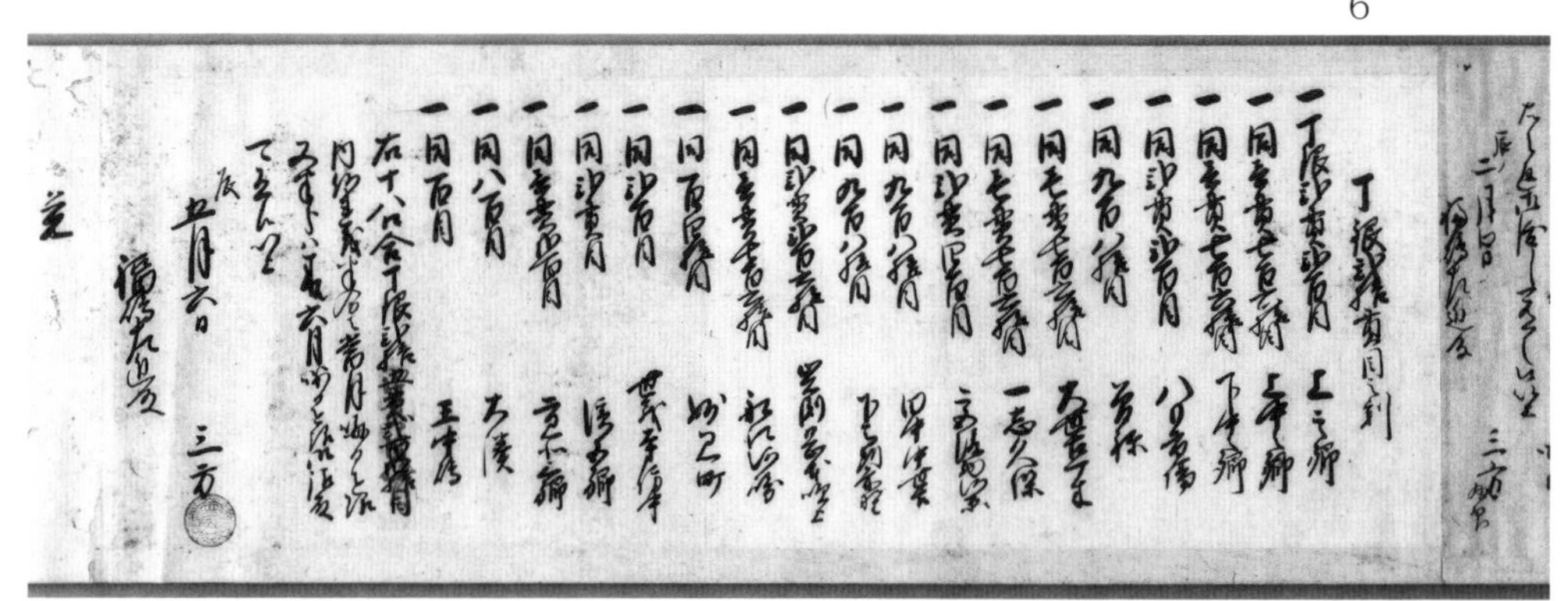

7、三方会合費出金依頼状

8、三方会合費出金依頼状

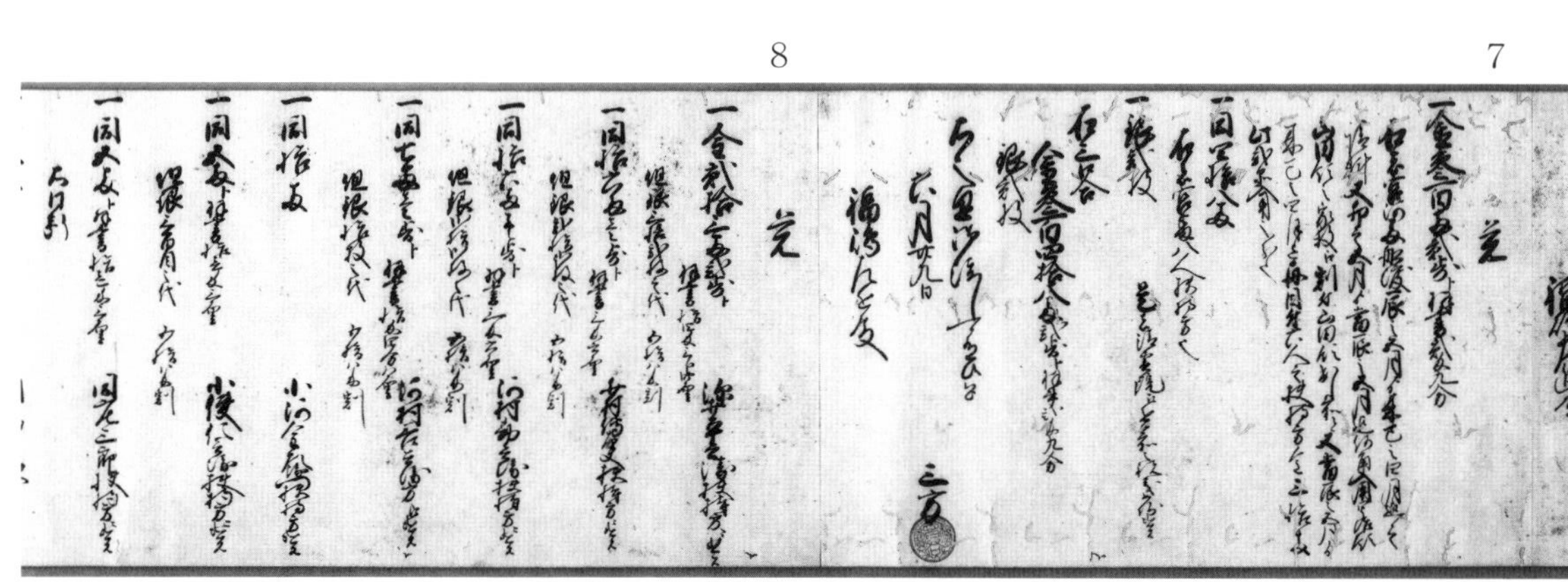

9、三方会合費出金依頼状

9

9

9

10

11

一〇、三方会合費出金依頼状

一一、三方会合丁銀割目録

12、三方会合費出金依頼状

11

12

12

12

13

13、三方会合算用証文

四八、屋敷売渡証文

四九、上田忠右衛門金子借用証文

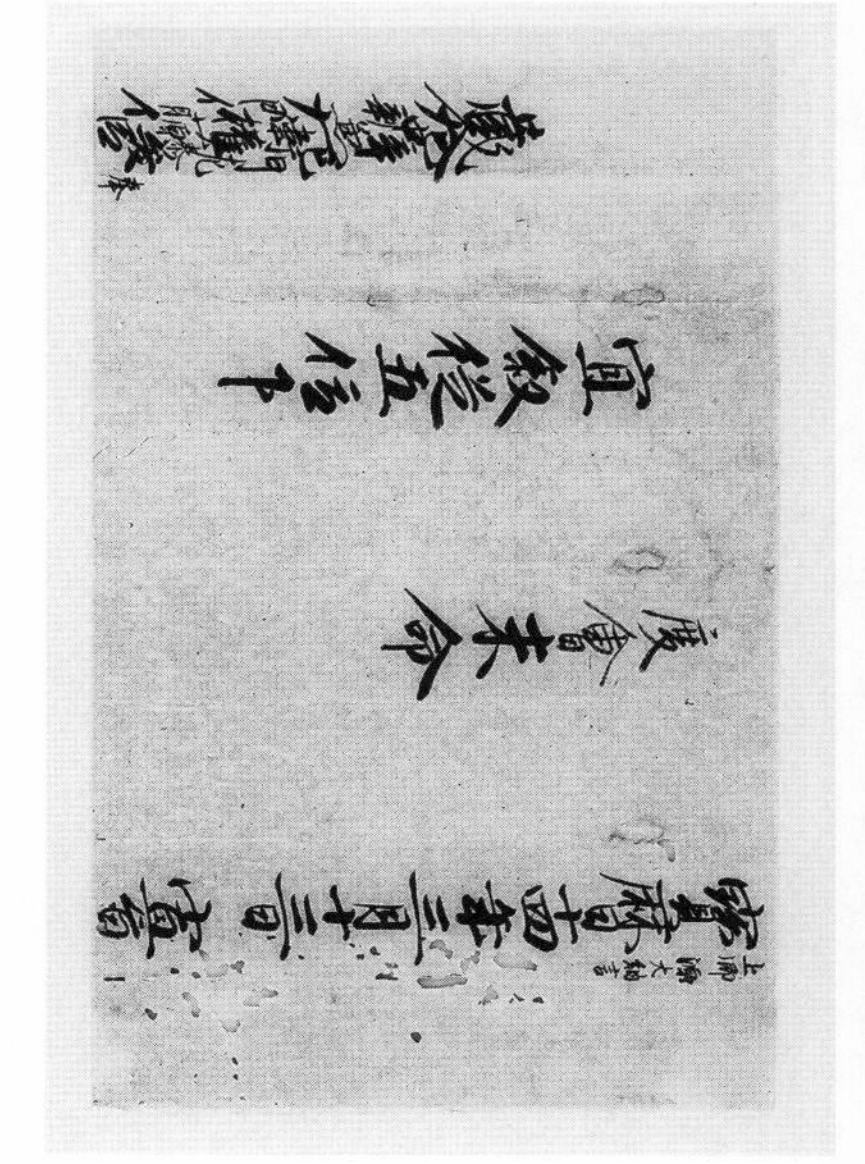

五〇、後桜町天皇口宣案

五一、後桃園天皇口宣案

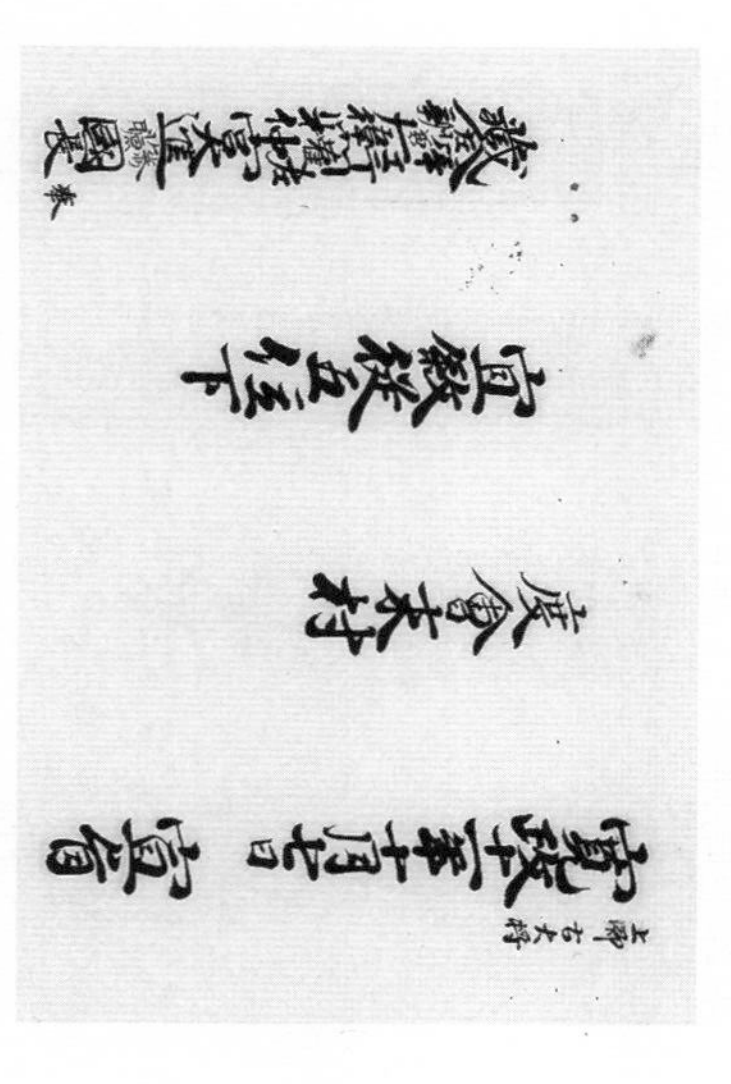

上卿 右大将

寛政十一年十月七日 宣旨

度會末村

宜敍從五位下

藏人左少弁兼左衛門權佐中宮大進藤原國長 奉

五二、光格天皇口宣案

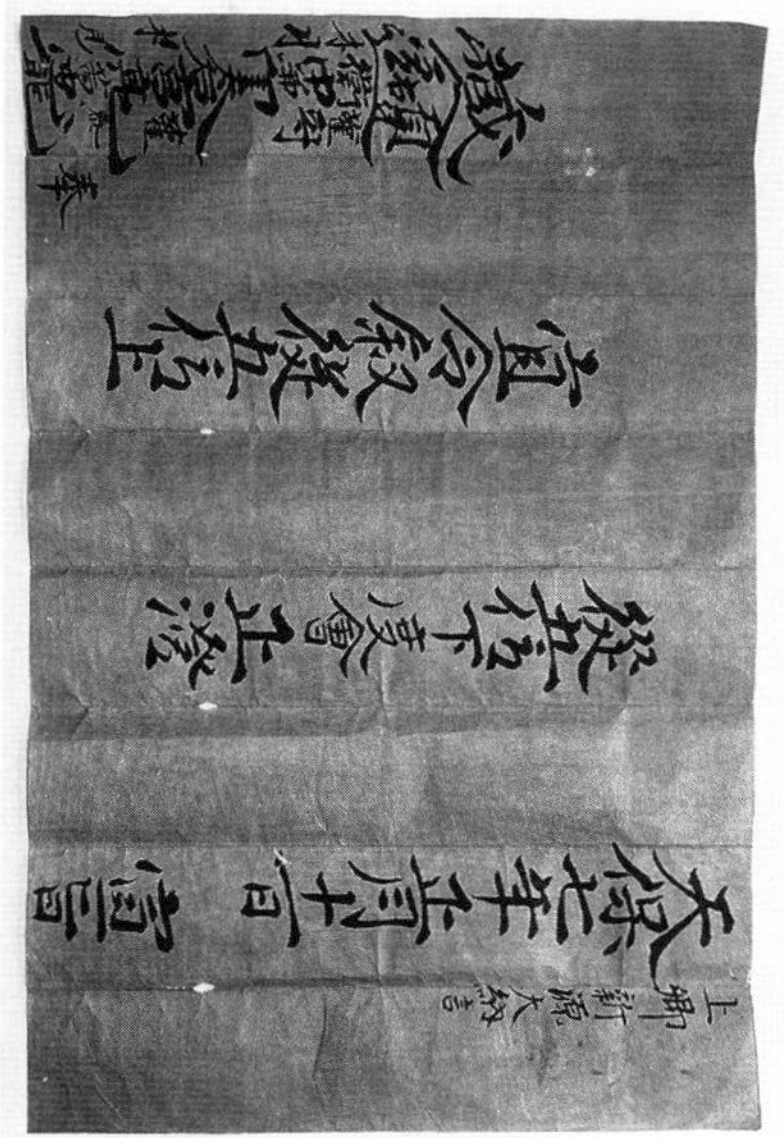

上卿 新源大納言

天保七年正月十日 宣旨

從五位下度會正澄

宜令敍從五位上

藏人頭右近衛權中將兼中宮亮 奉

五三、仁孝天皇口宣案

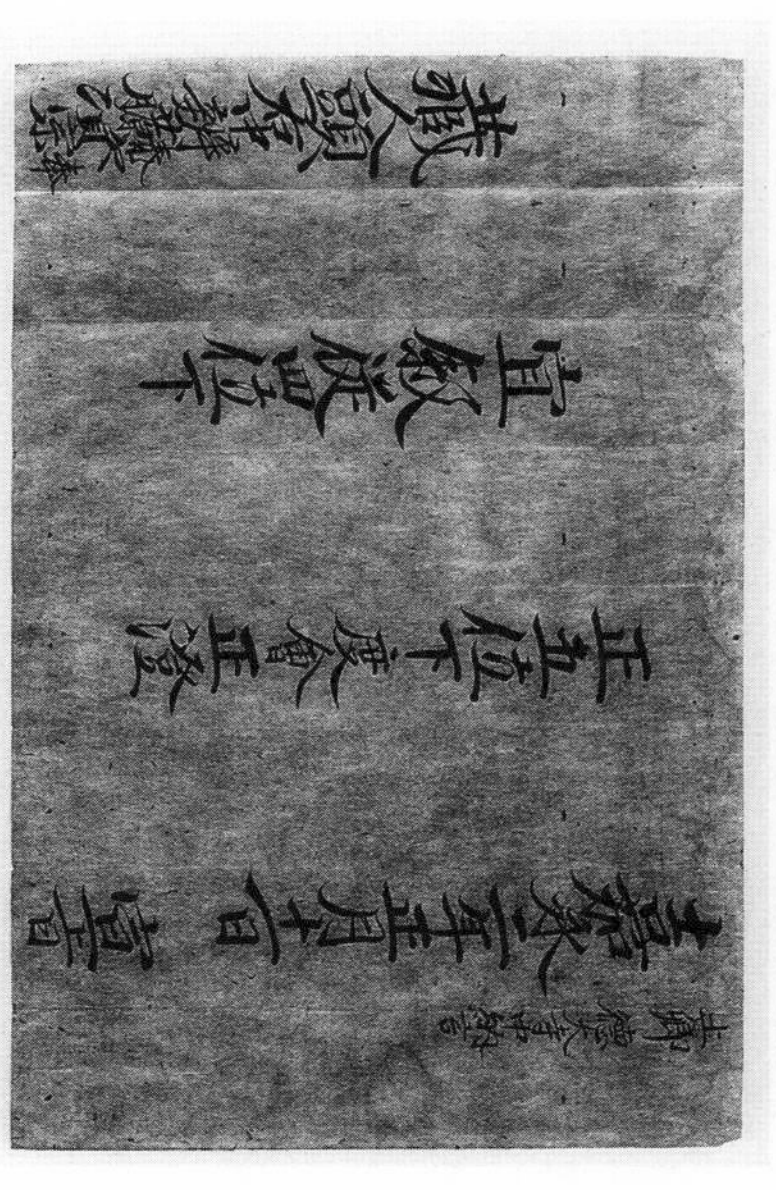

上卿 勧修寺中納言

嘉永二年正月十一日 宣旨

正五位下度會正發

宜叙従四位下

五四、孝明天皇口宣案

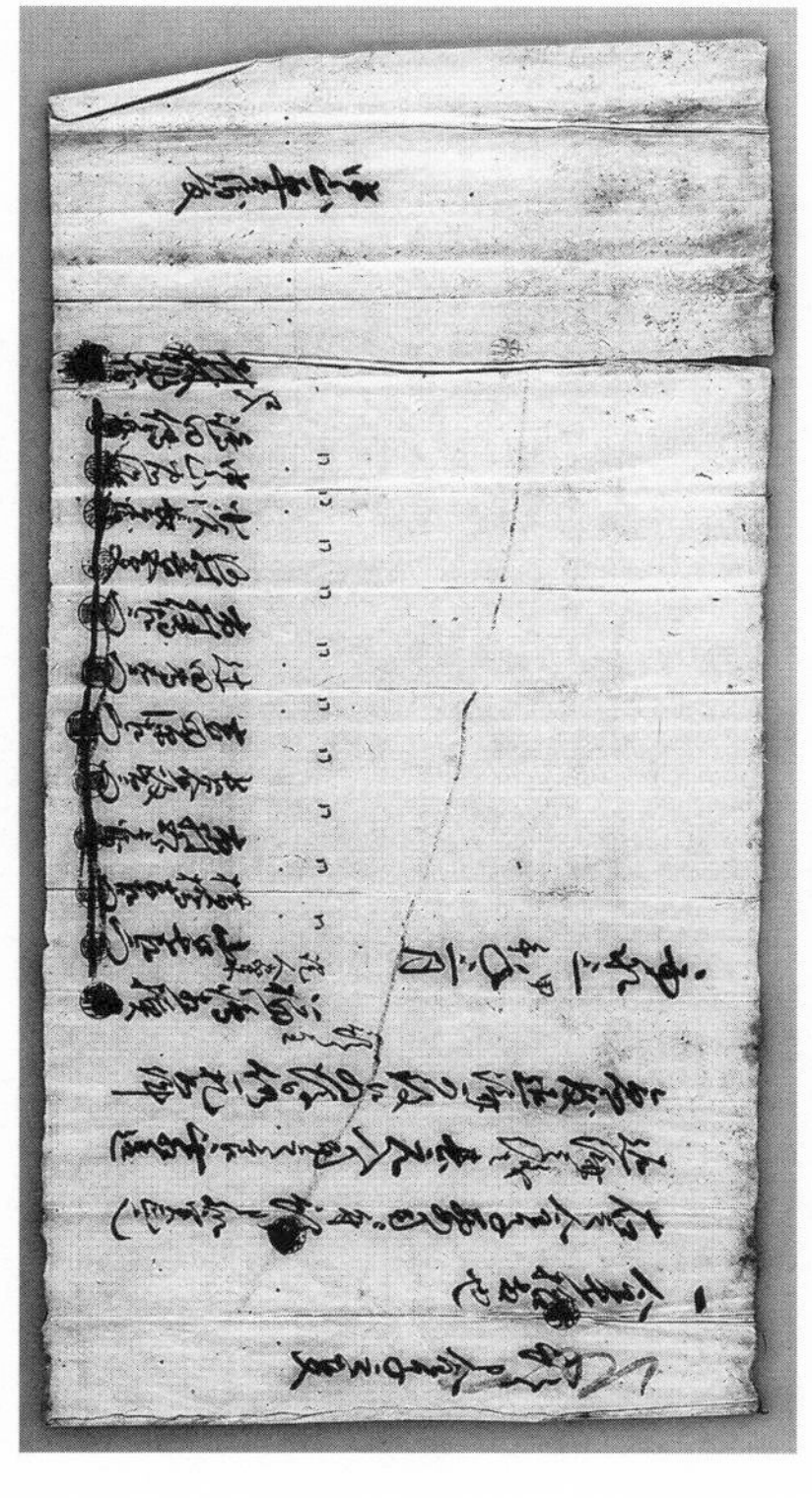

五五、福嶋相模金子借用証文

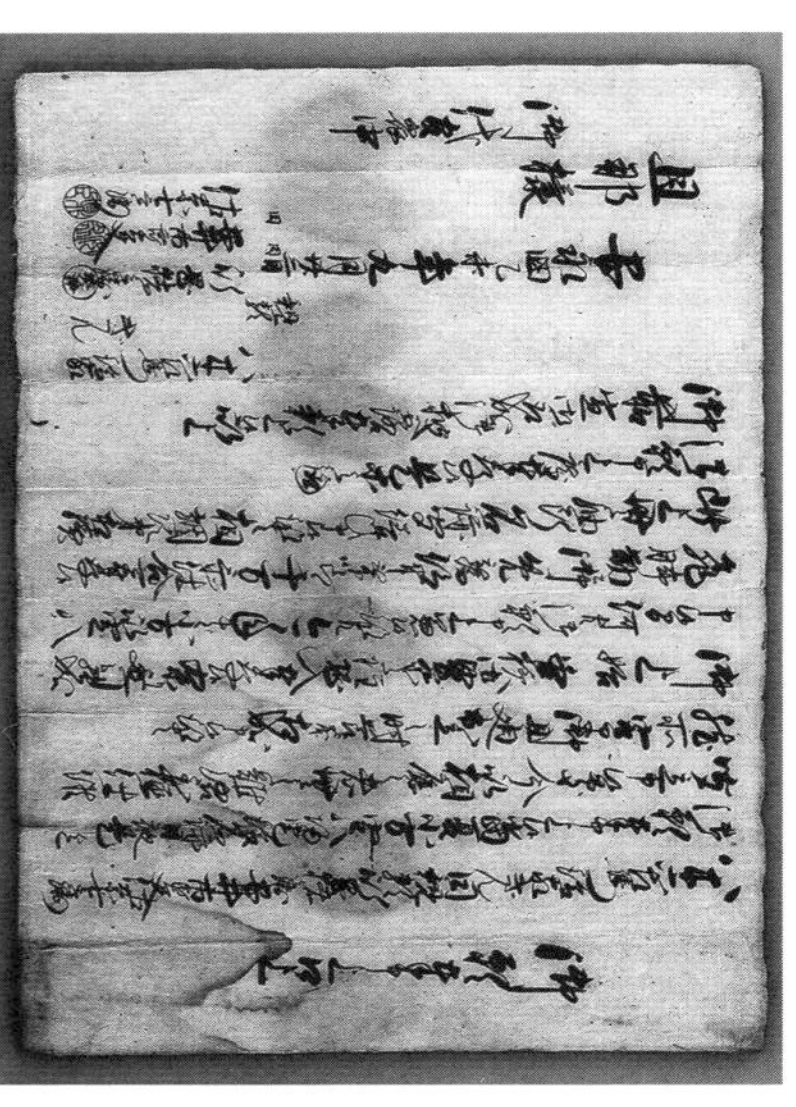

五六、八木六左衛門後家等願書

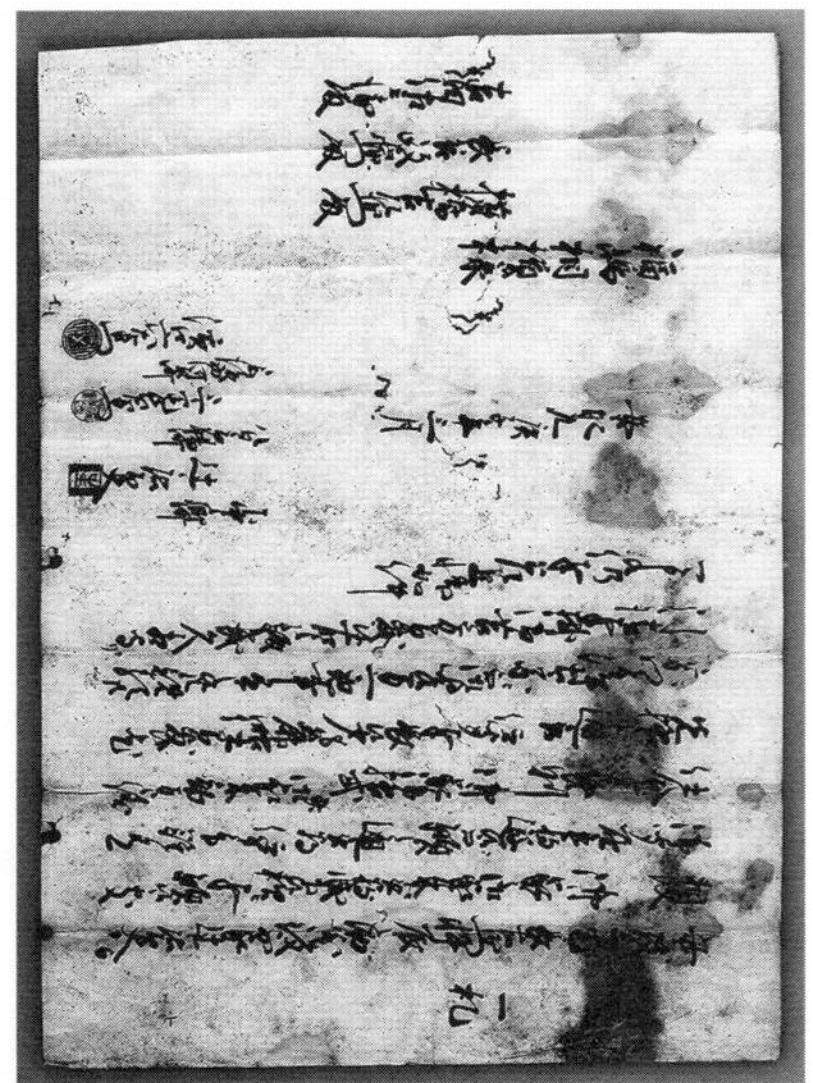

五七、辻庄大夫請状

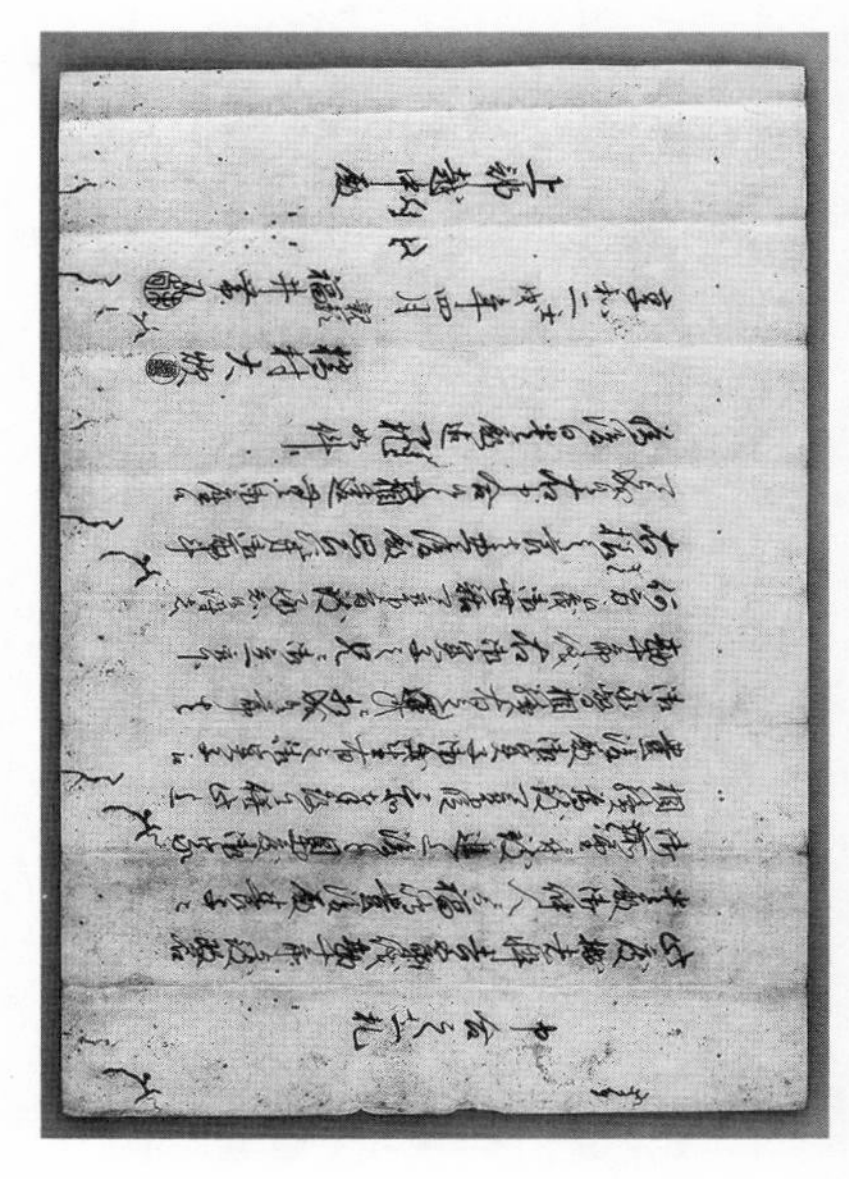

五八、橋村大炊申合一札

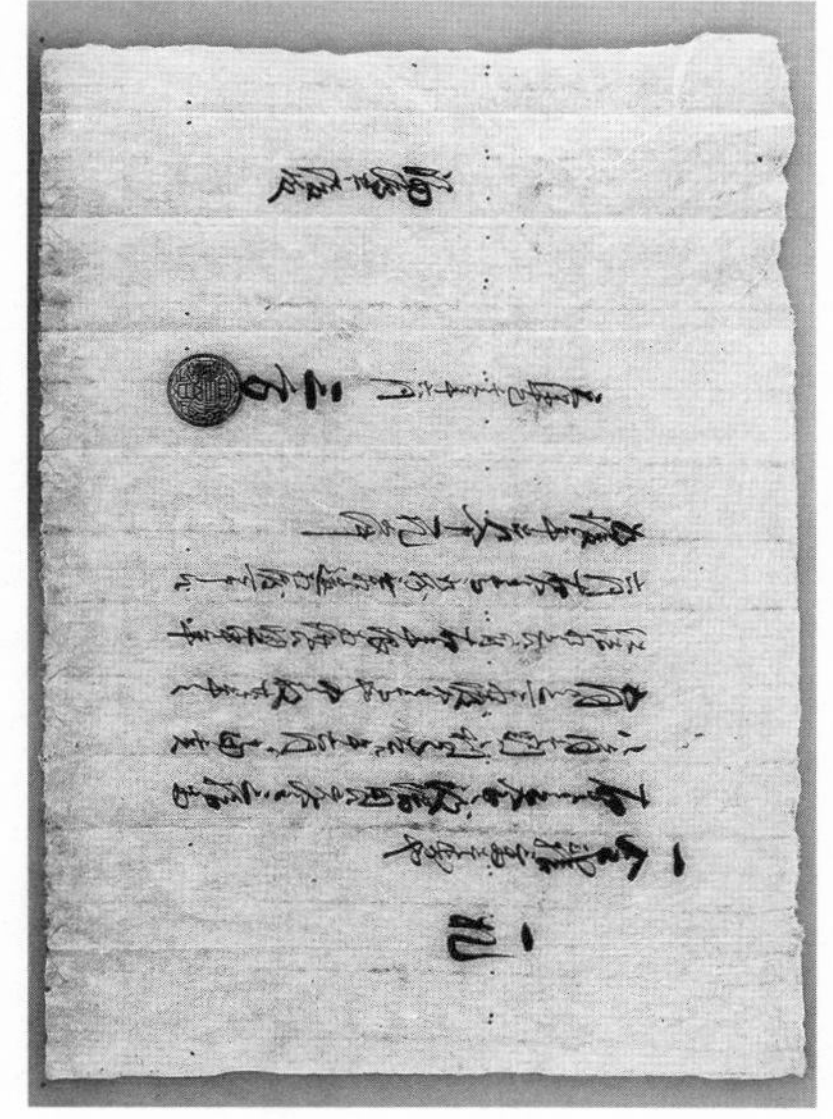

五九、三方会合金子借用証文

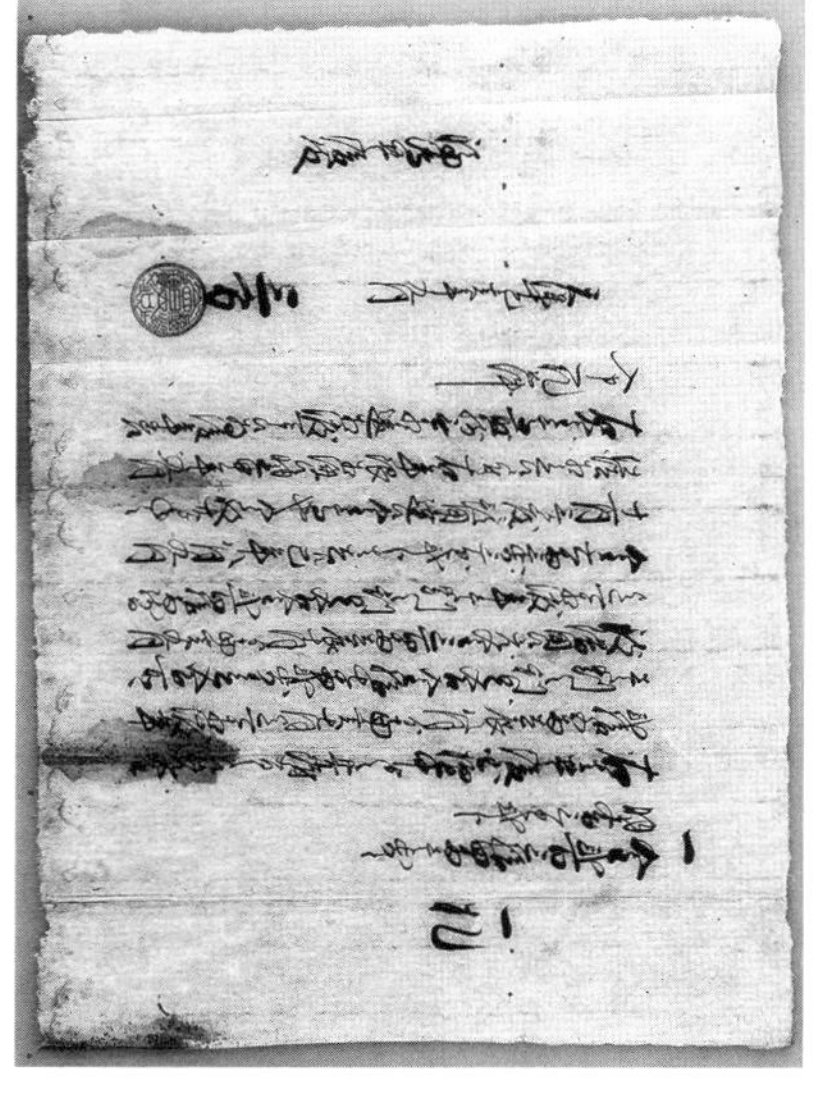

六〇、三方会合金子借用証文

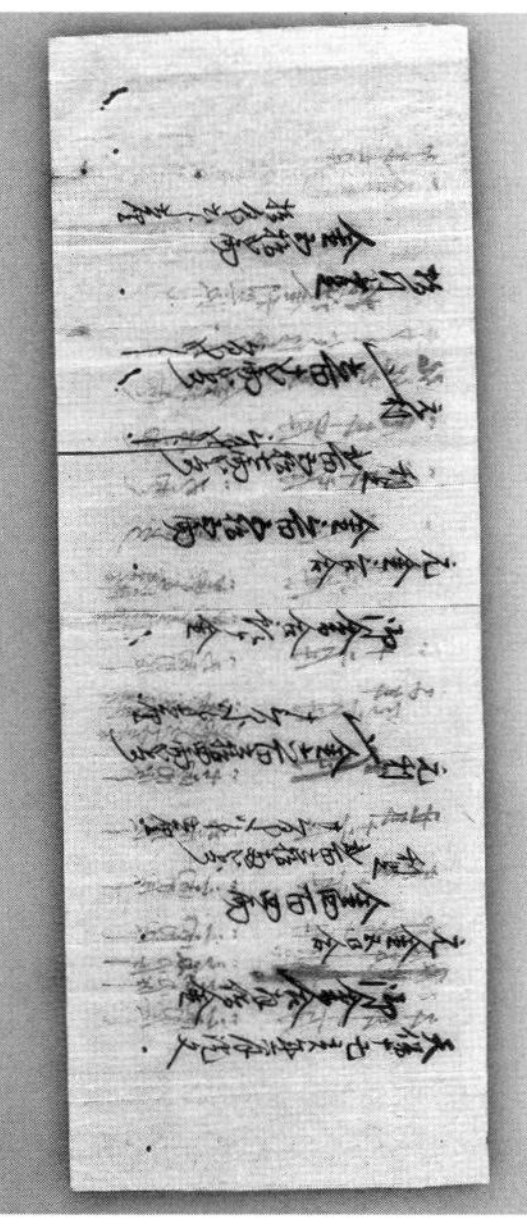

六一、会合拝借金勘定書写

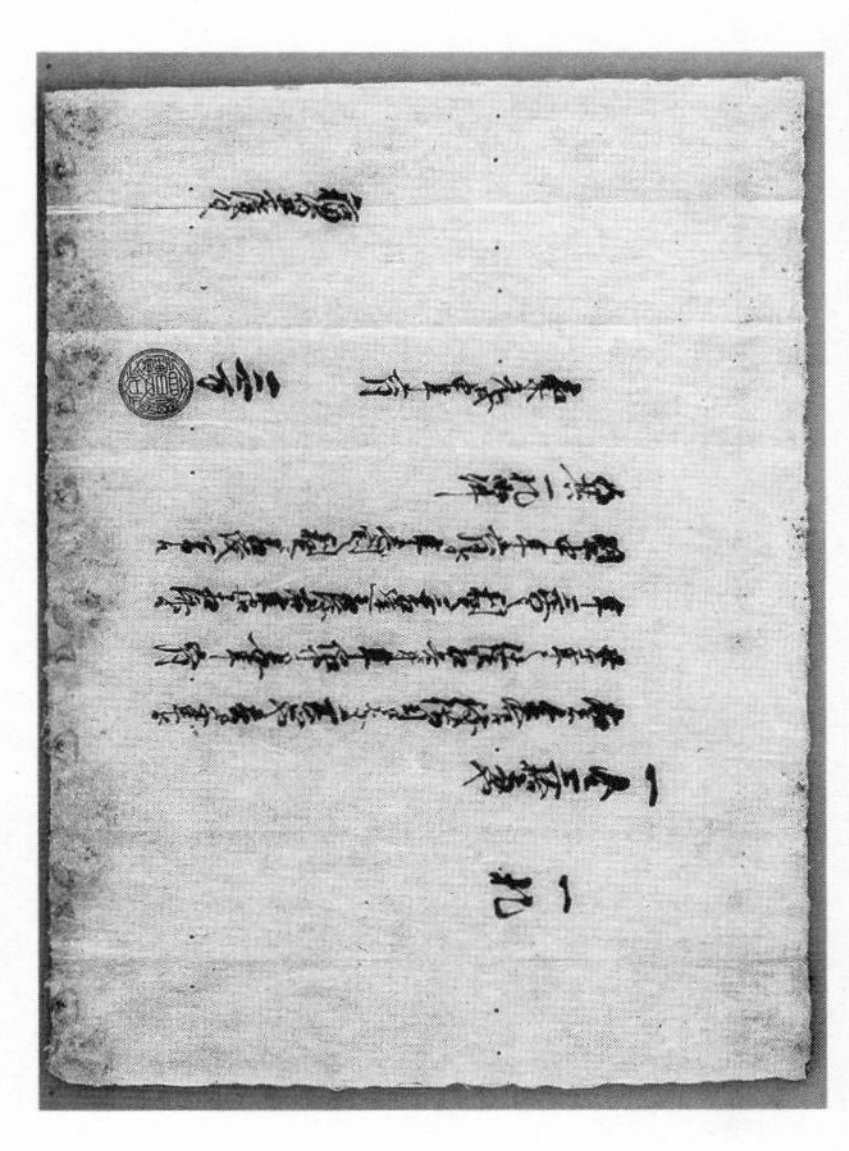

六一　三方会合金子借用証文

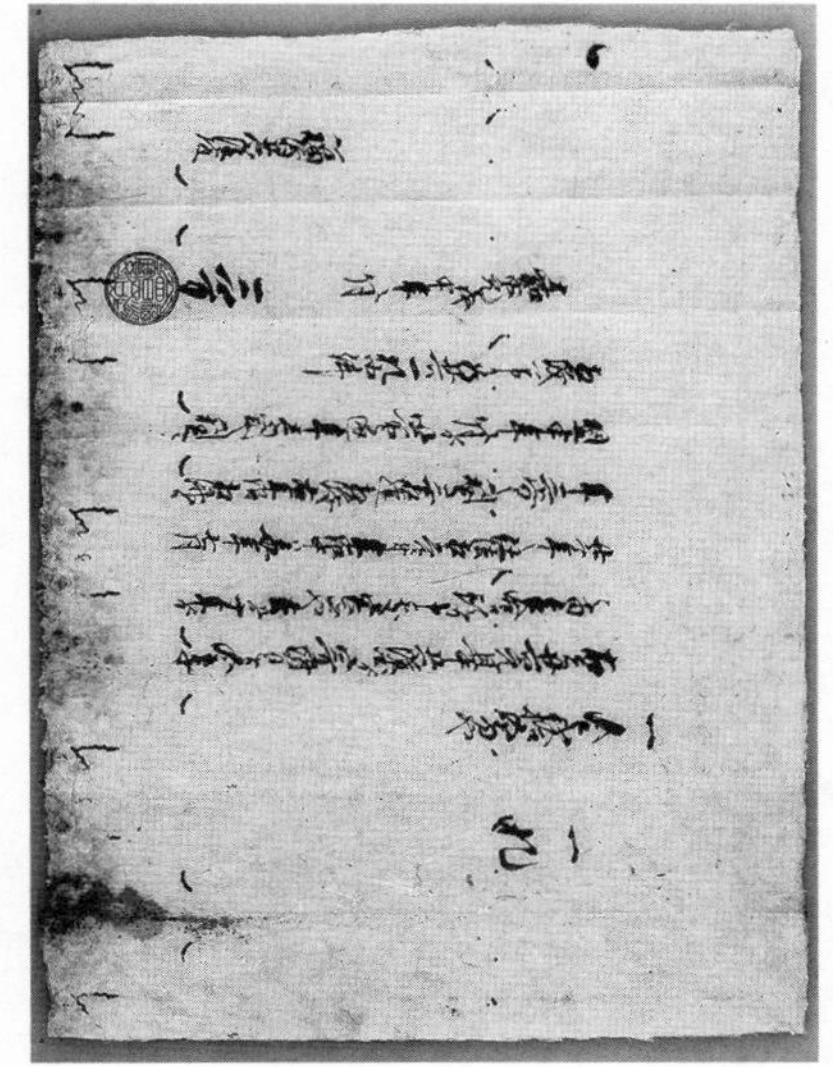

六二　三方会合金子借用証文

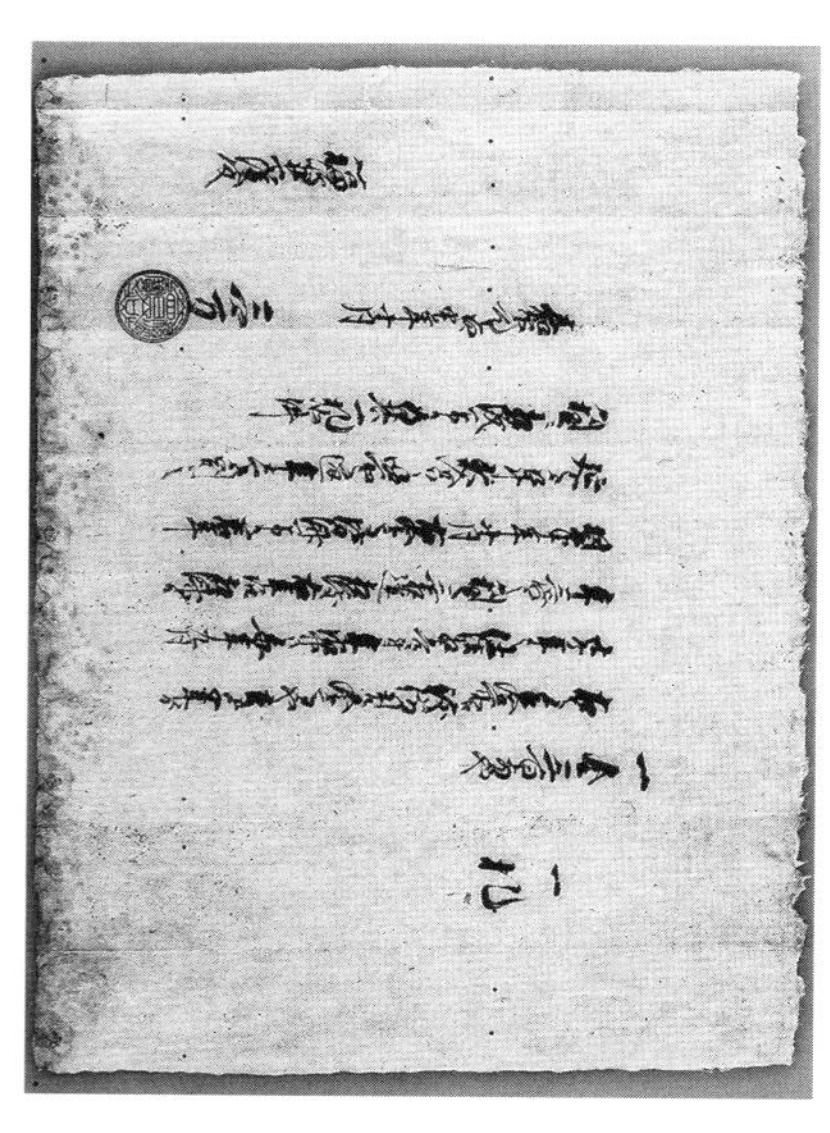

六四、三方会合金子借用証文

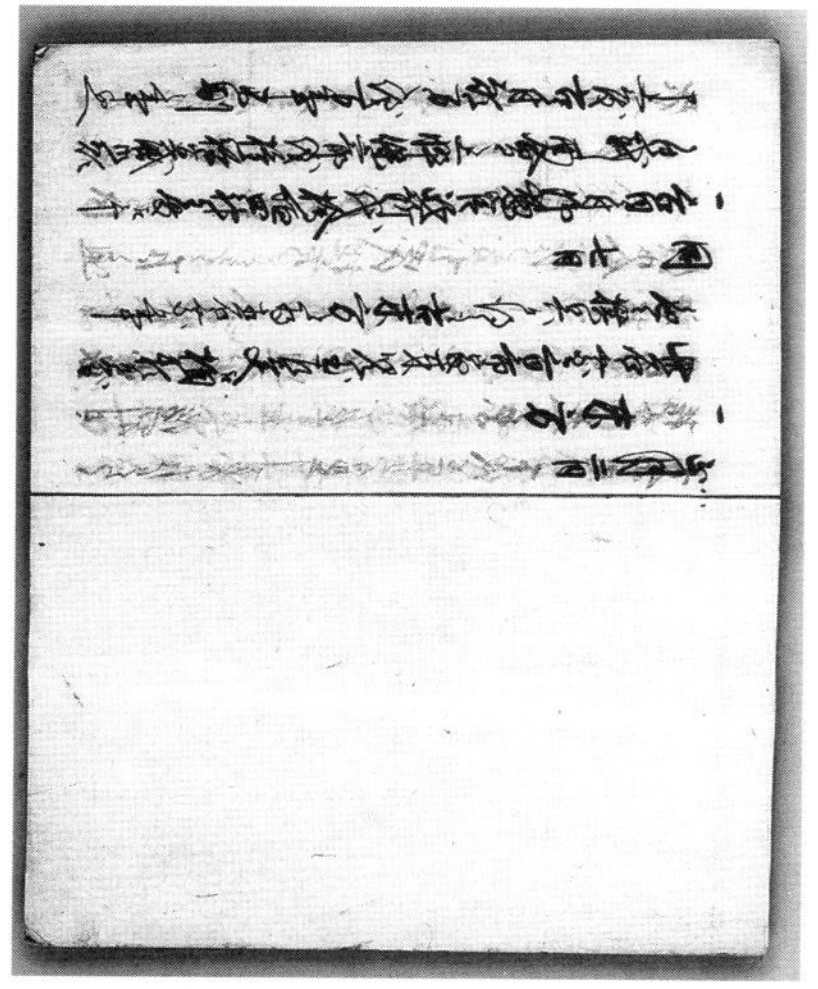

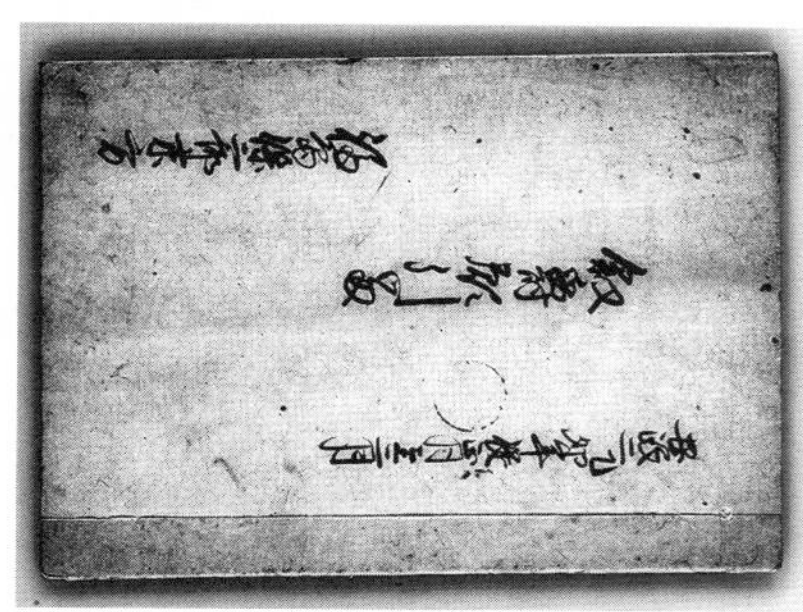

六五、福島末方叙爵願引留

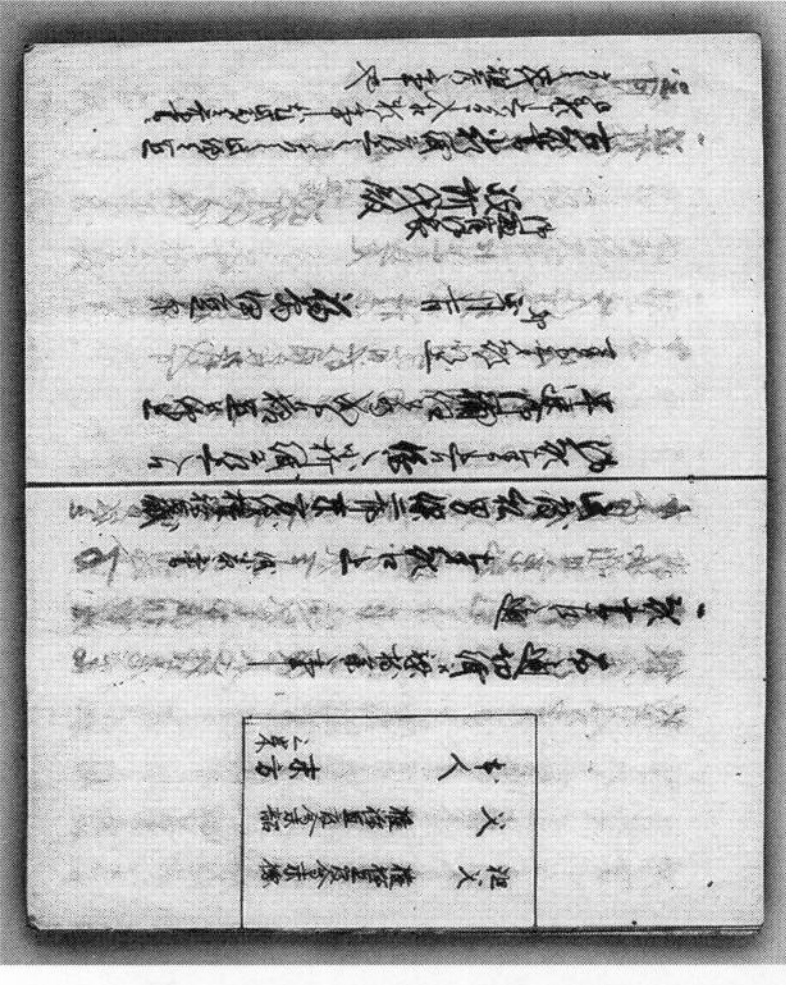

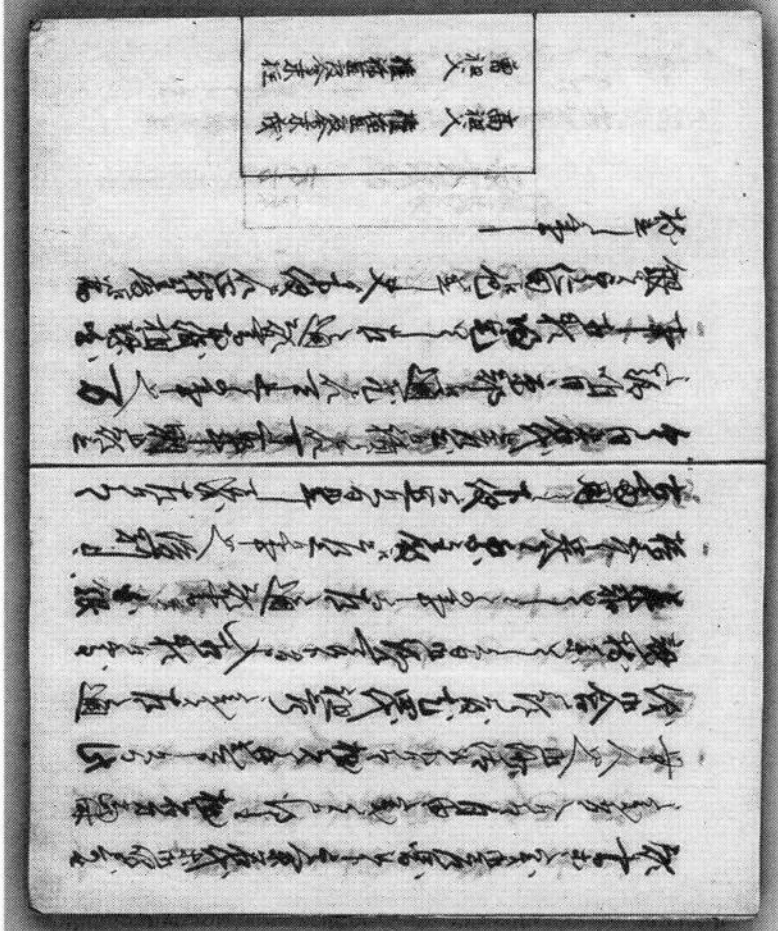

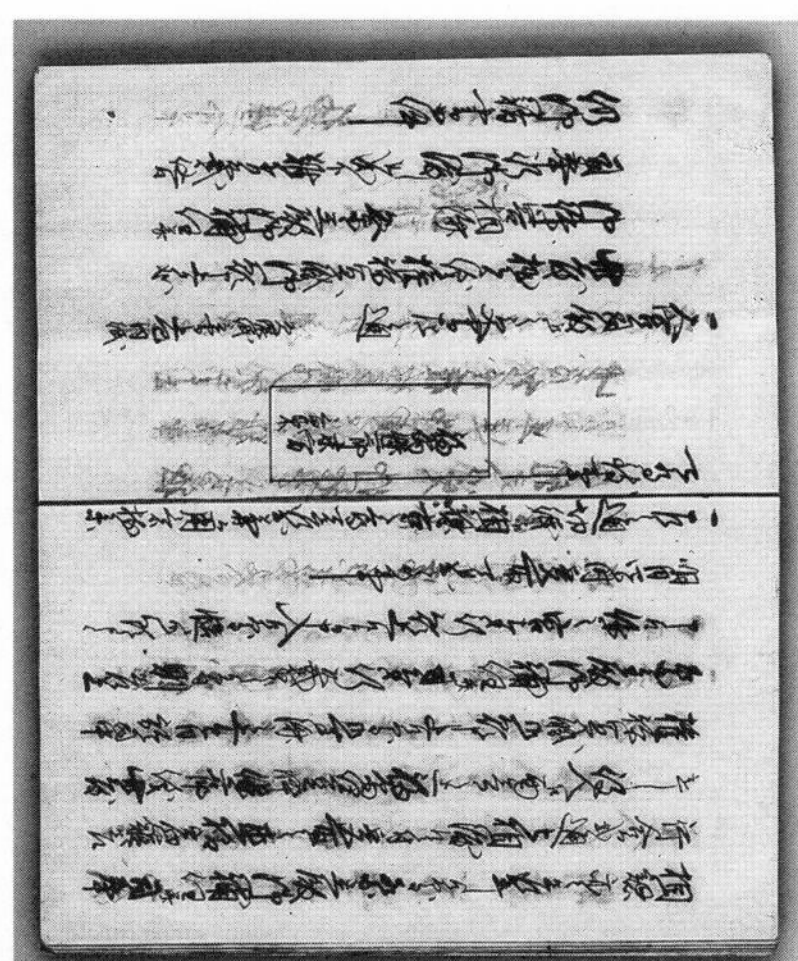

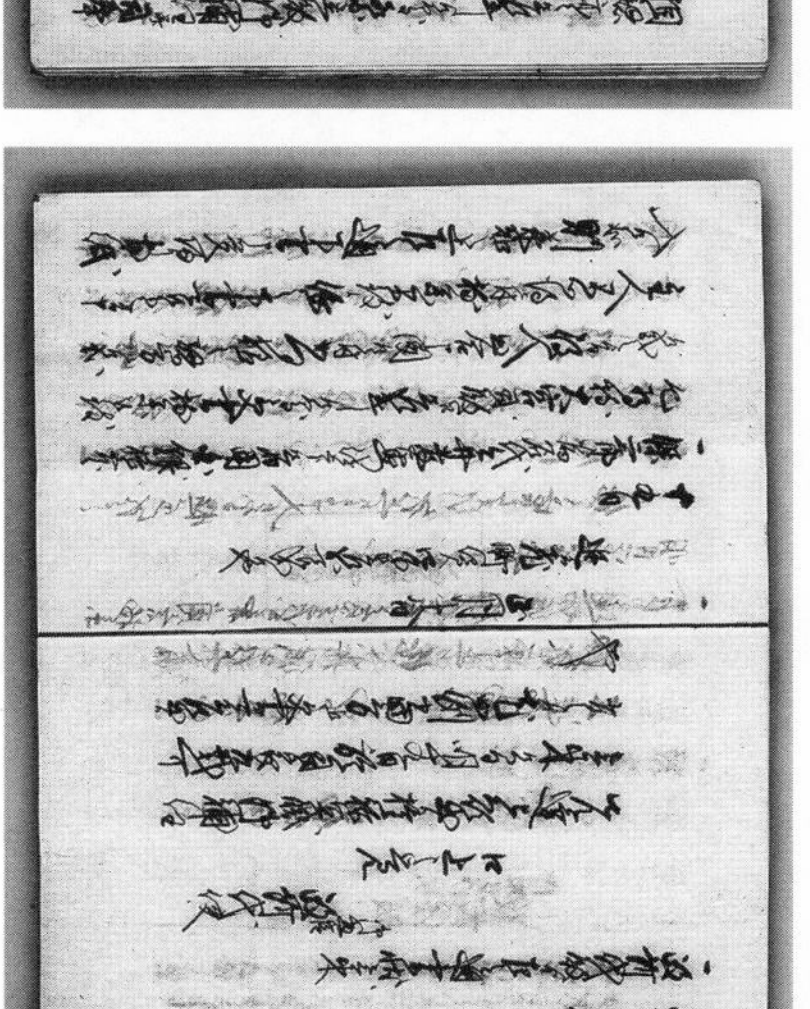

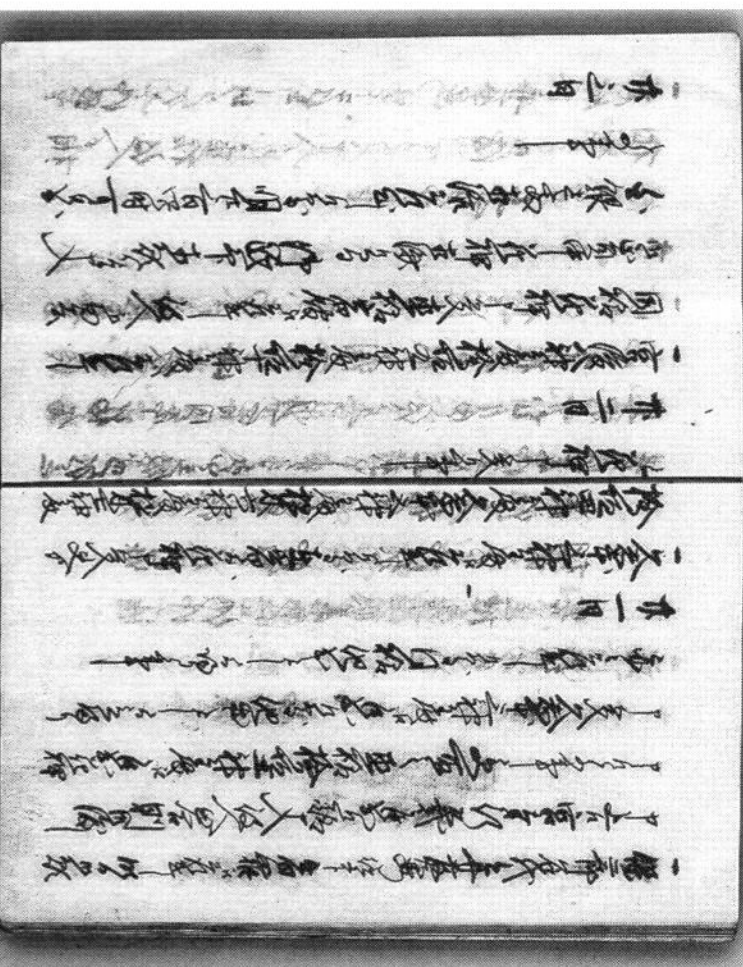

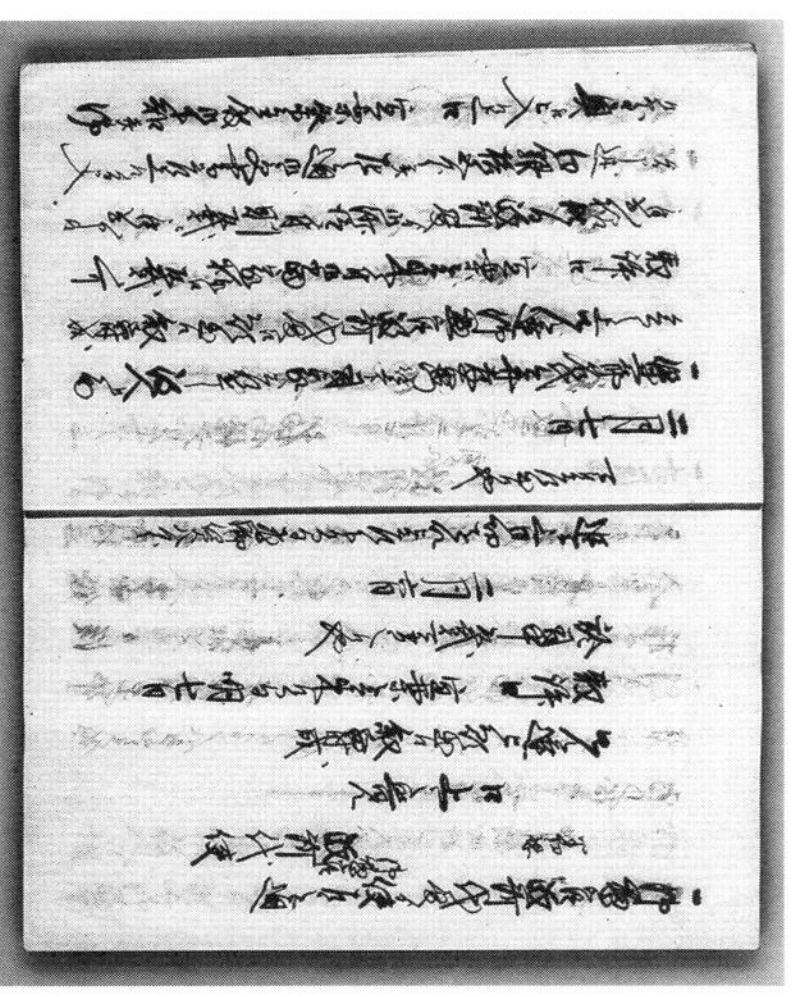

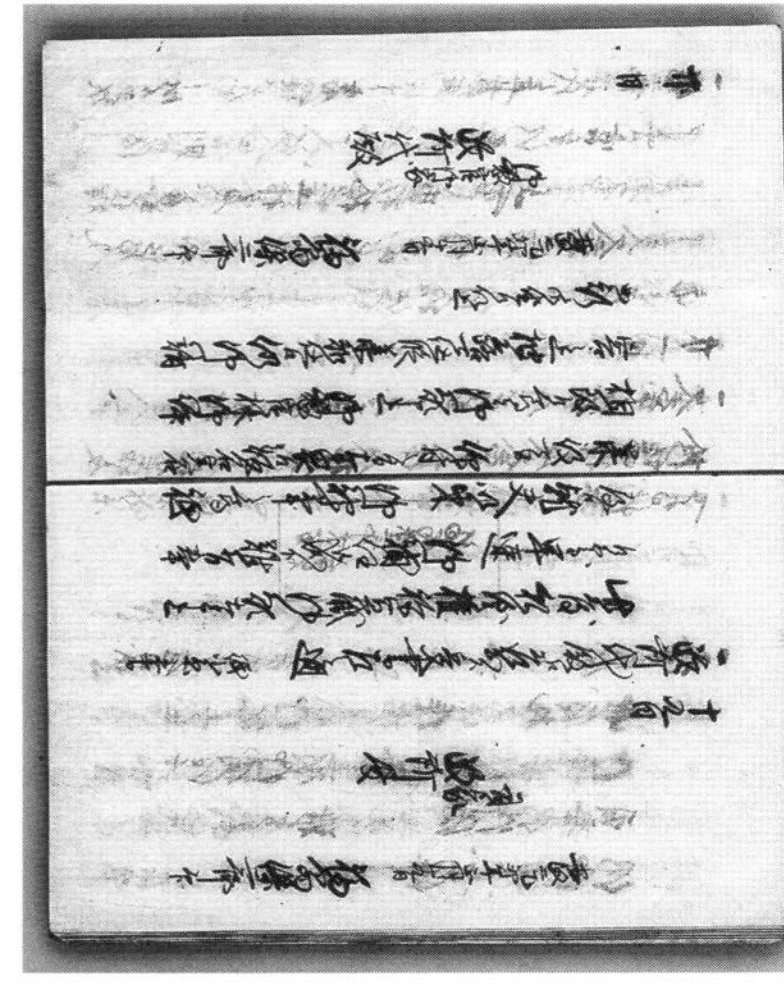

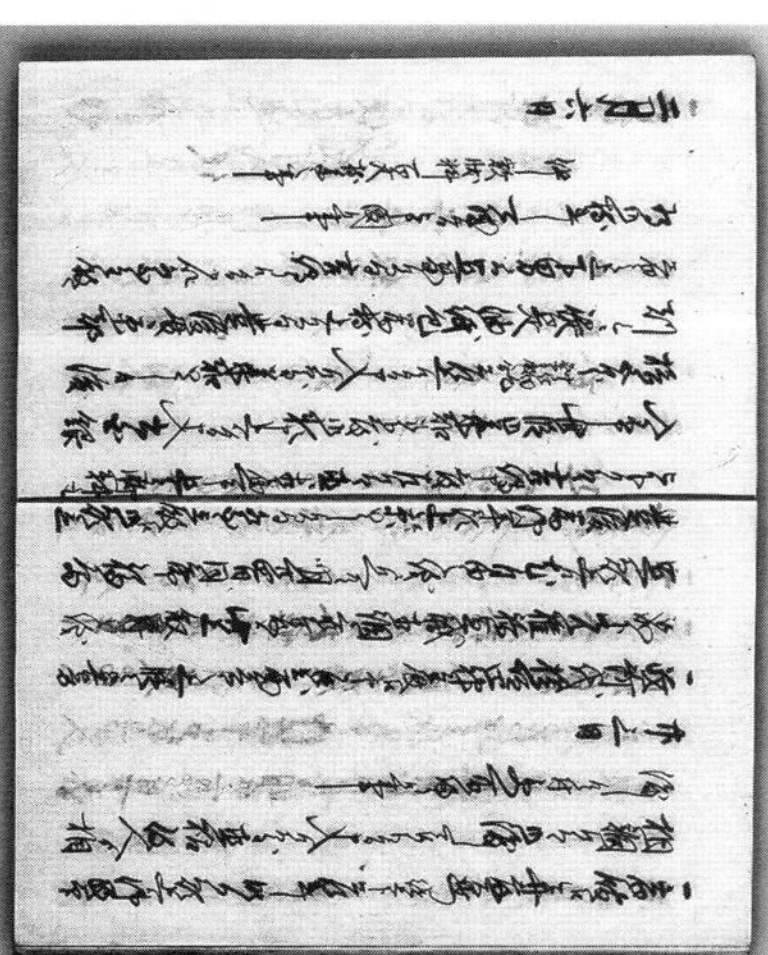

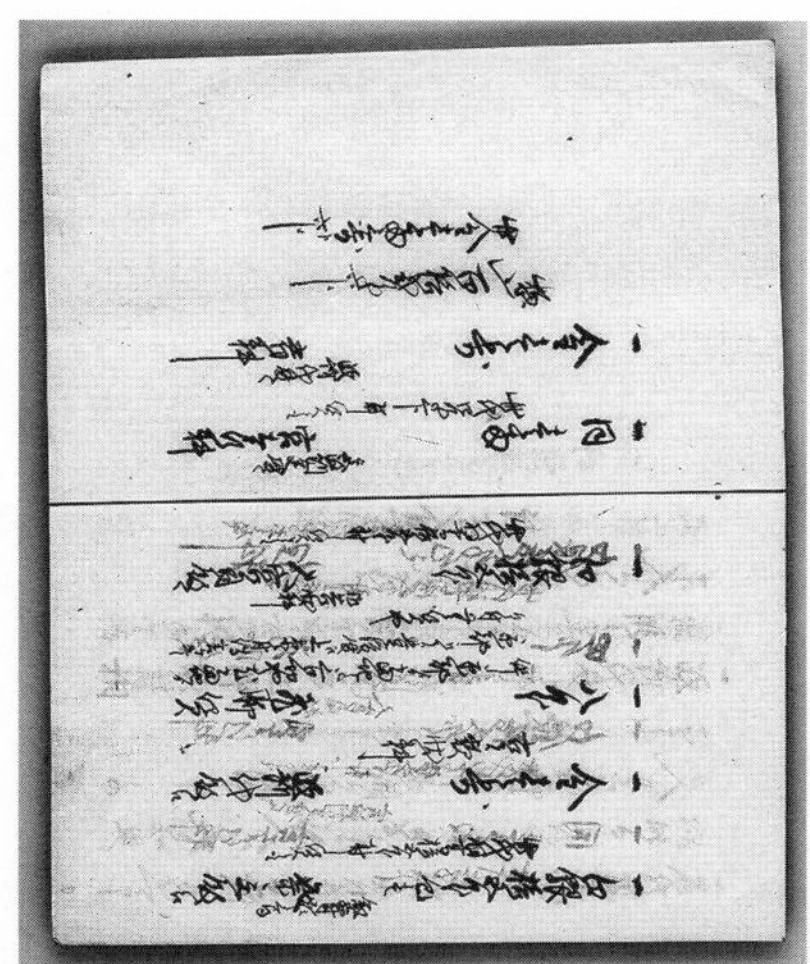

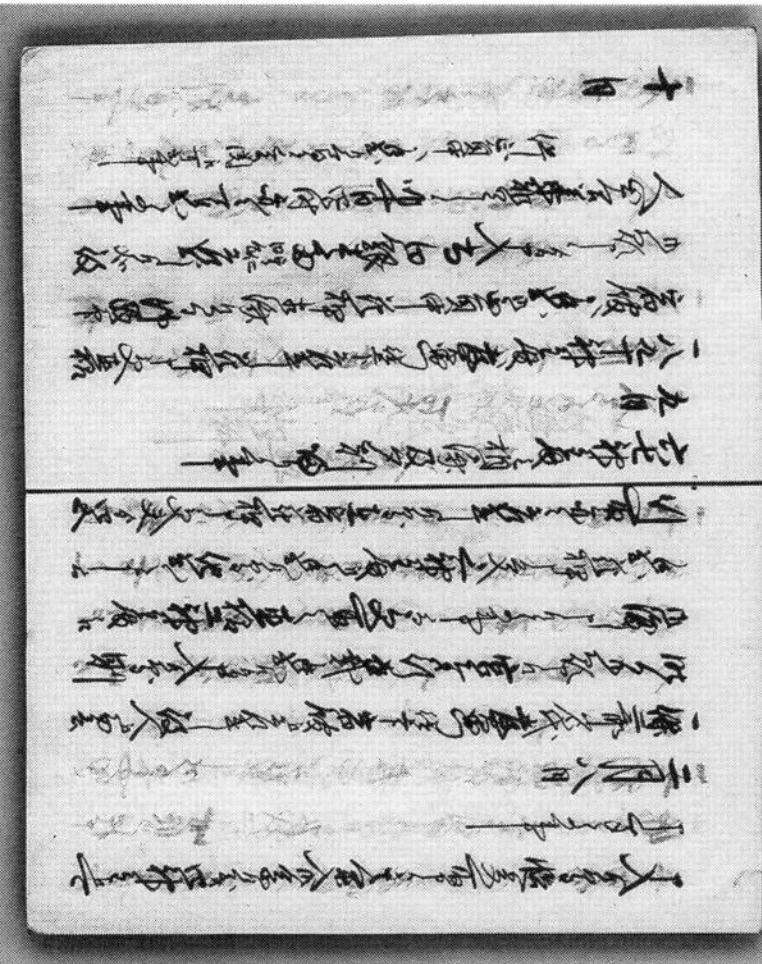

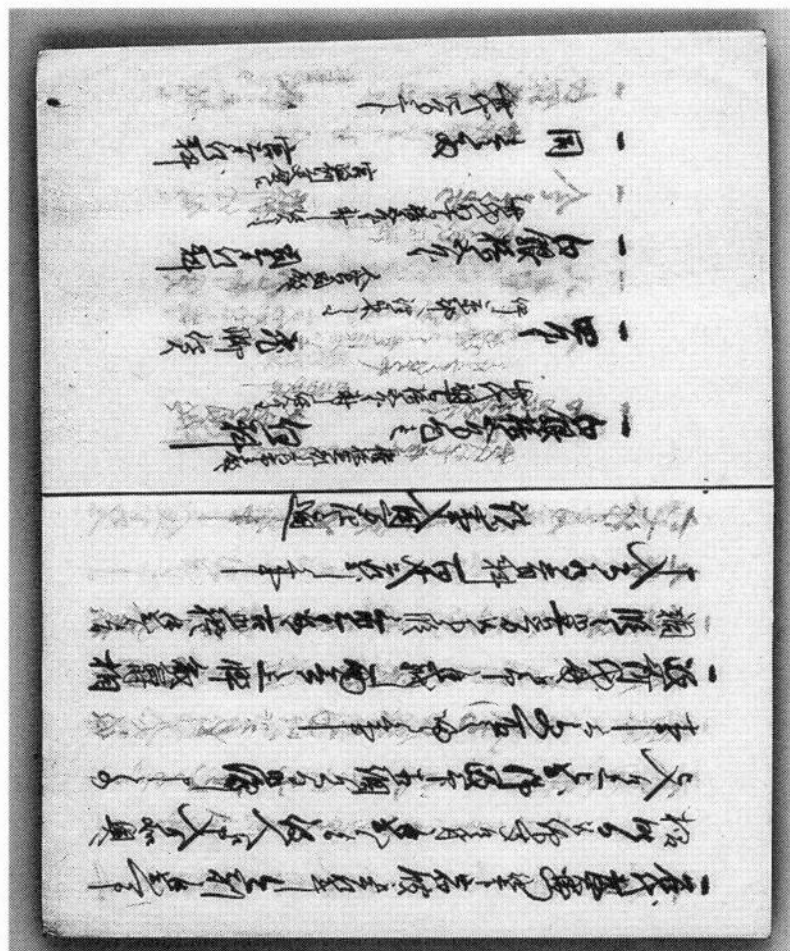

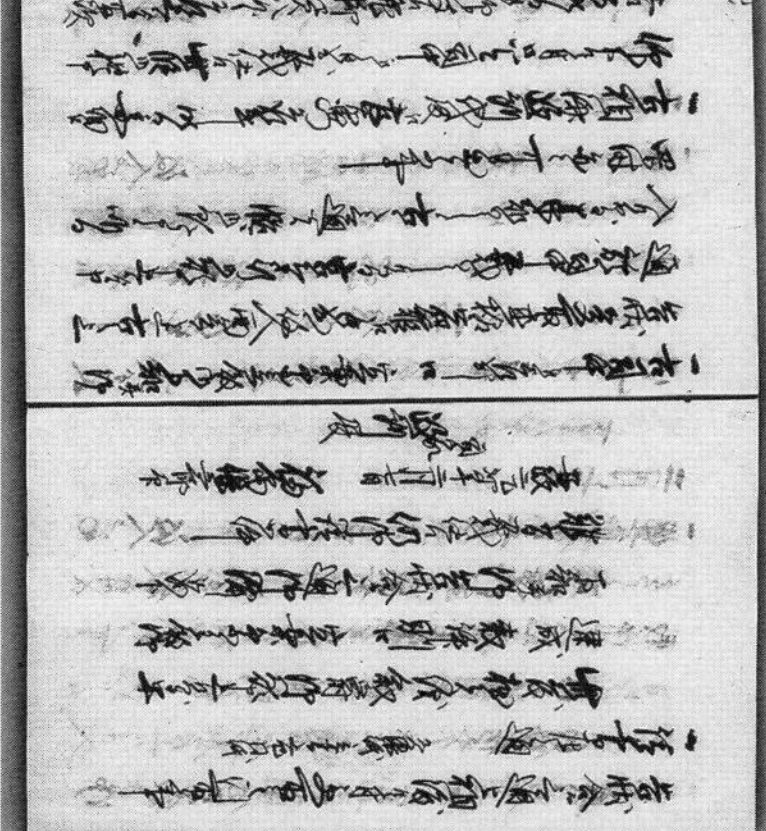

六六、三方会合金子借用証文

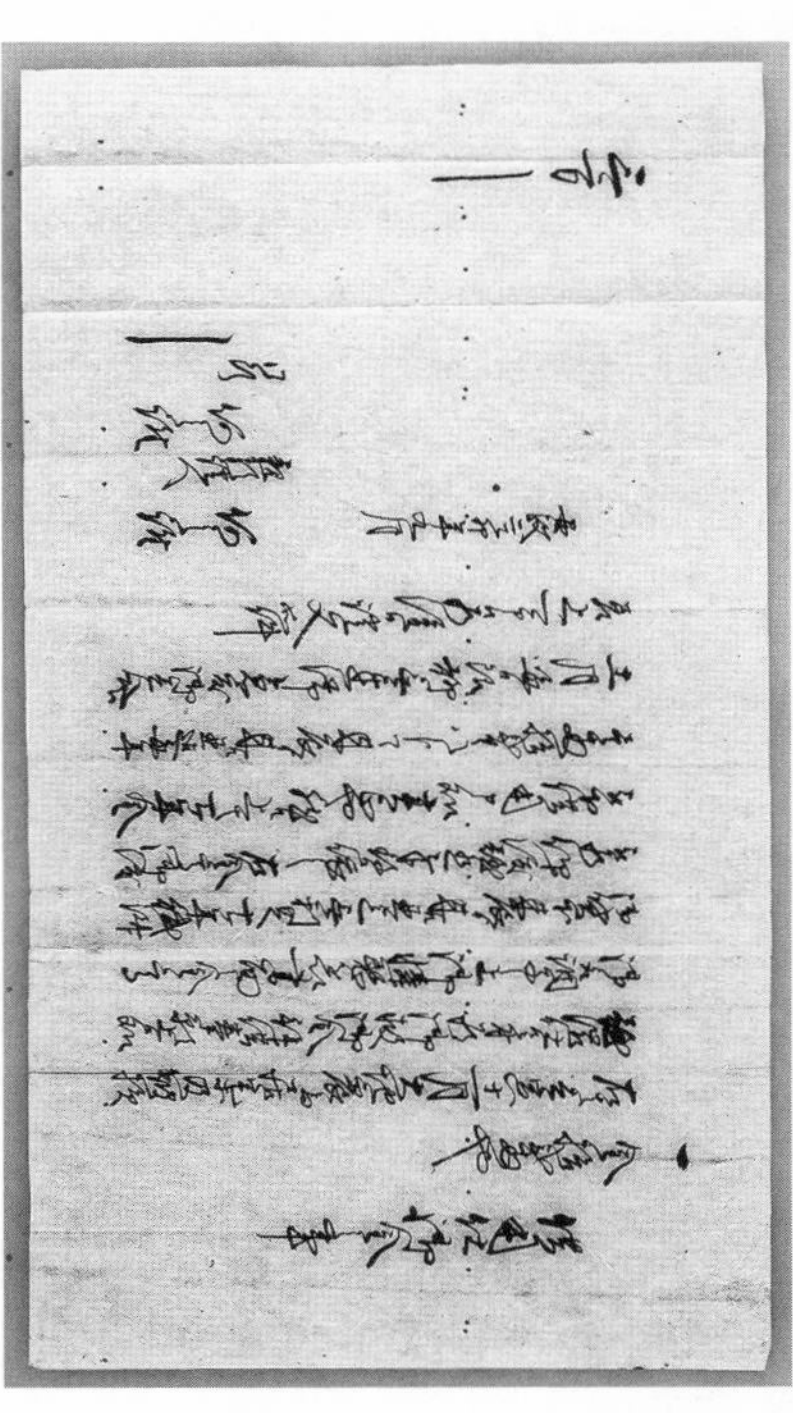

六七、借用証文案

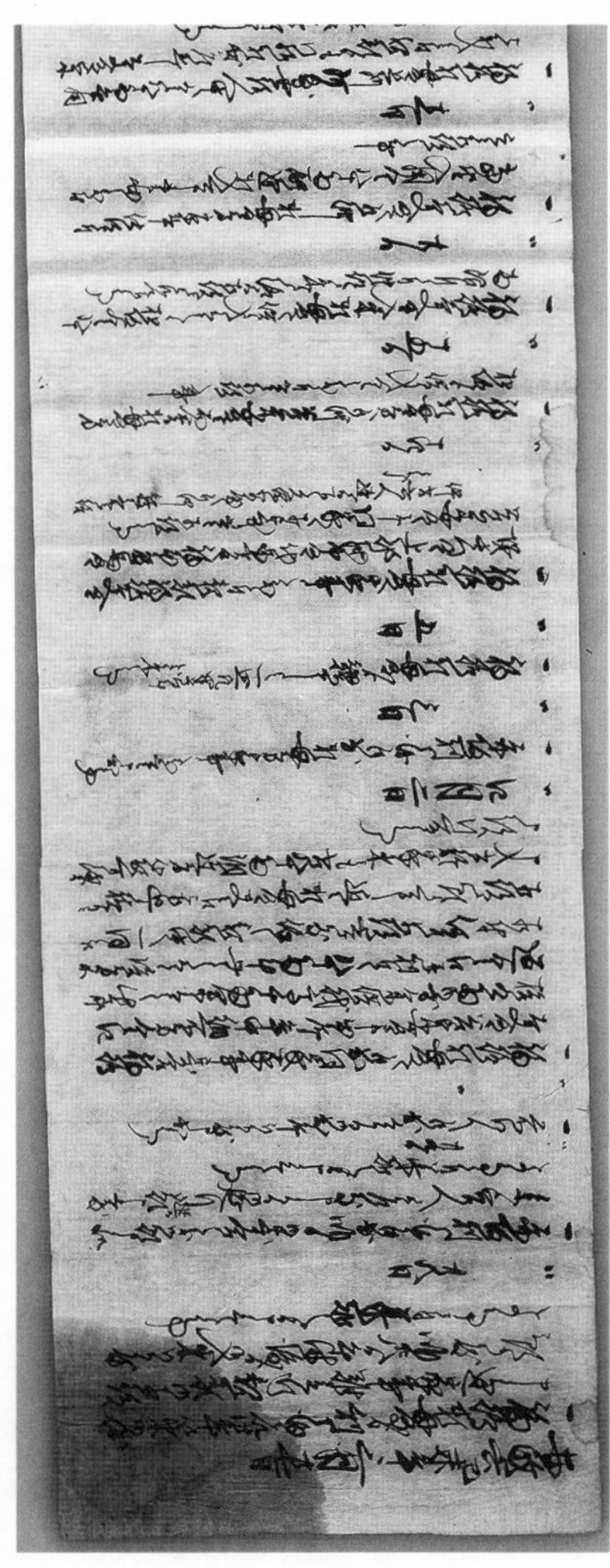

六八、家事相談日次記

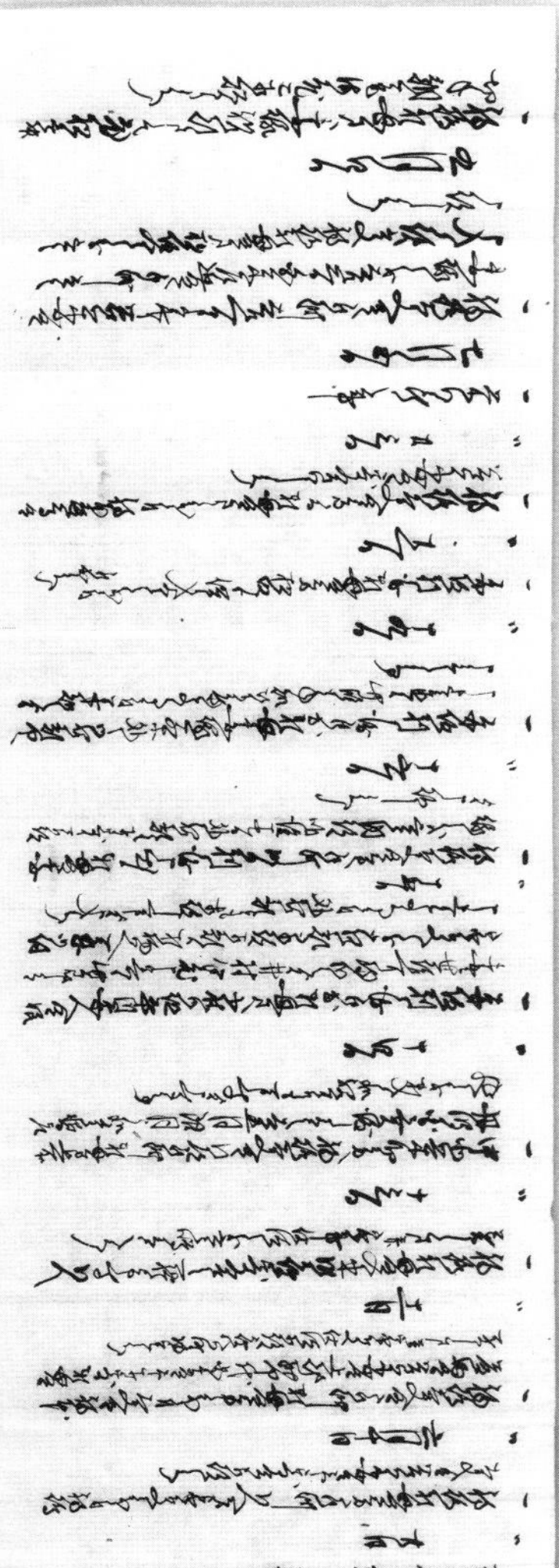

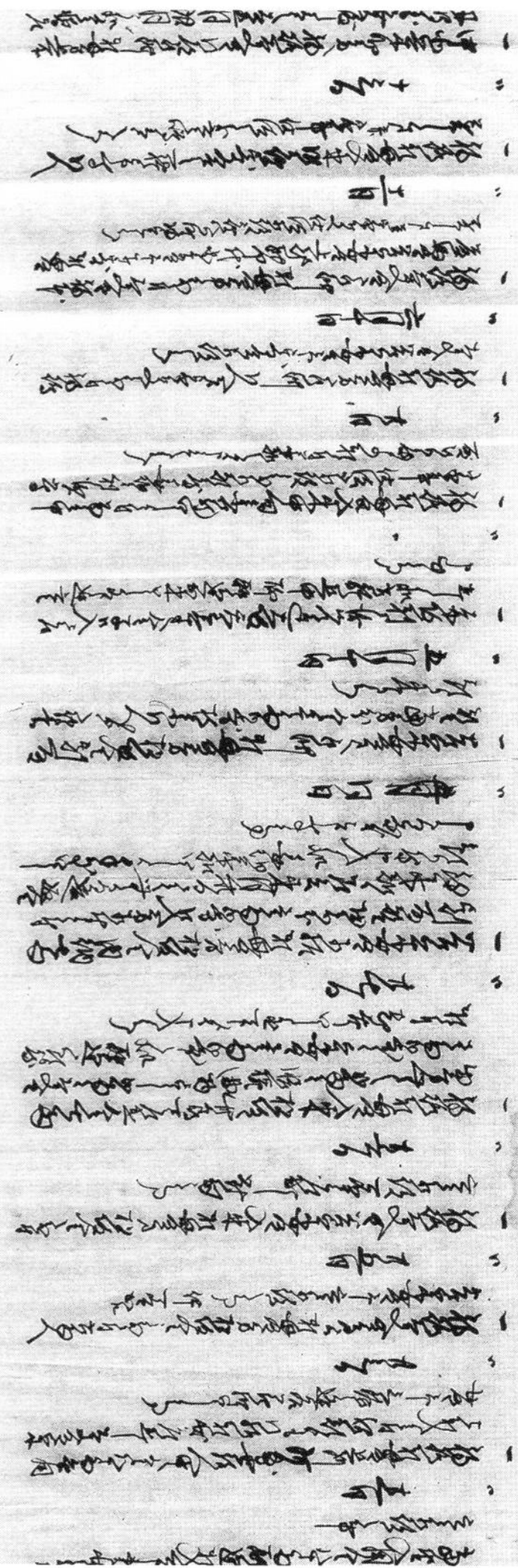

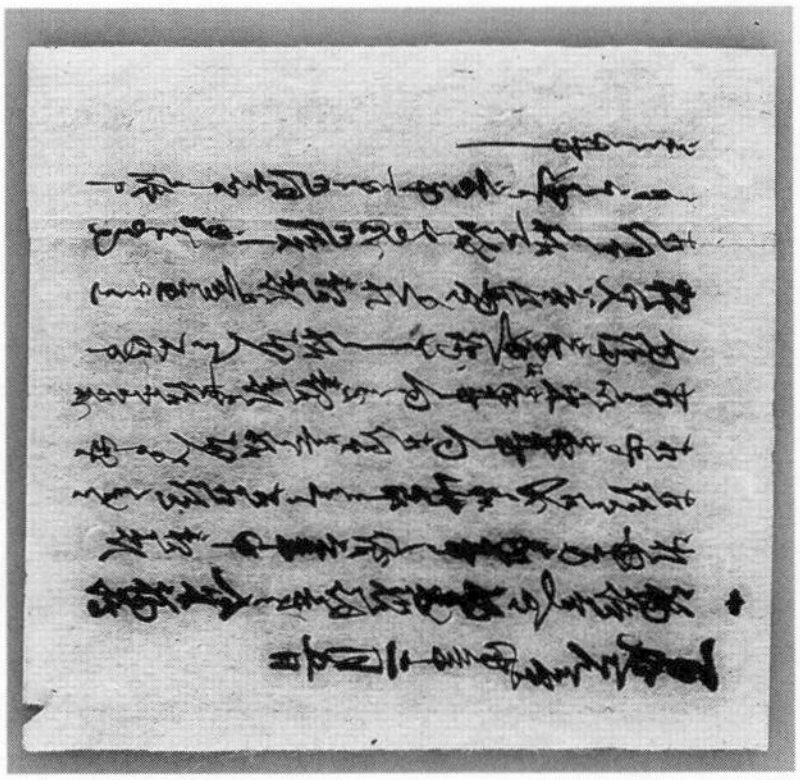

六九、家事向相談相止に付書付

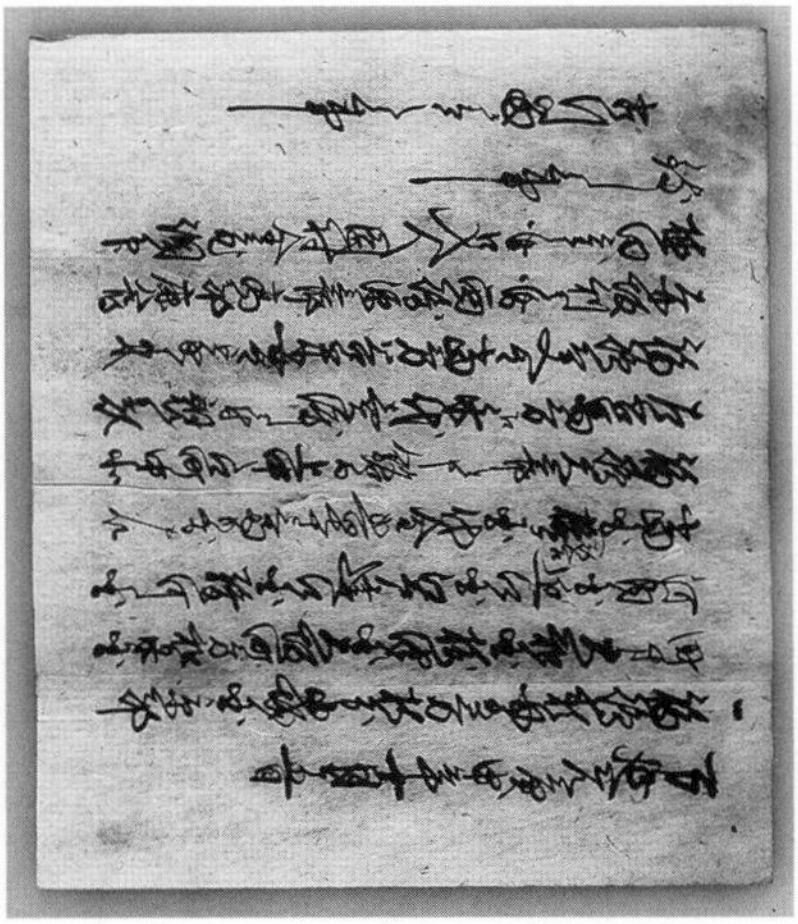

七〇、福嶋頼母持分拾ヶ国永代売渡に付書付

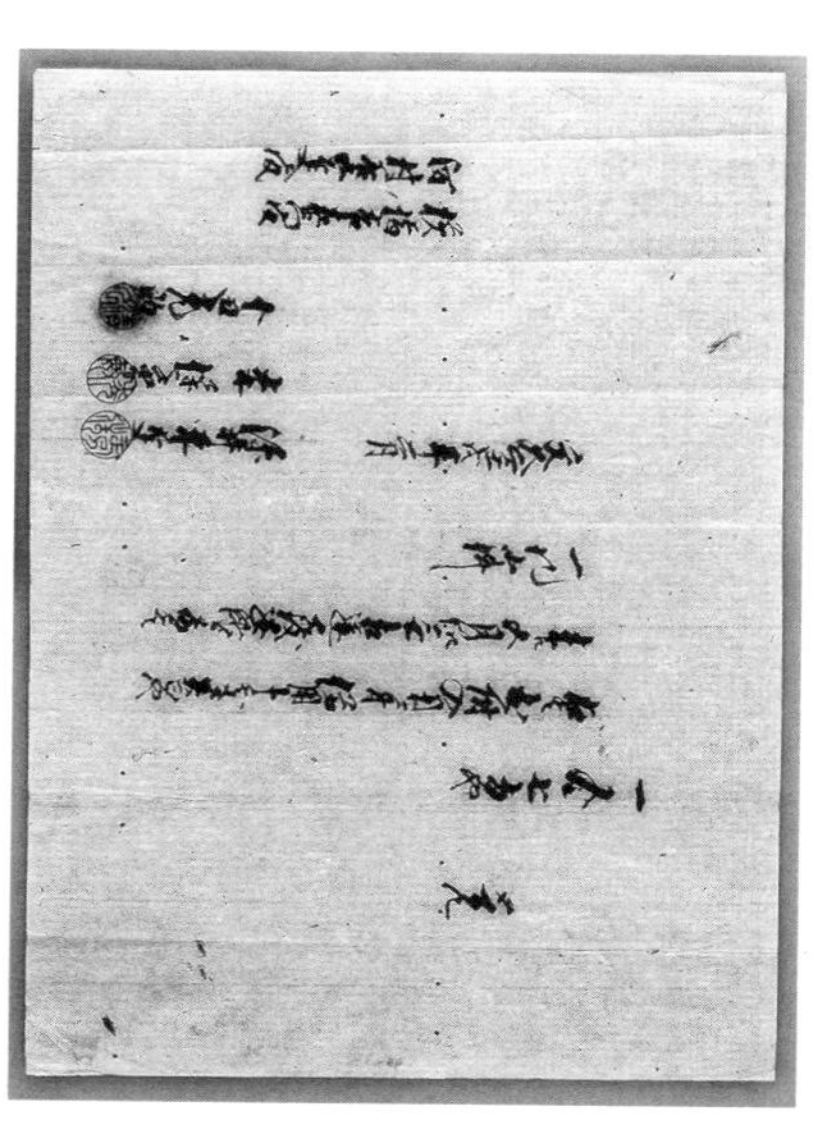

七一、三方会合役人金子借用証文

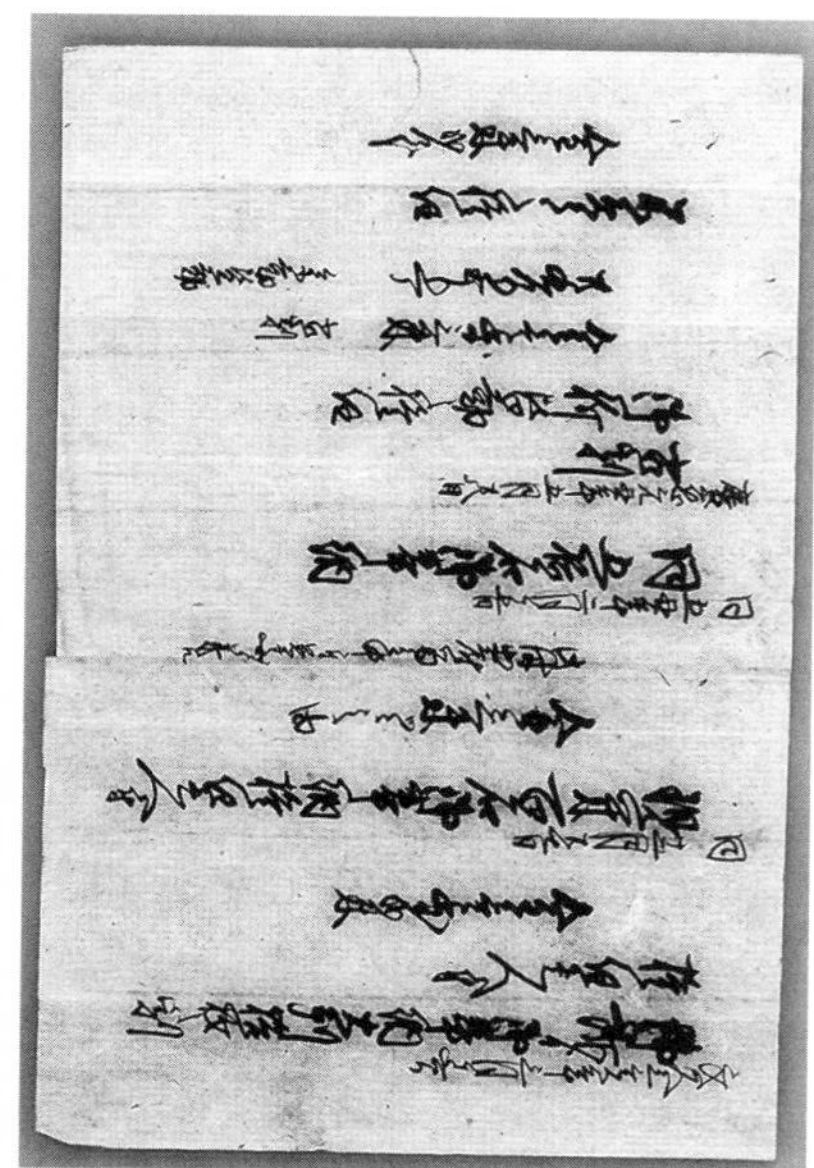

七二、御奉納物金銀之割

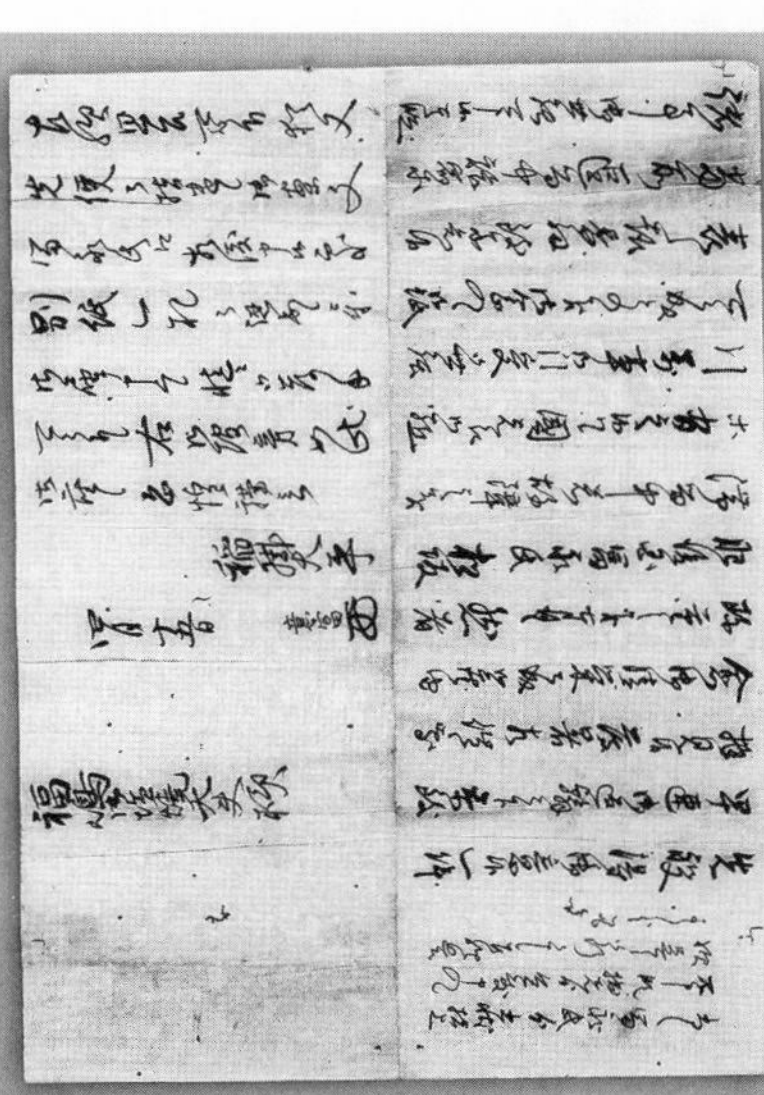

七三、本居大平書状

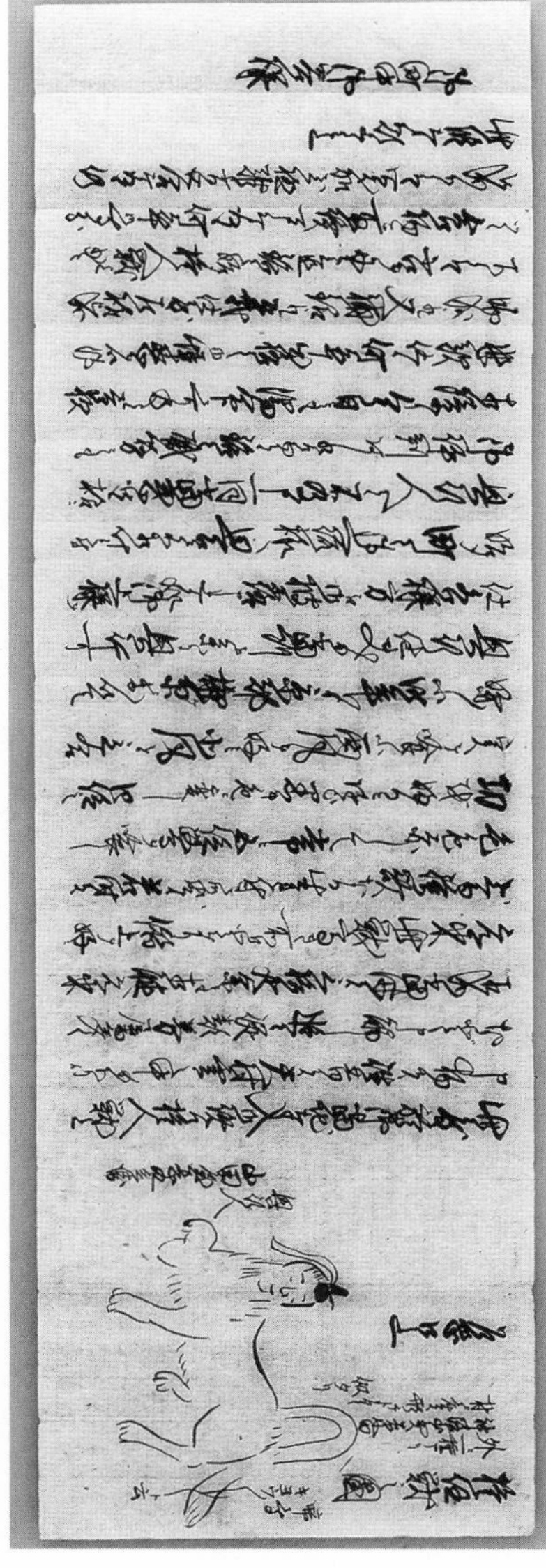

七四、山田屋甚九兵衛口上書

七五、豊後日田郡懇意姓名西下定宿姓名記簿

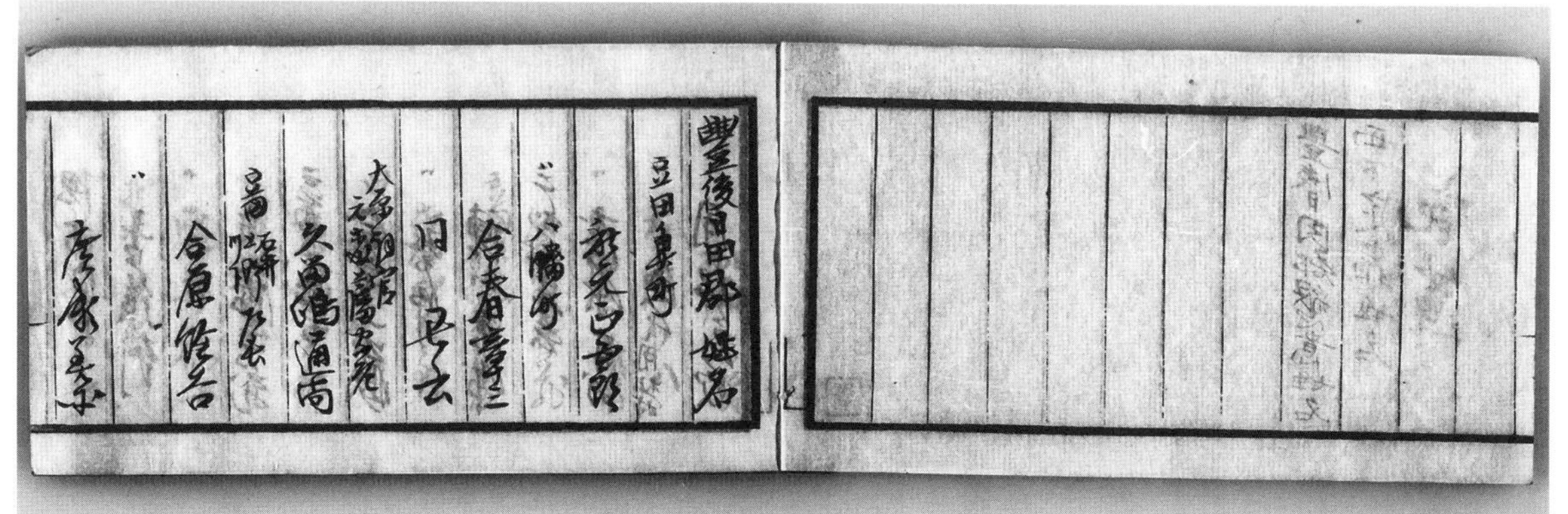

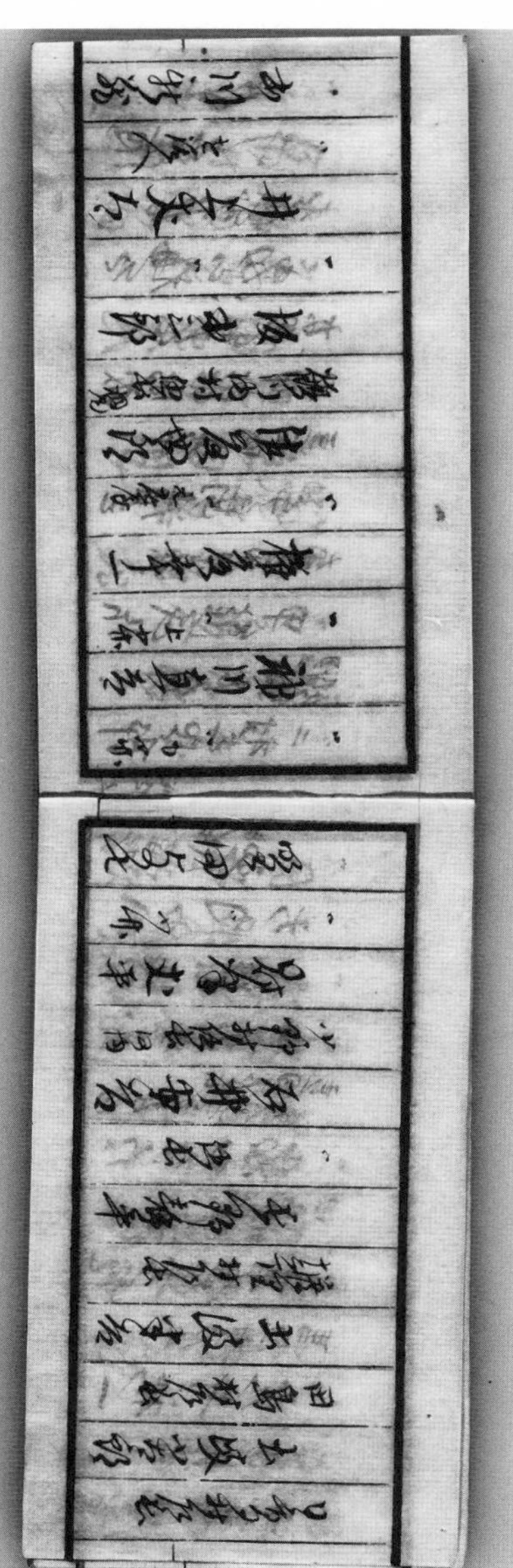

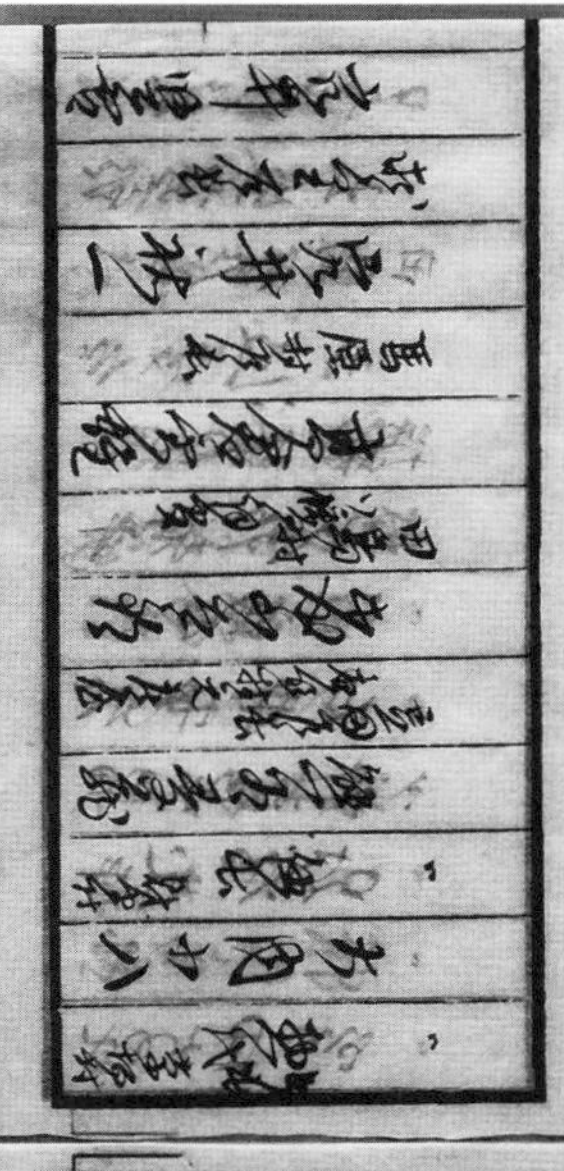

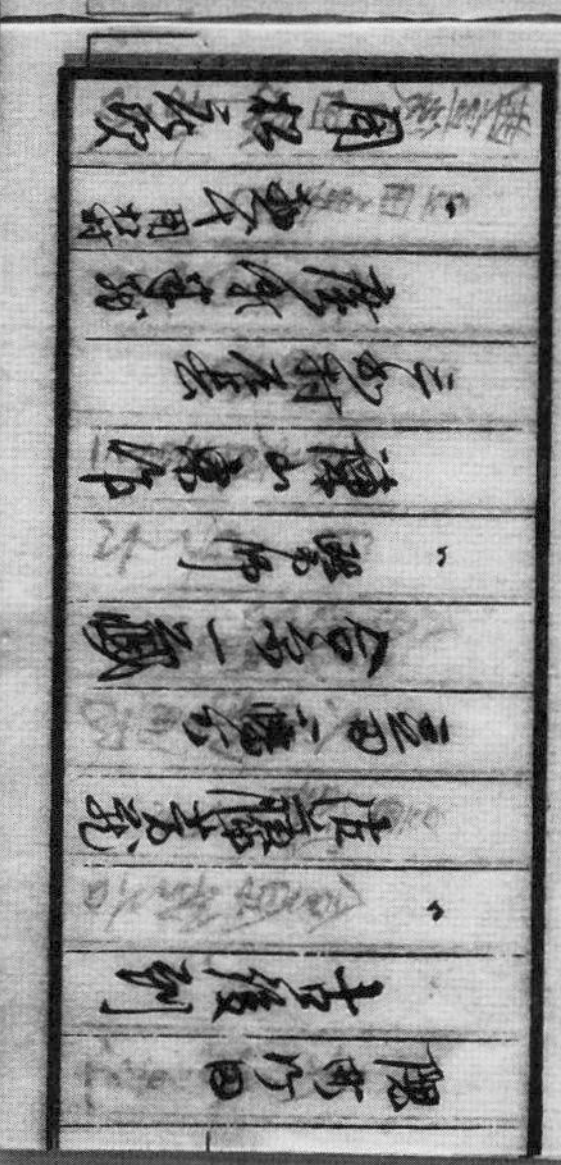

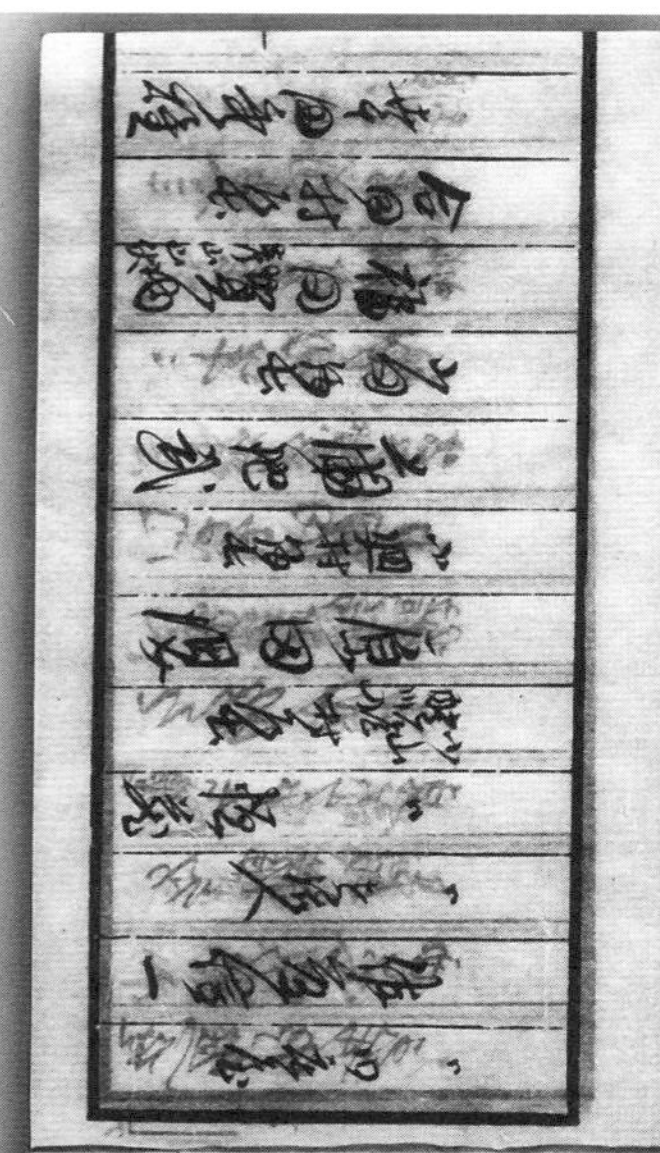

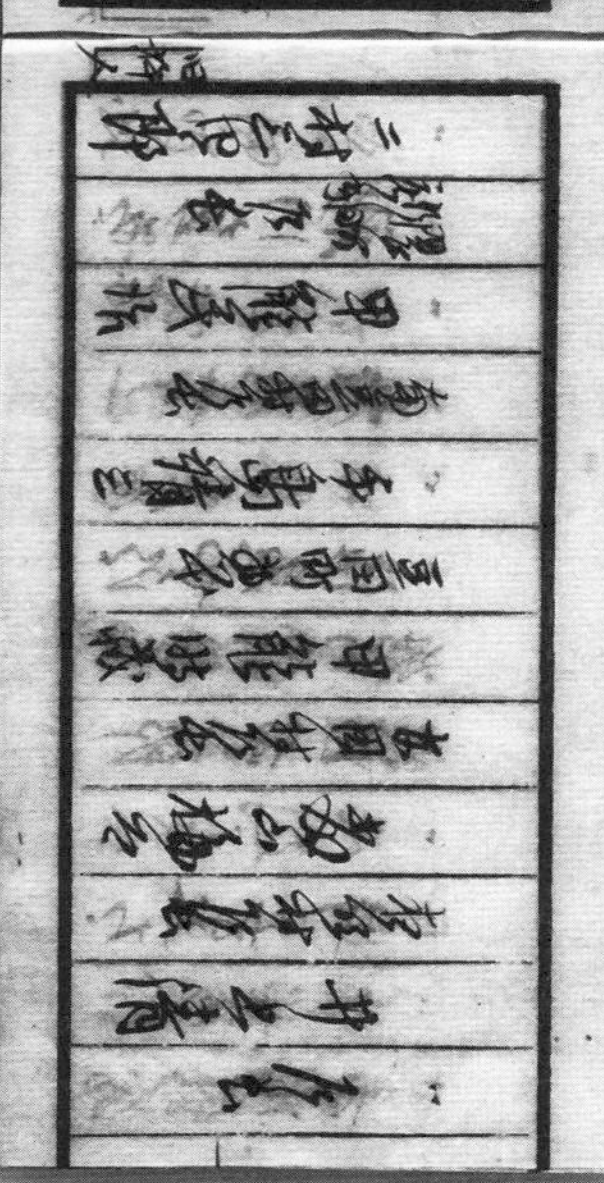

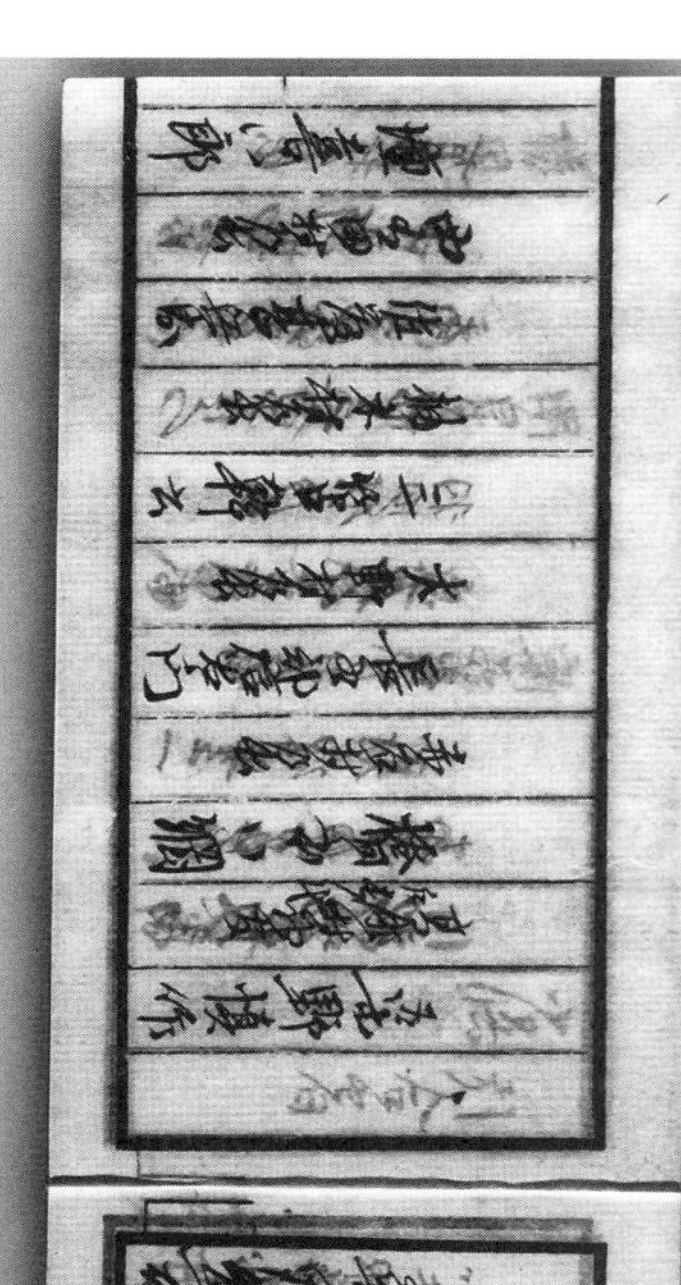

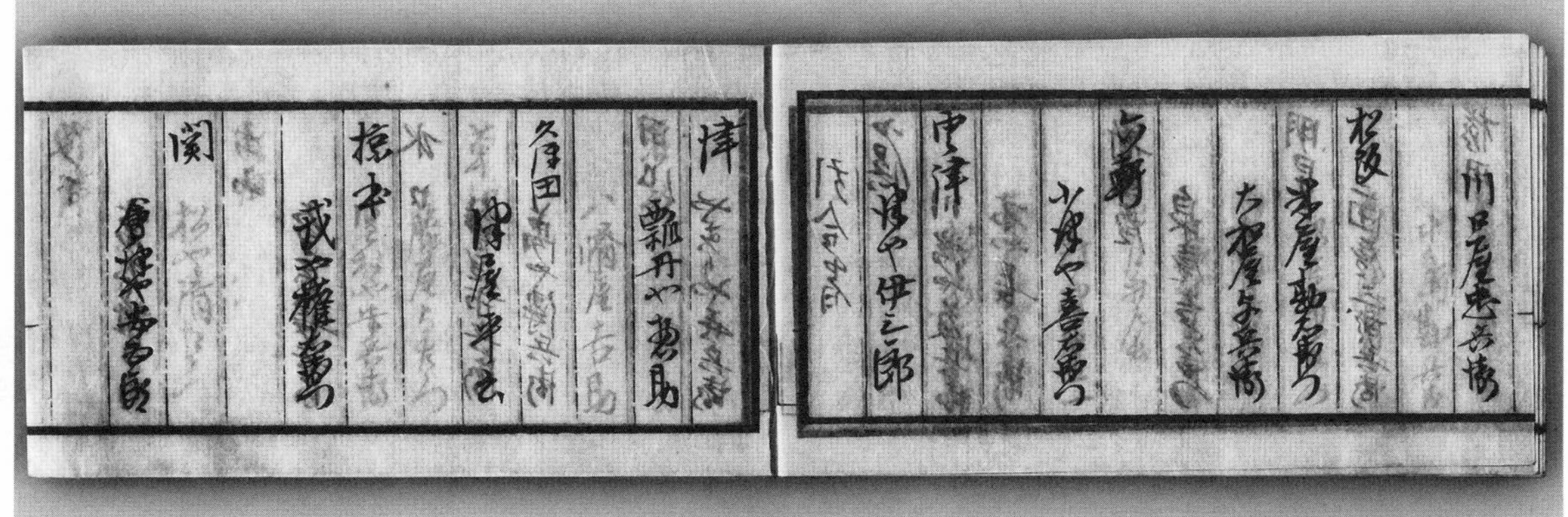

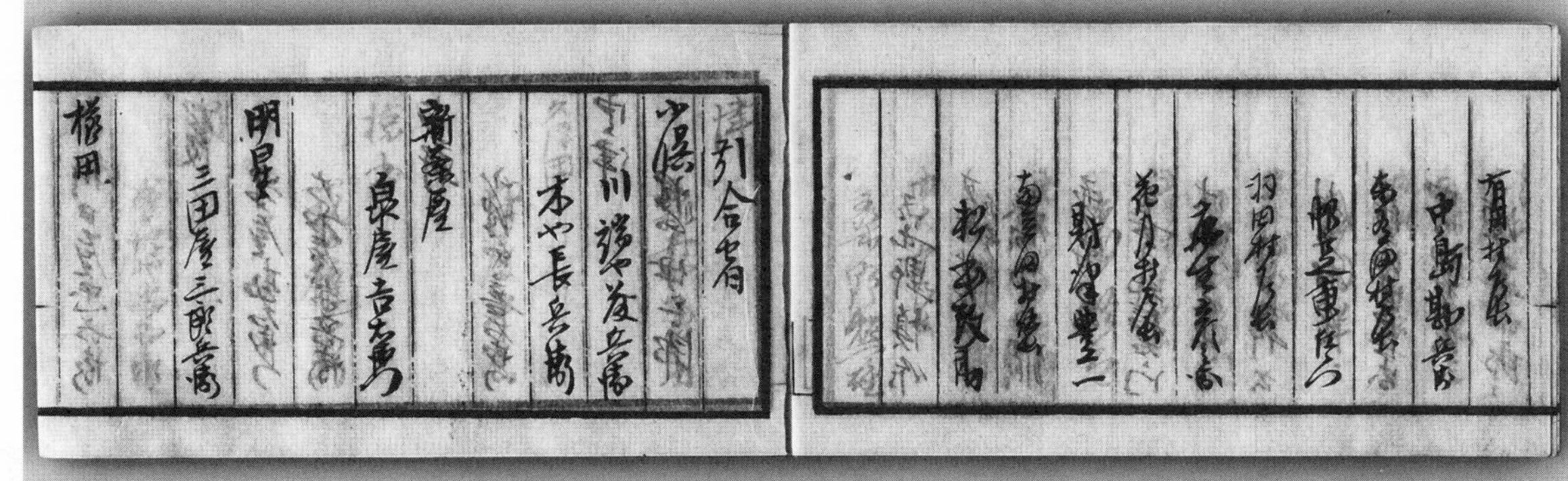

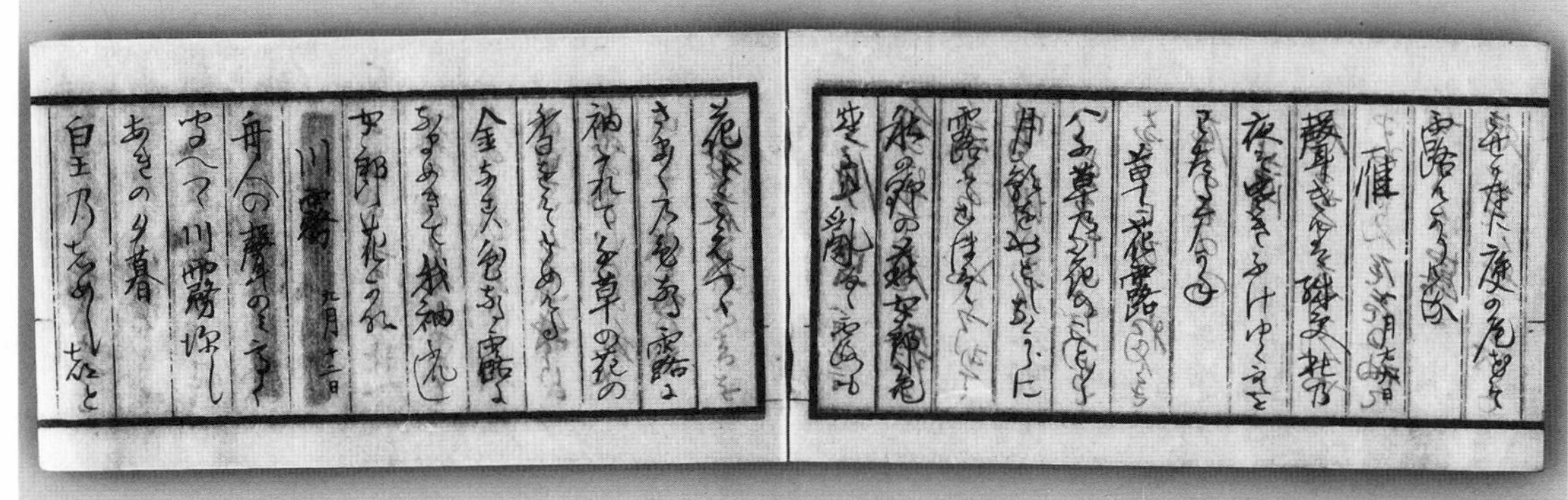

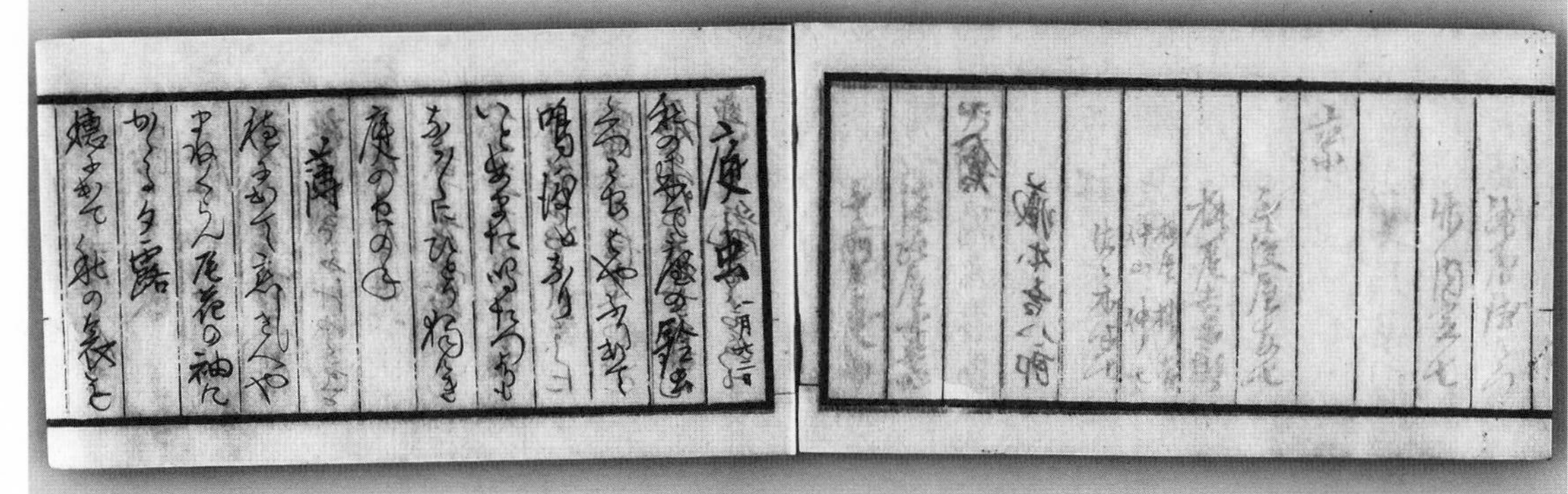

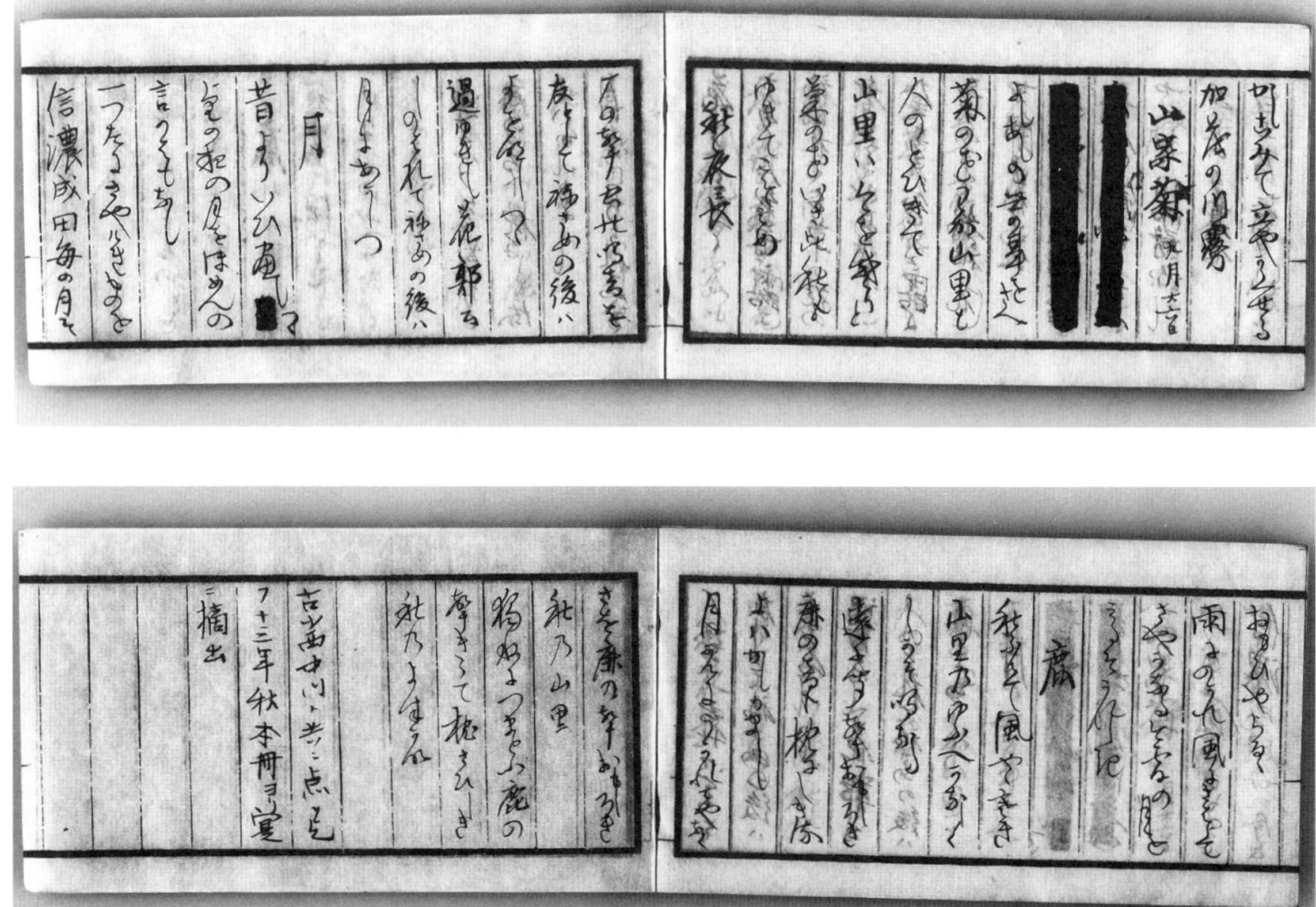

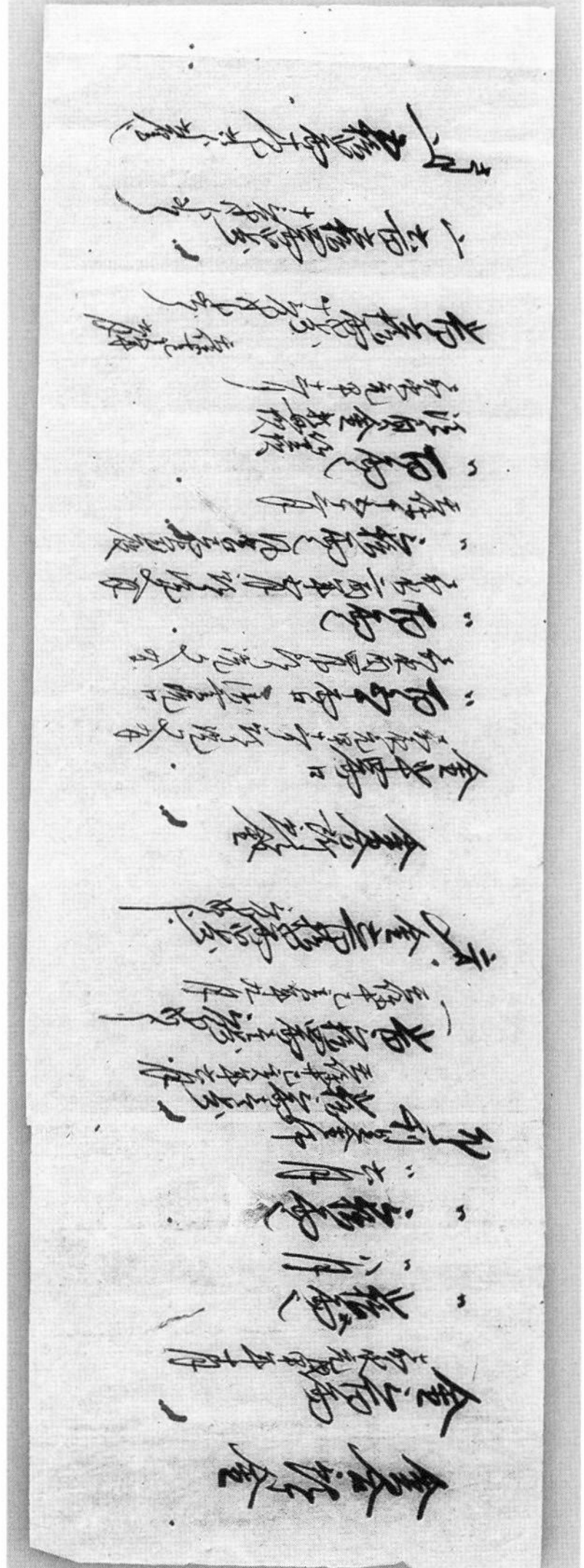

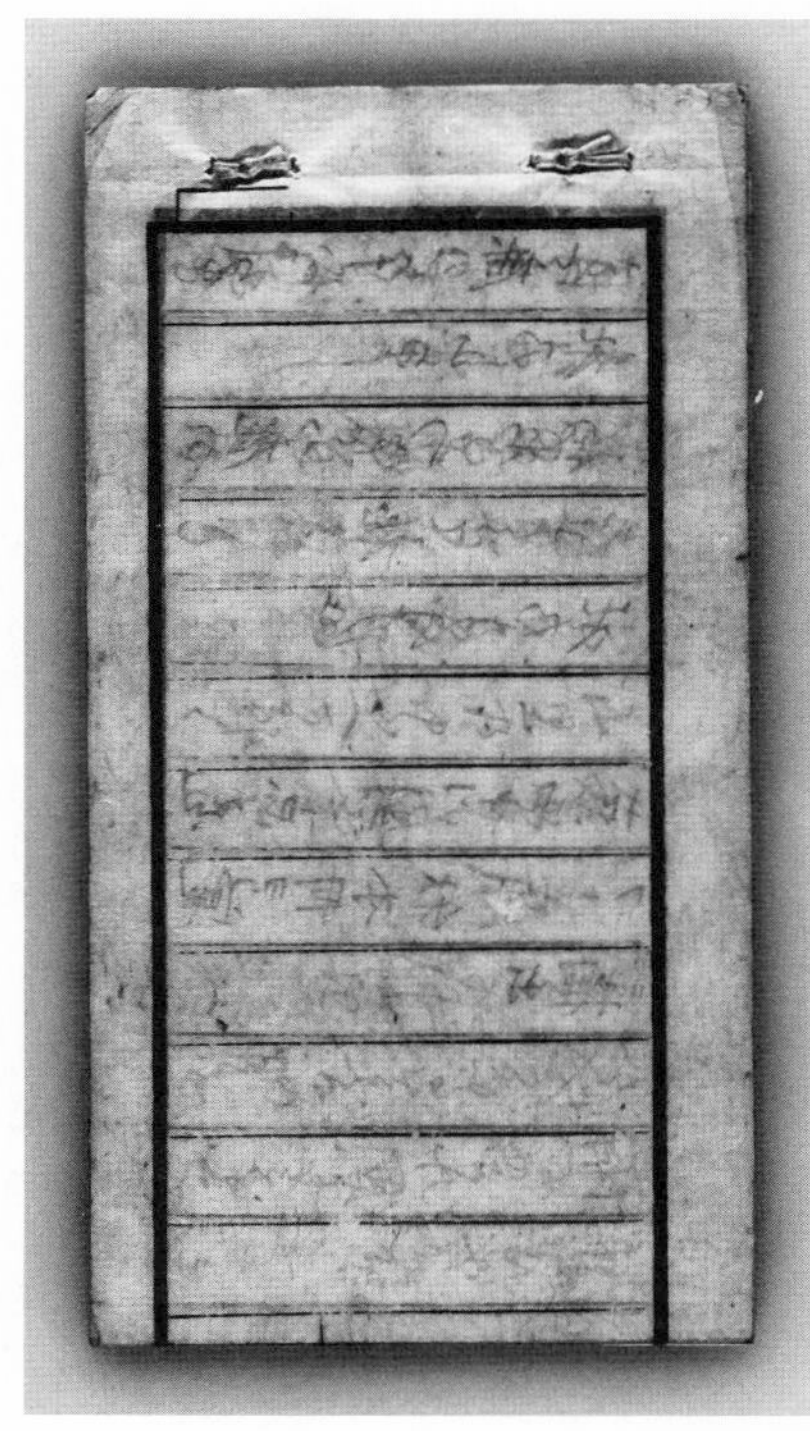

七六、三方会合預り金目録写

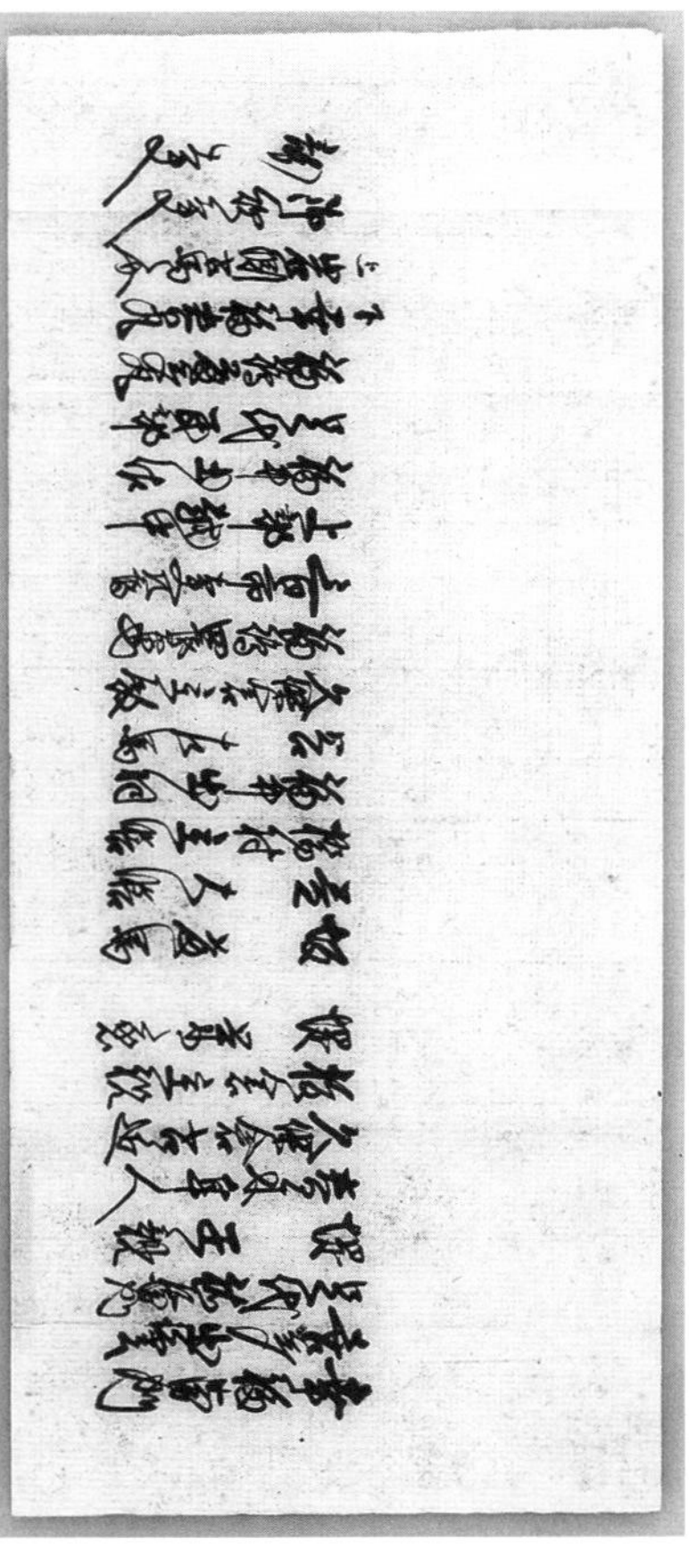

七七、三方会合年寄書上

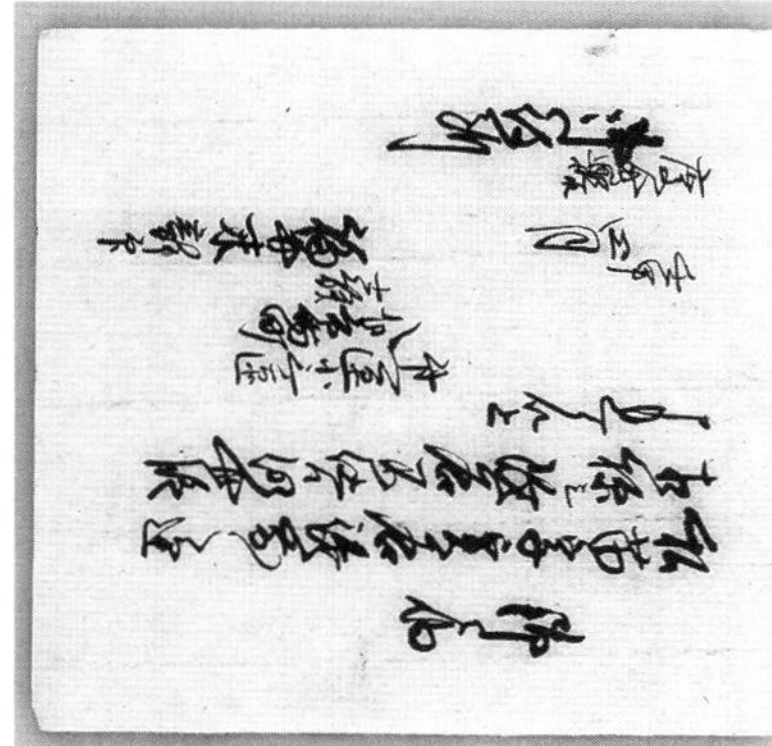

七八、福井末彰御届写

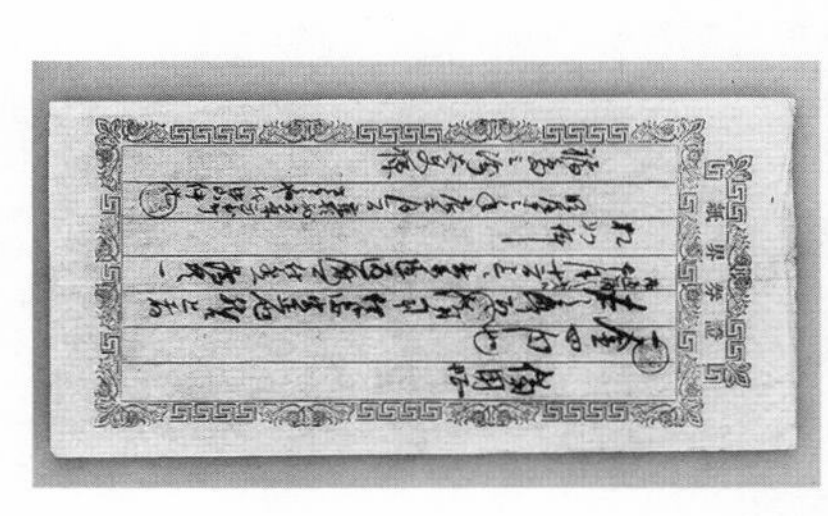

七九、中山仲七金銭借用証券

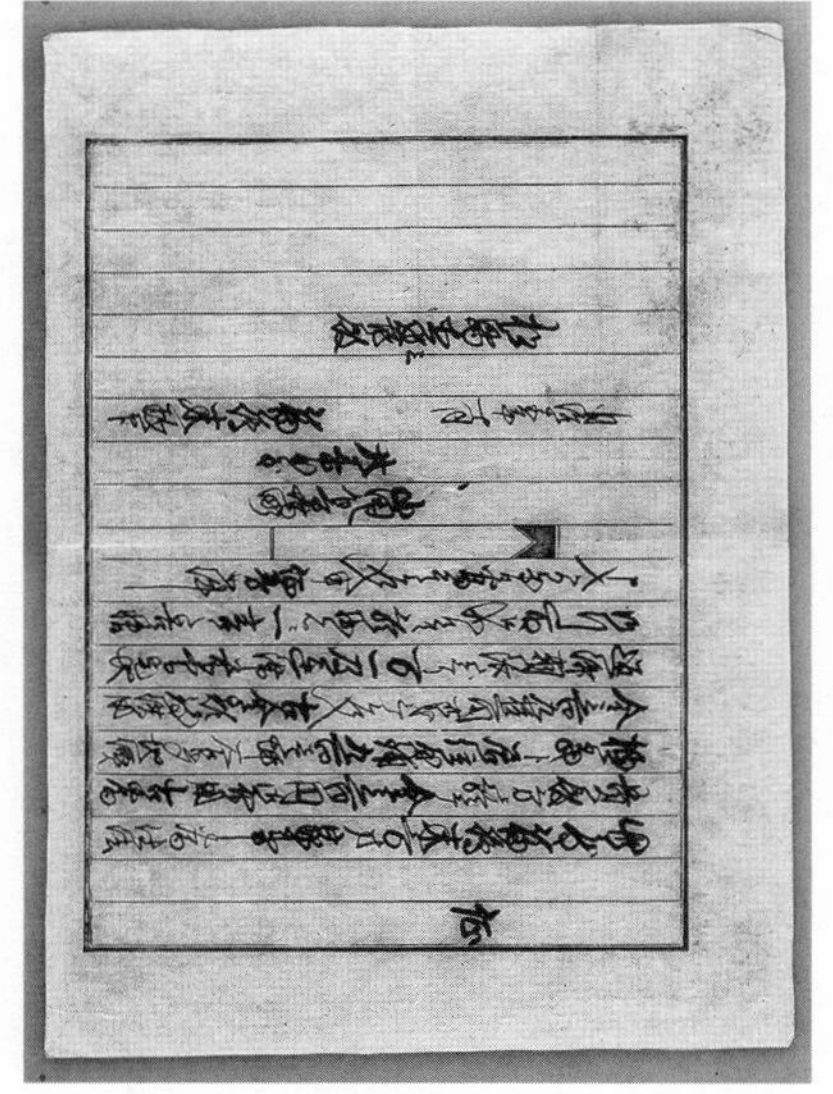

八〇、福嶋末政金銭借用証券案

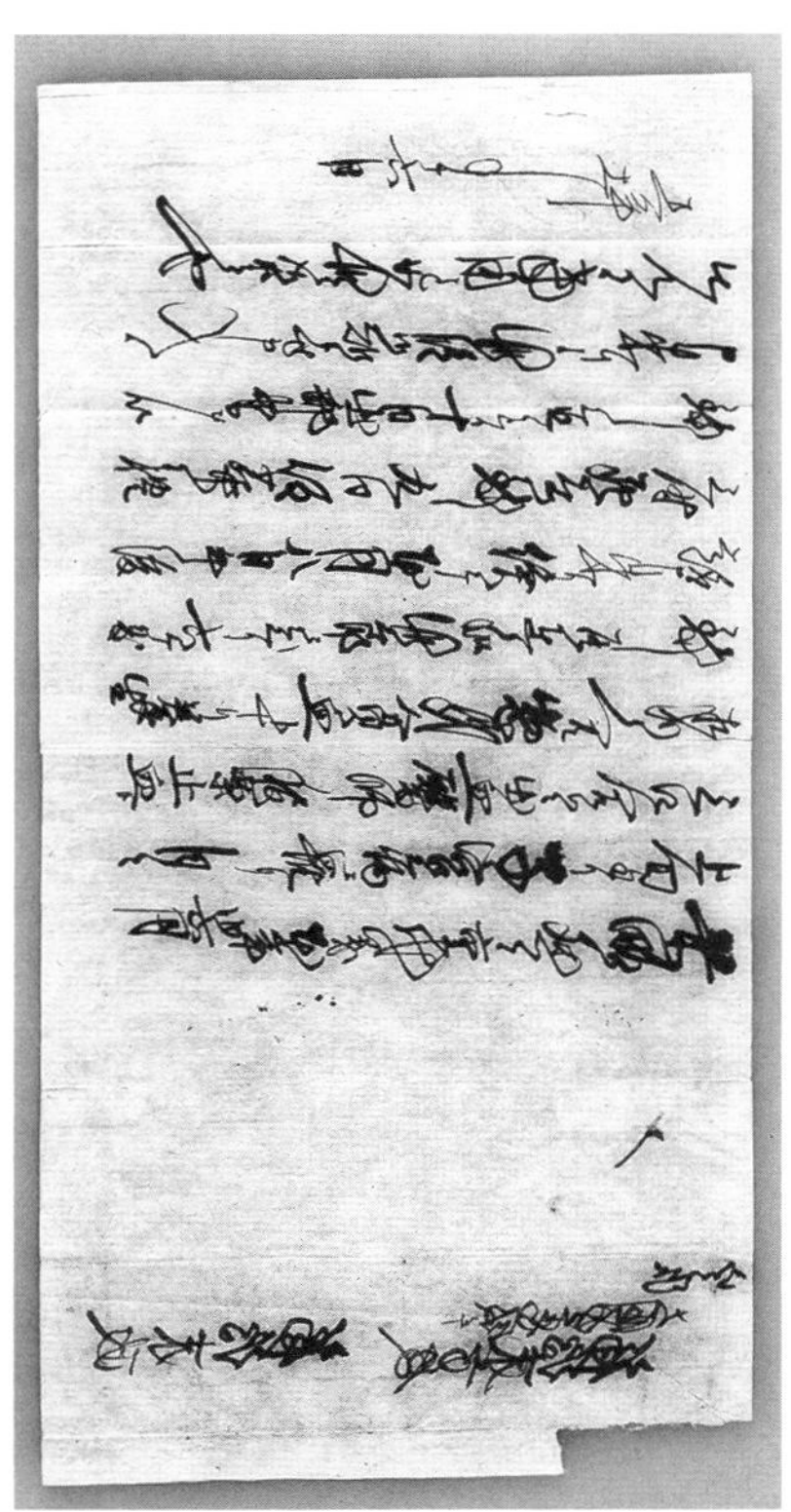

八一、福嶋末政書翰

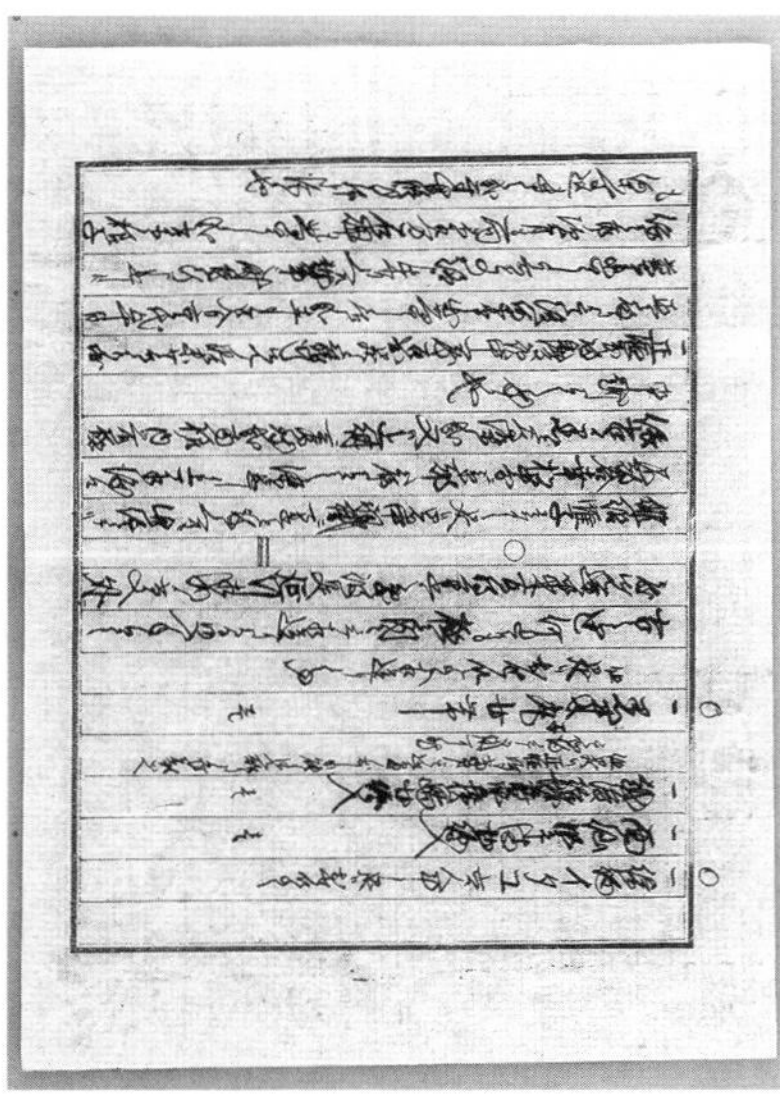

八二、福島末政書翰

八三、福嶋末政金円貸付約定書

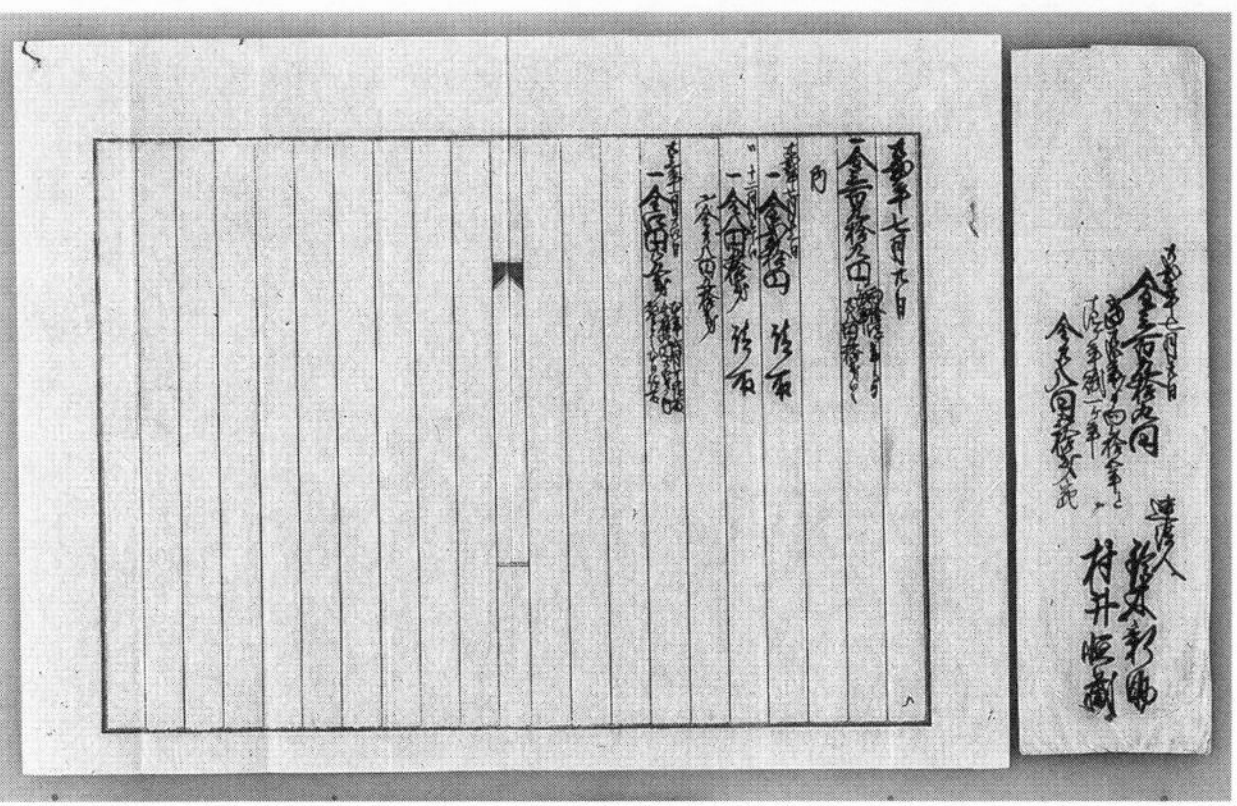

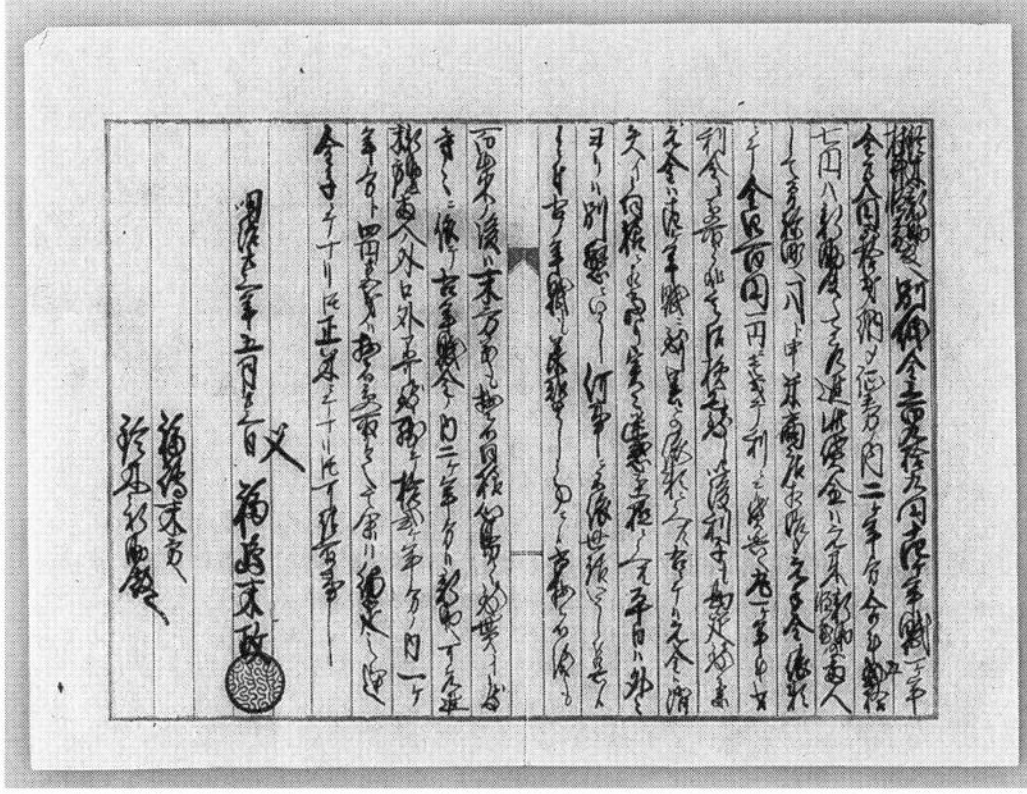

八四、福嶋末政小風呂敷封印状

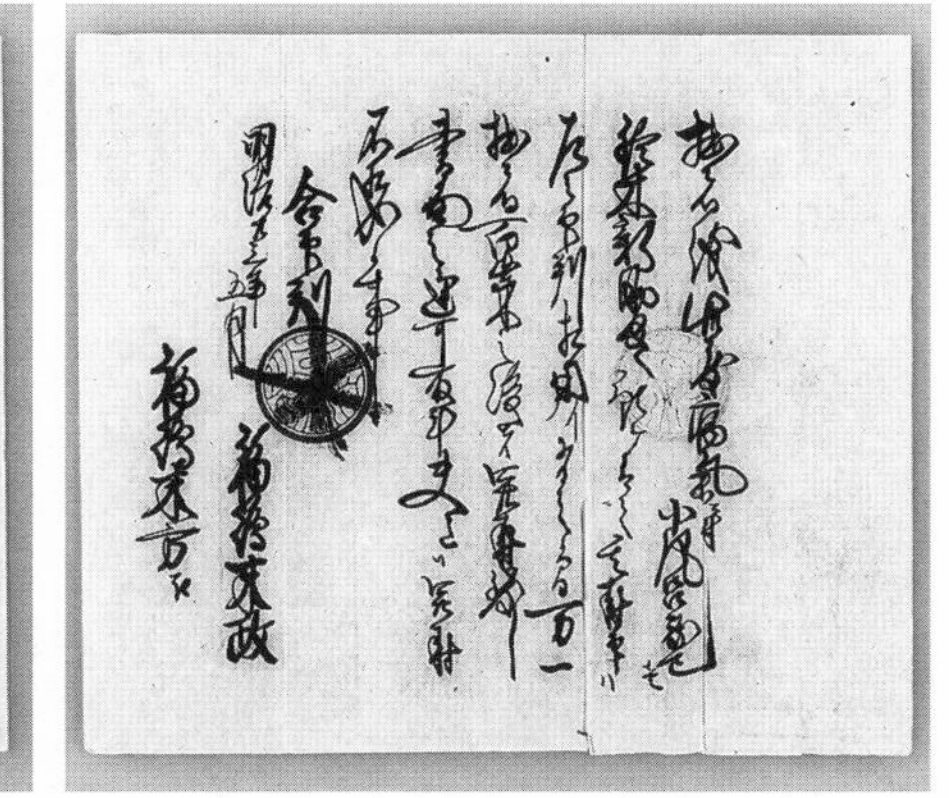

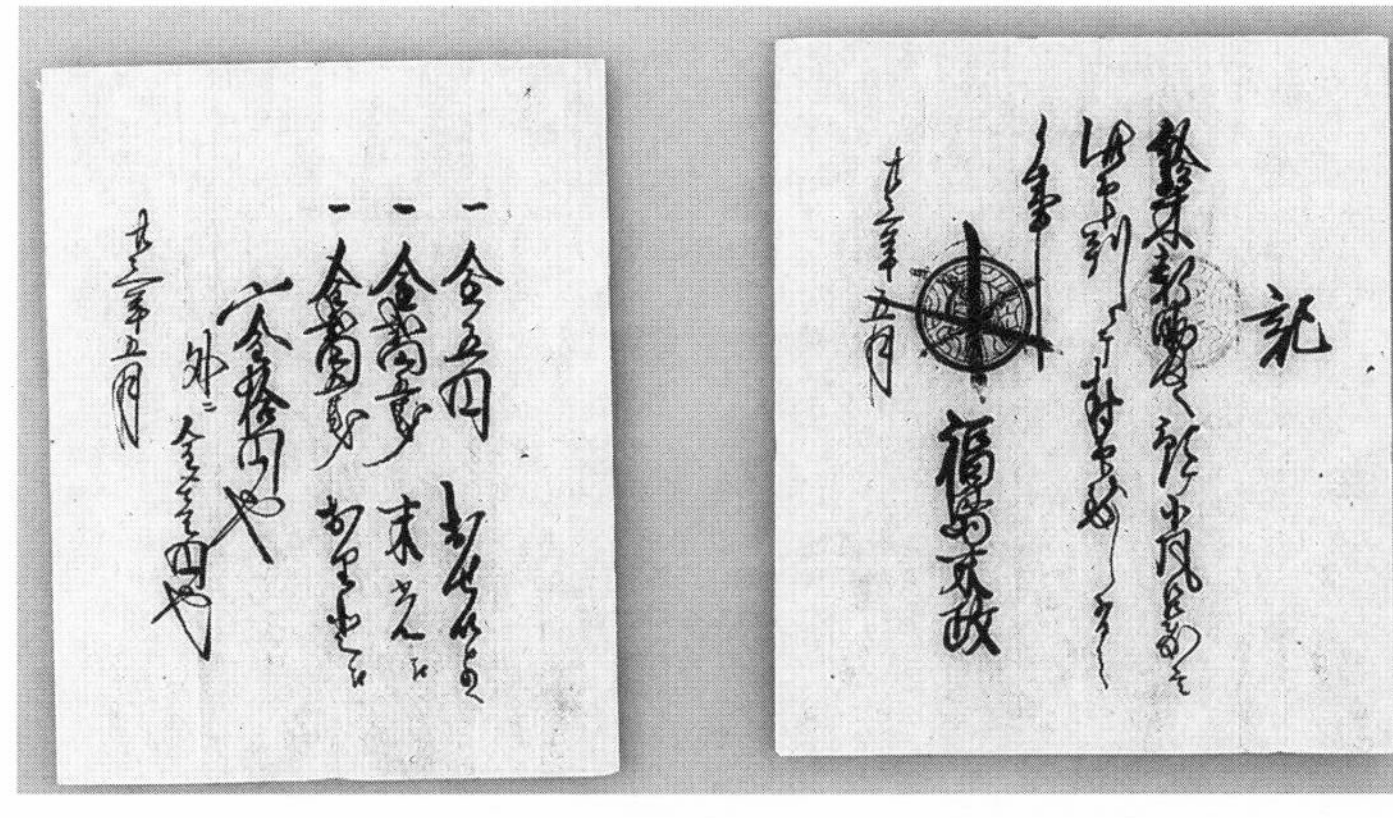

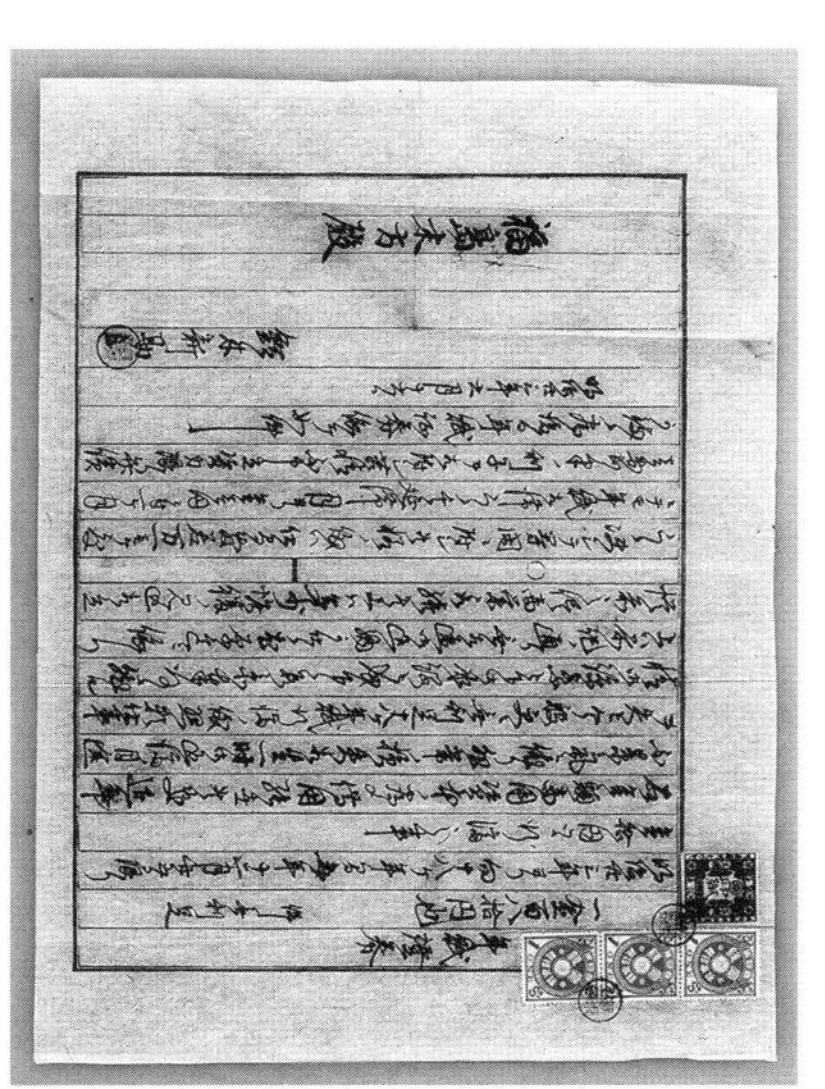

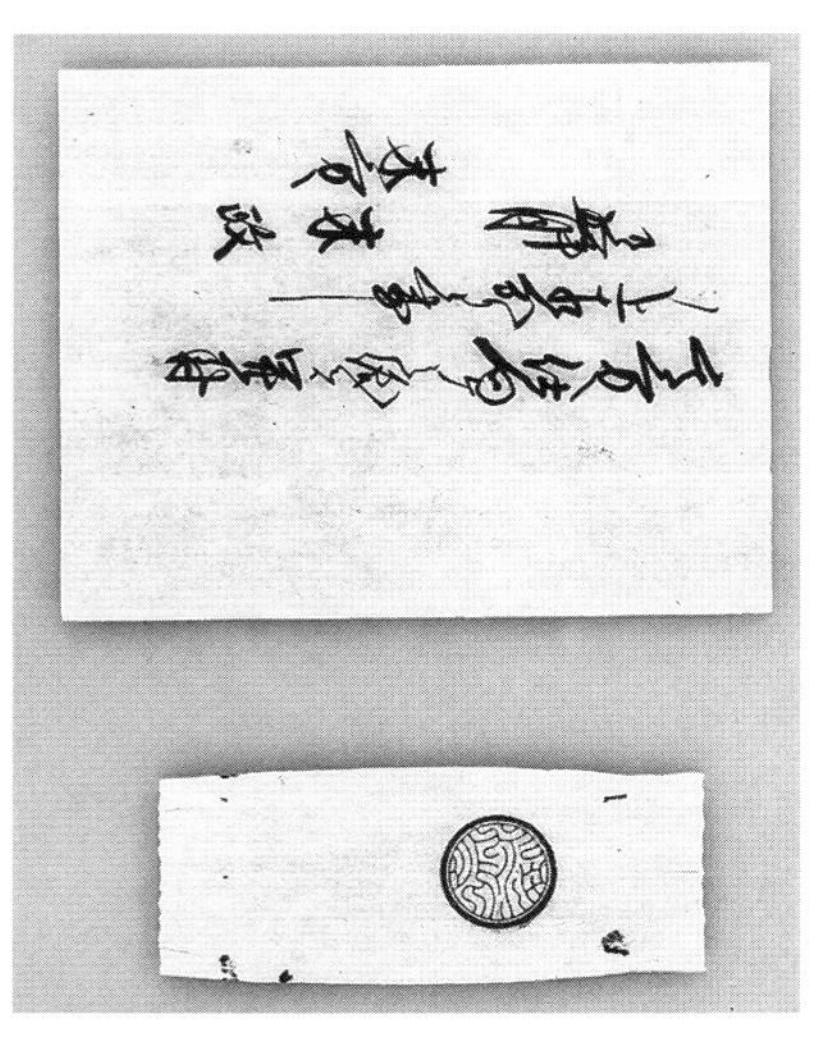

八五、鈴木新助年賦証券

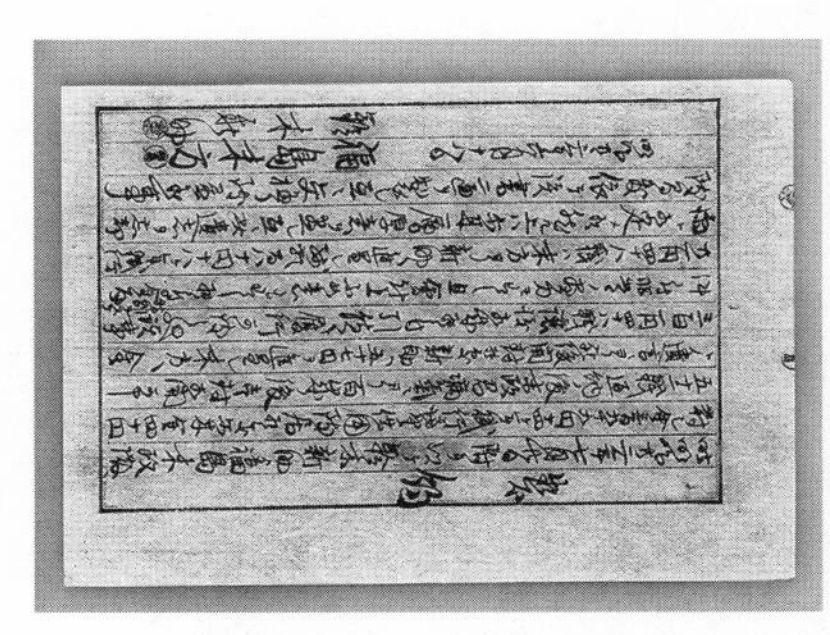

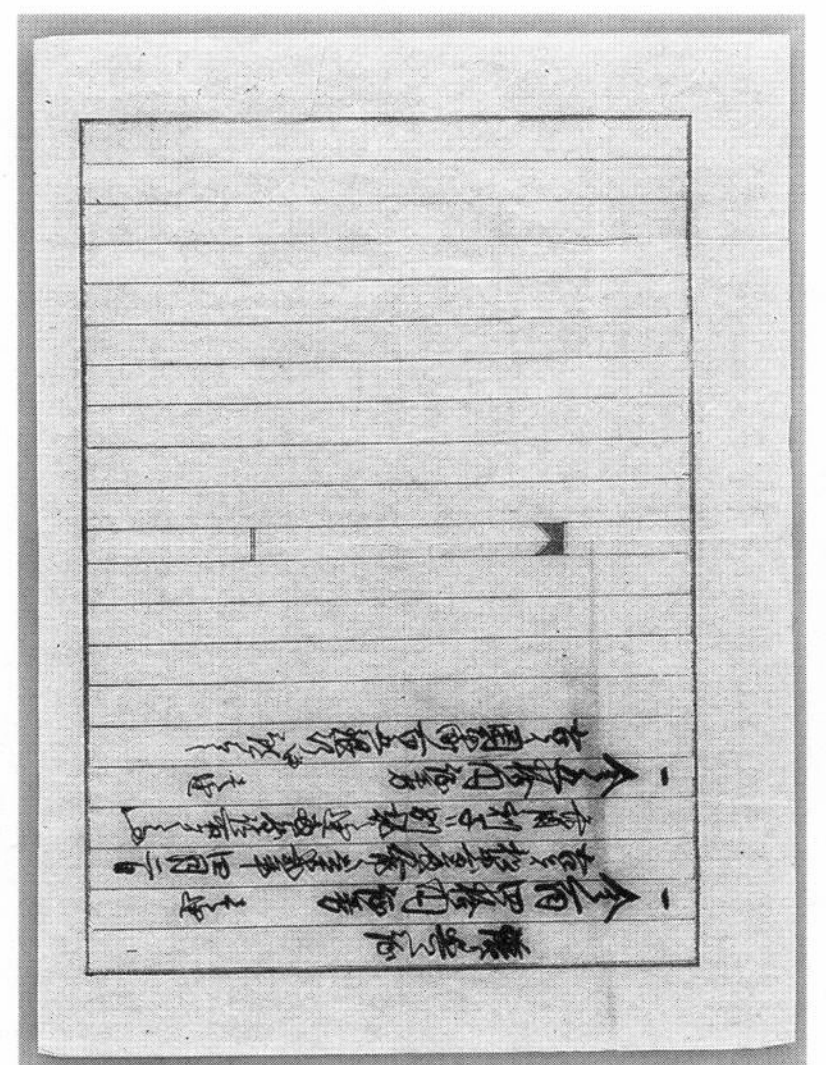

八六、福島末方・鈴木新助年賦金借用契約書

八七、譲り与へ証案

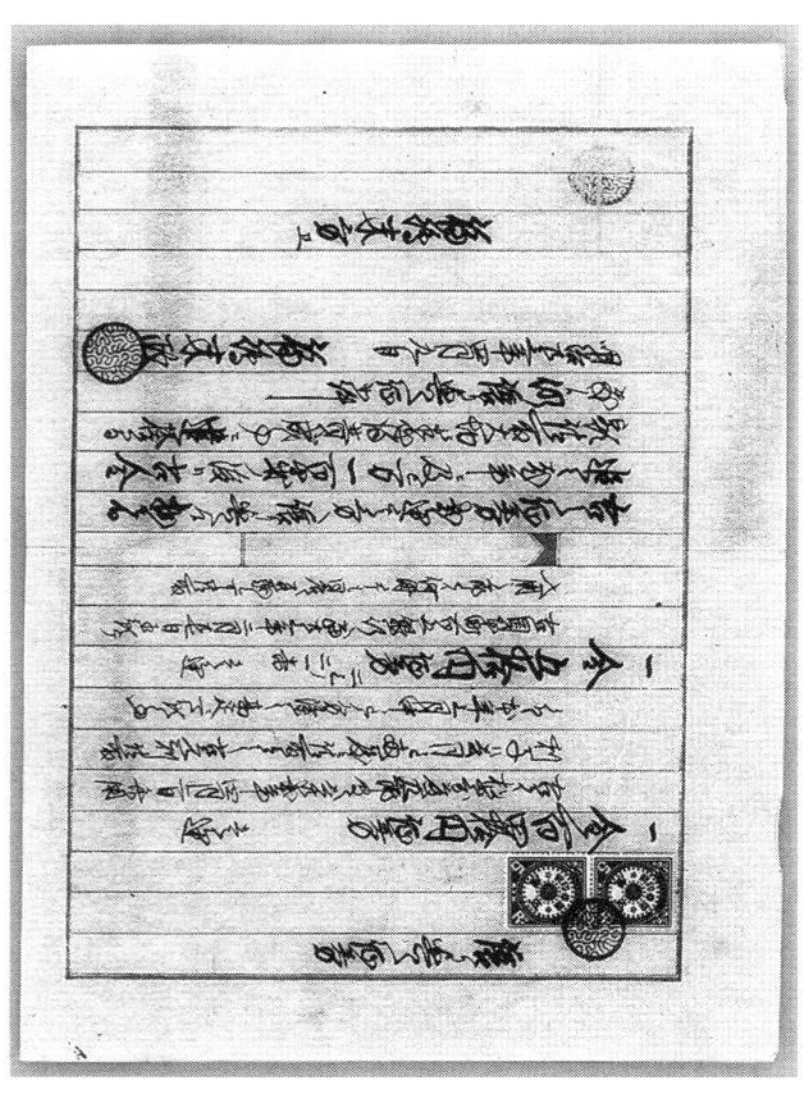

八八、福嶋末政譲り与へ証券

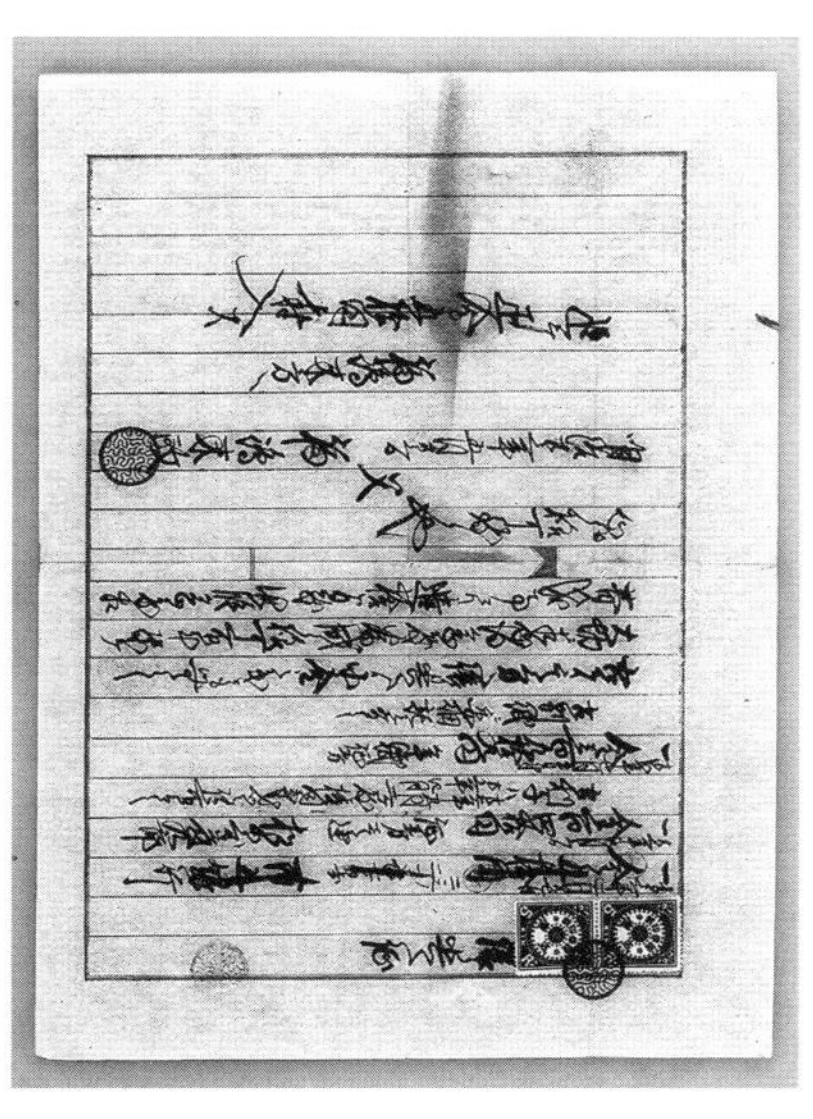

八九、福嶋末政譲り与へ証

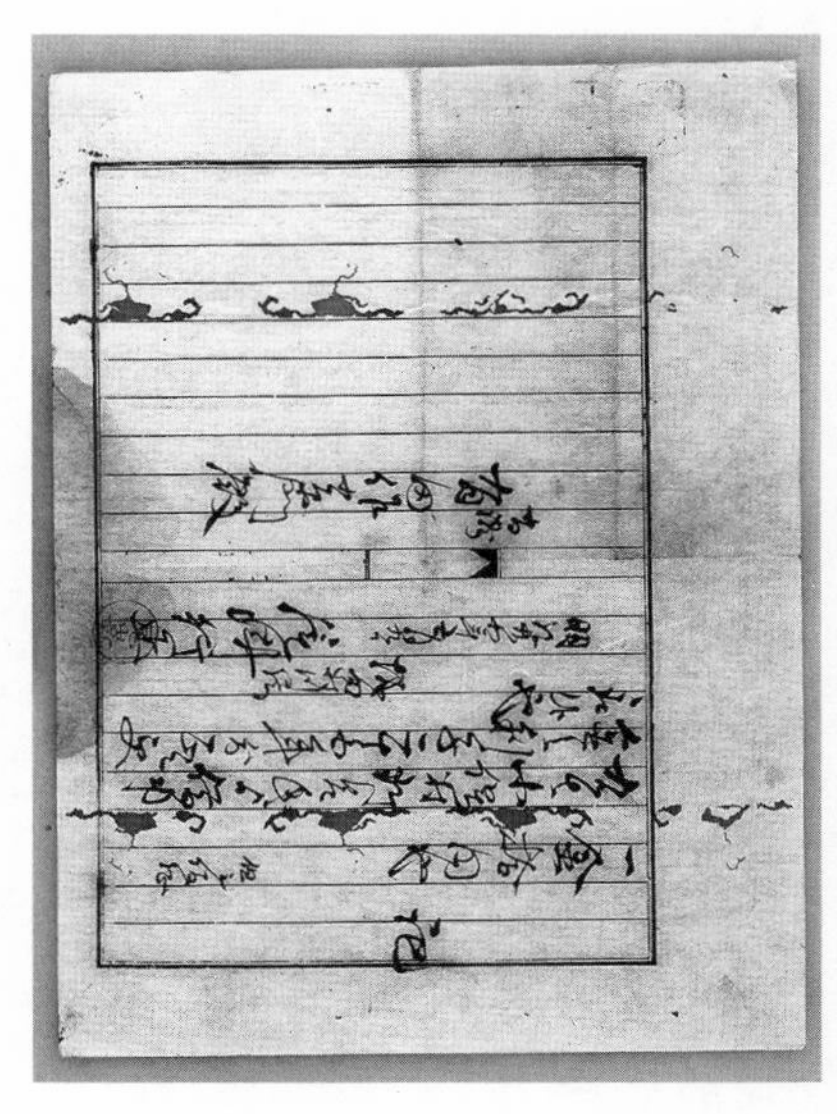

九〇、尾崎行正借用金利足請取書

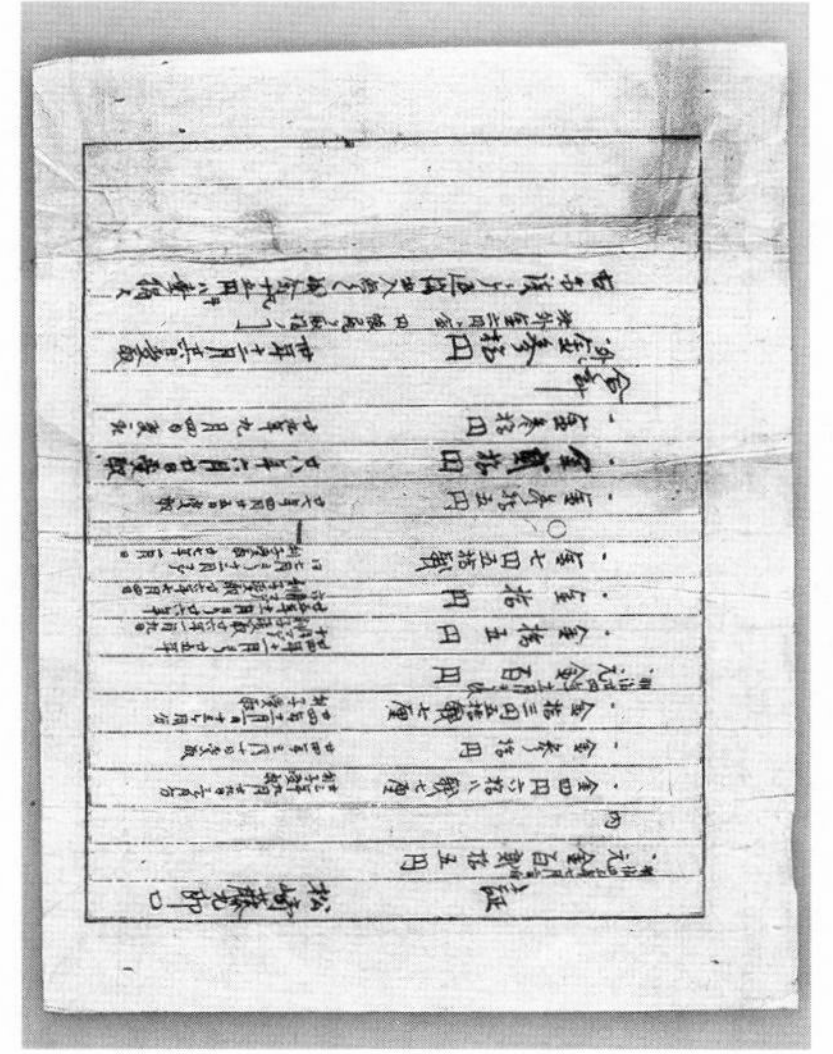

九一、貸金勘定証写

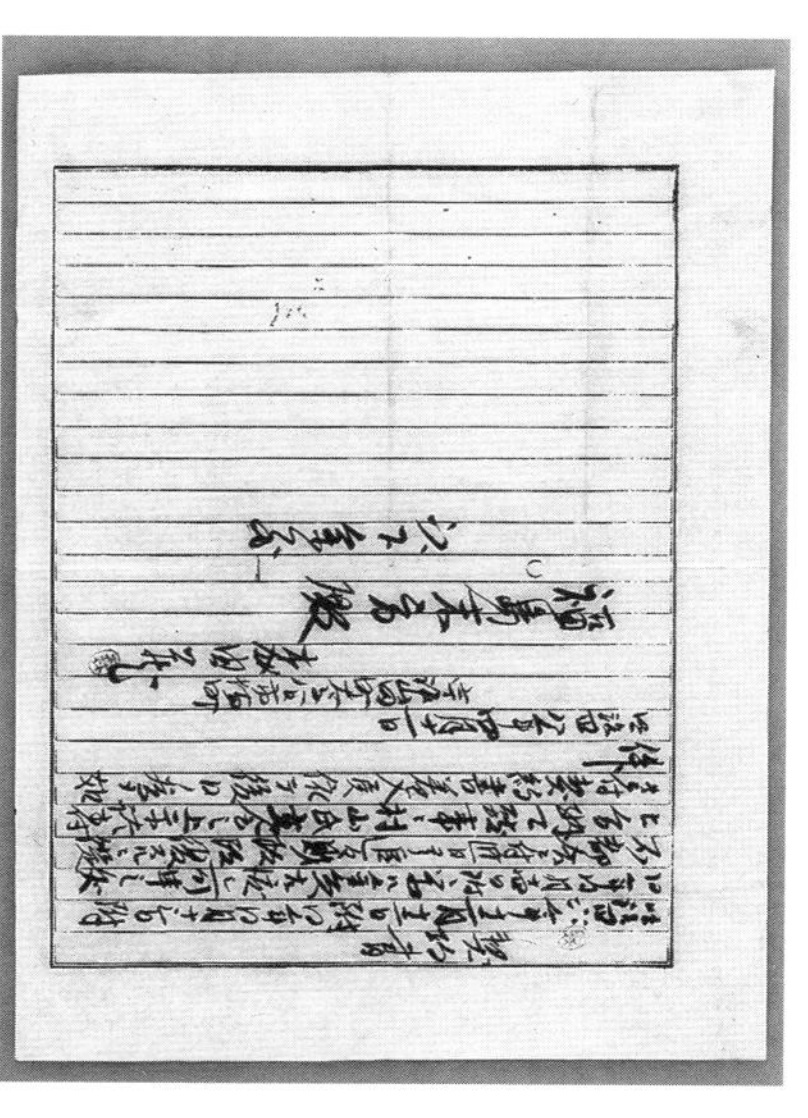

九二、森由蔵金員分納契約書

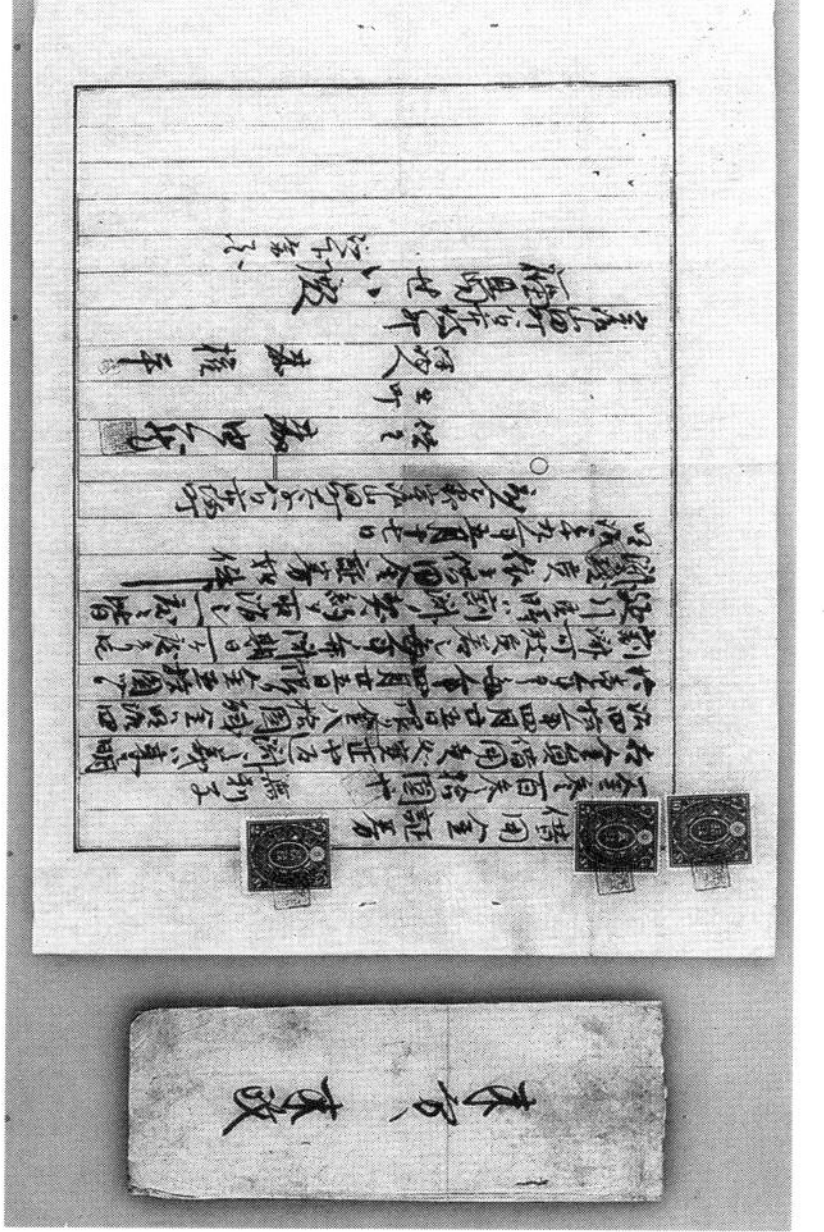

九三、森由蔵借用金証券

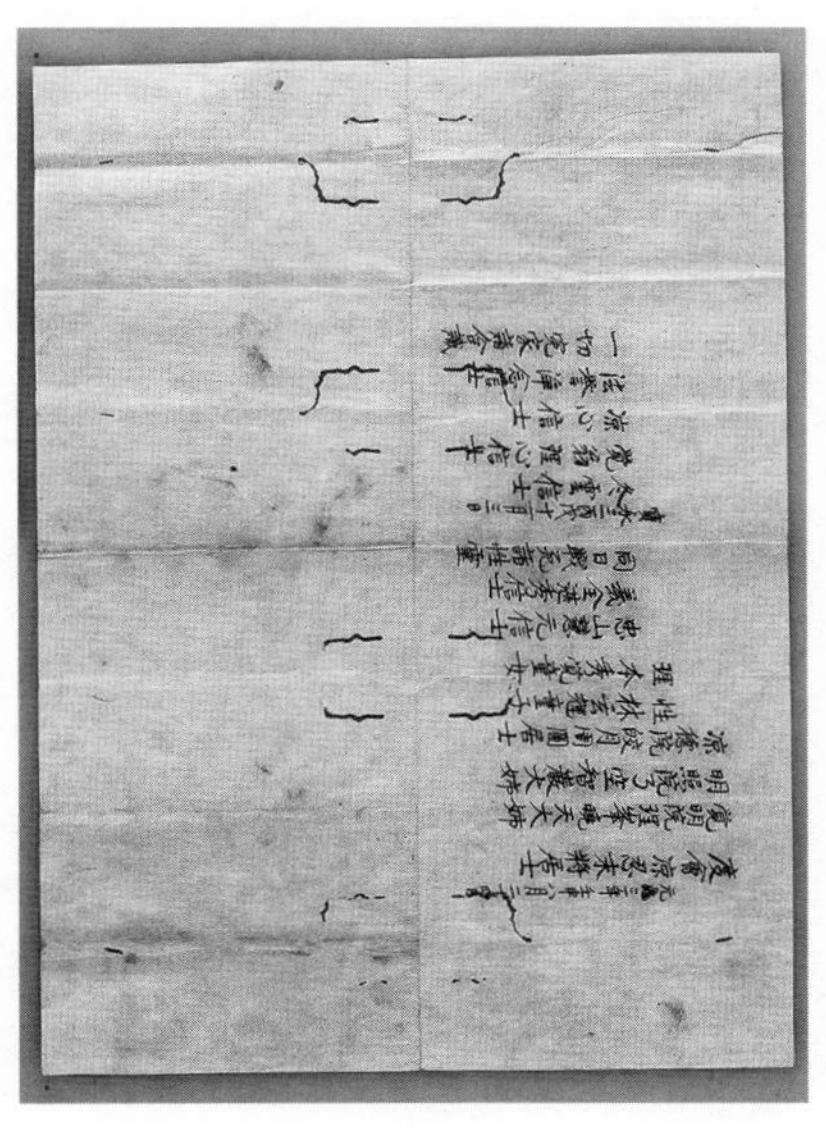

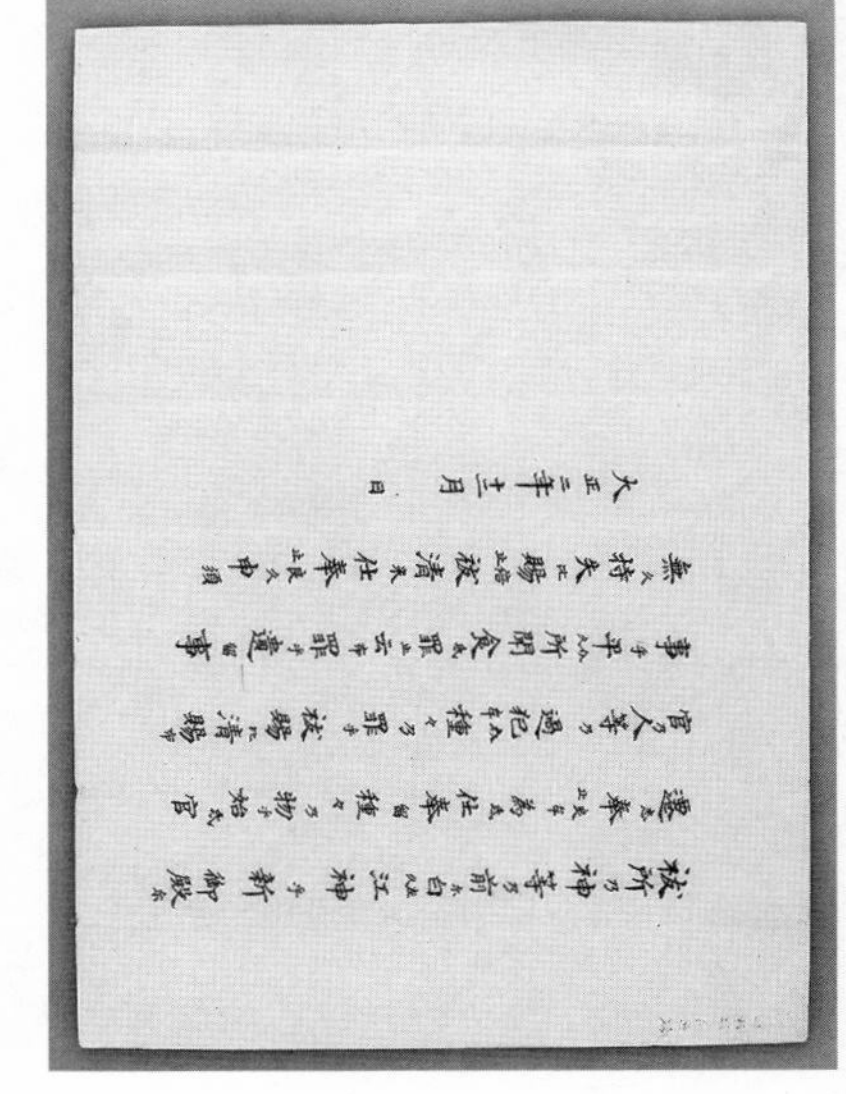

祓所ノ神等ノ前ニ白ク江神ノ新御殿ニ
遷シ奉ルニ付テ為ニ仕奉ル種々ノ物ヲ始メ官
官ノ人等ノ過犯ケム種々ノ罪ヲ祓賜ヒ清賜ヘト
事ヲ平ケク所聞食セト罪ト云フ罪ハ遺留ル事
無ク持失ヒ賜ヘト祓ヘ清メ仕奉ル状ヲ申ス
大正二年十二月　日

九四、江神社川原祓祝詞

九五、過去帳控

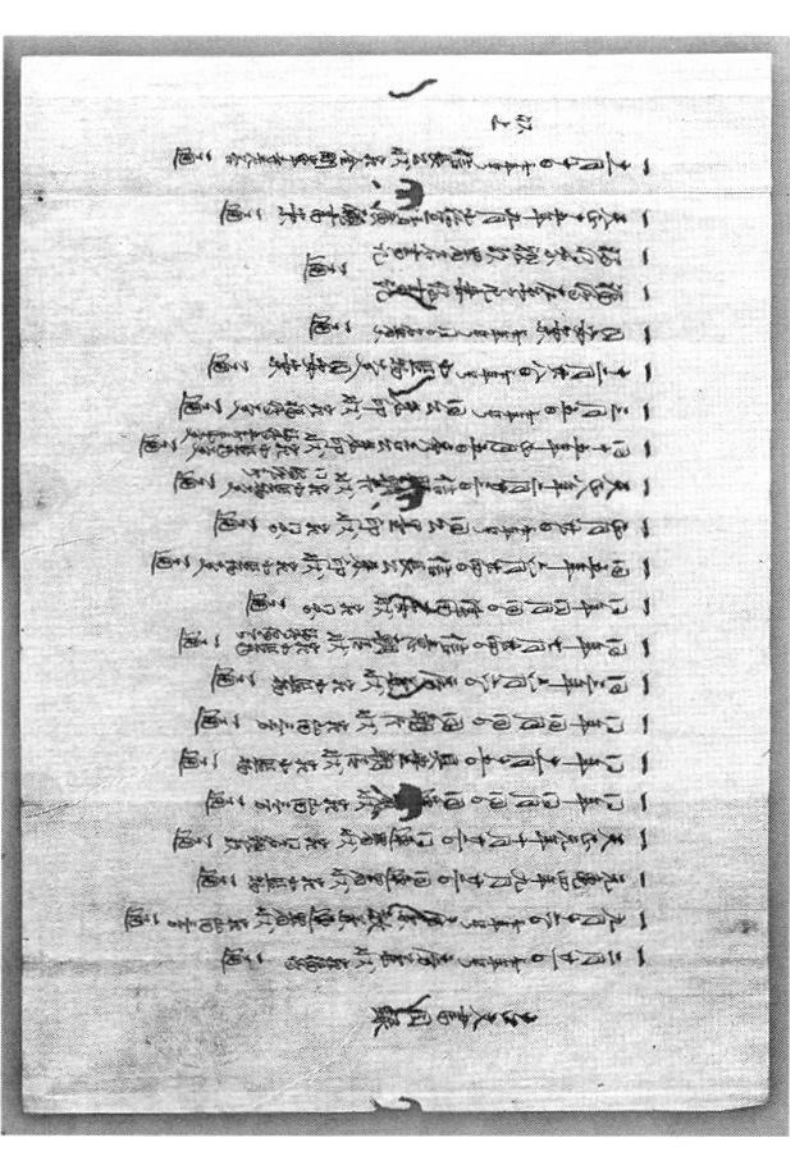

九六、古文書目録

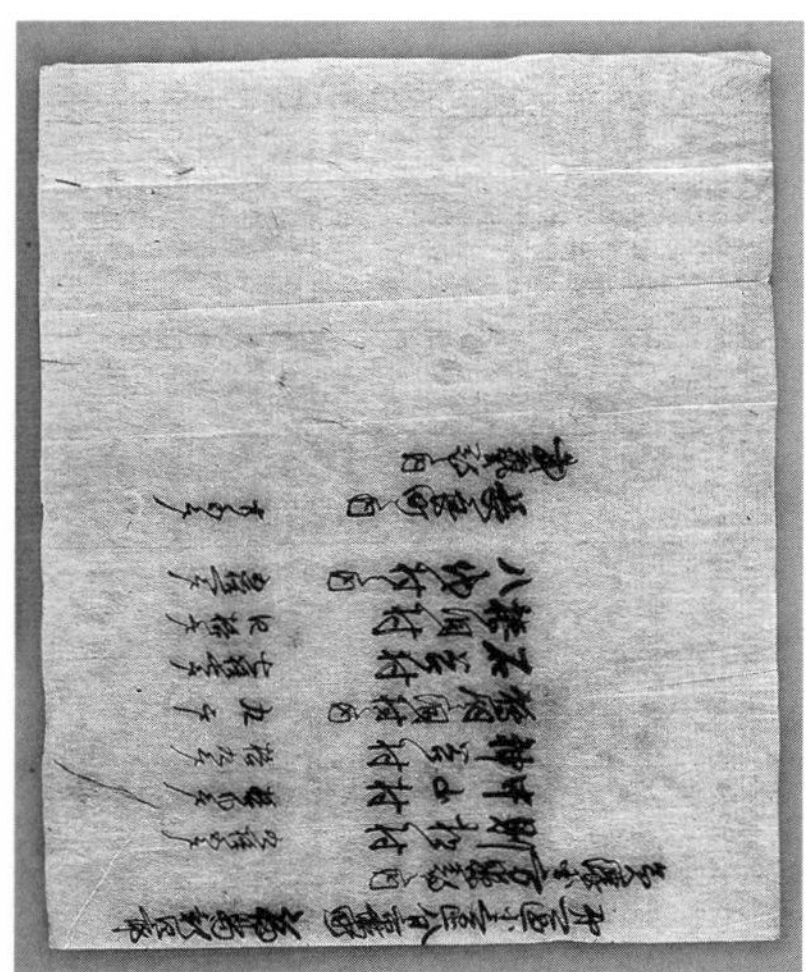

九七、福島新四郎持分書上

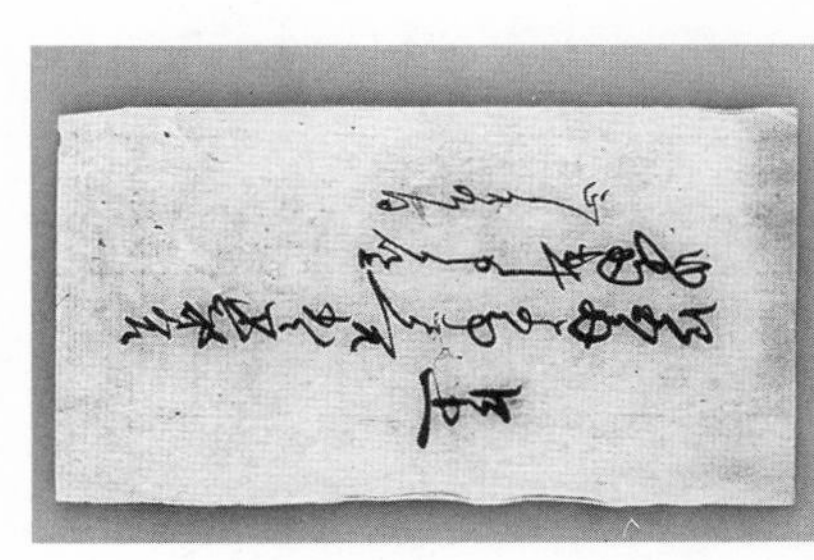

九八、某口上書

九九、橋村正恒書翰

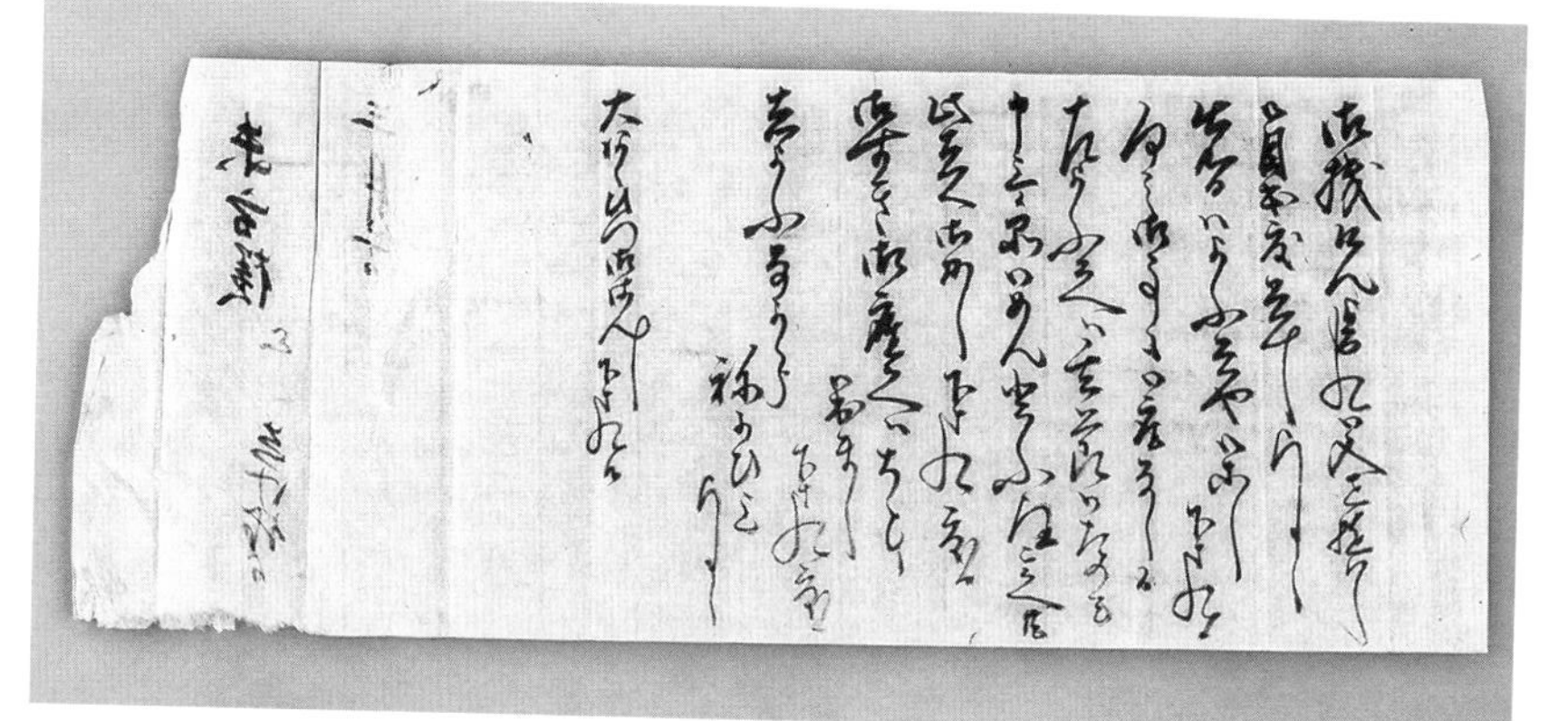

一〇〇、しげ代書翰

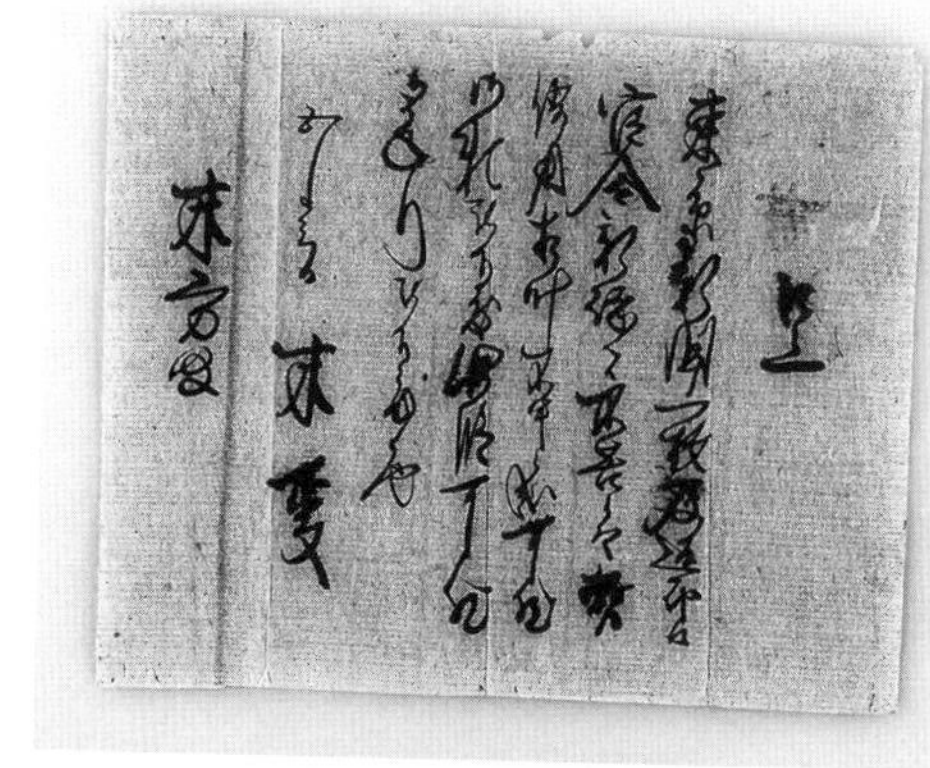

一〇一、福嶋末政口上書

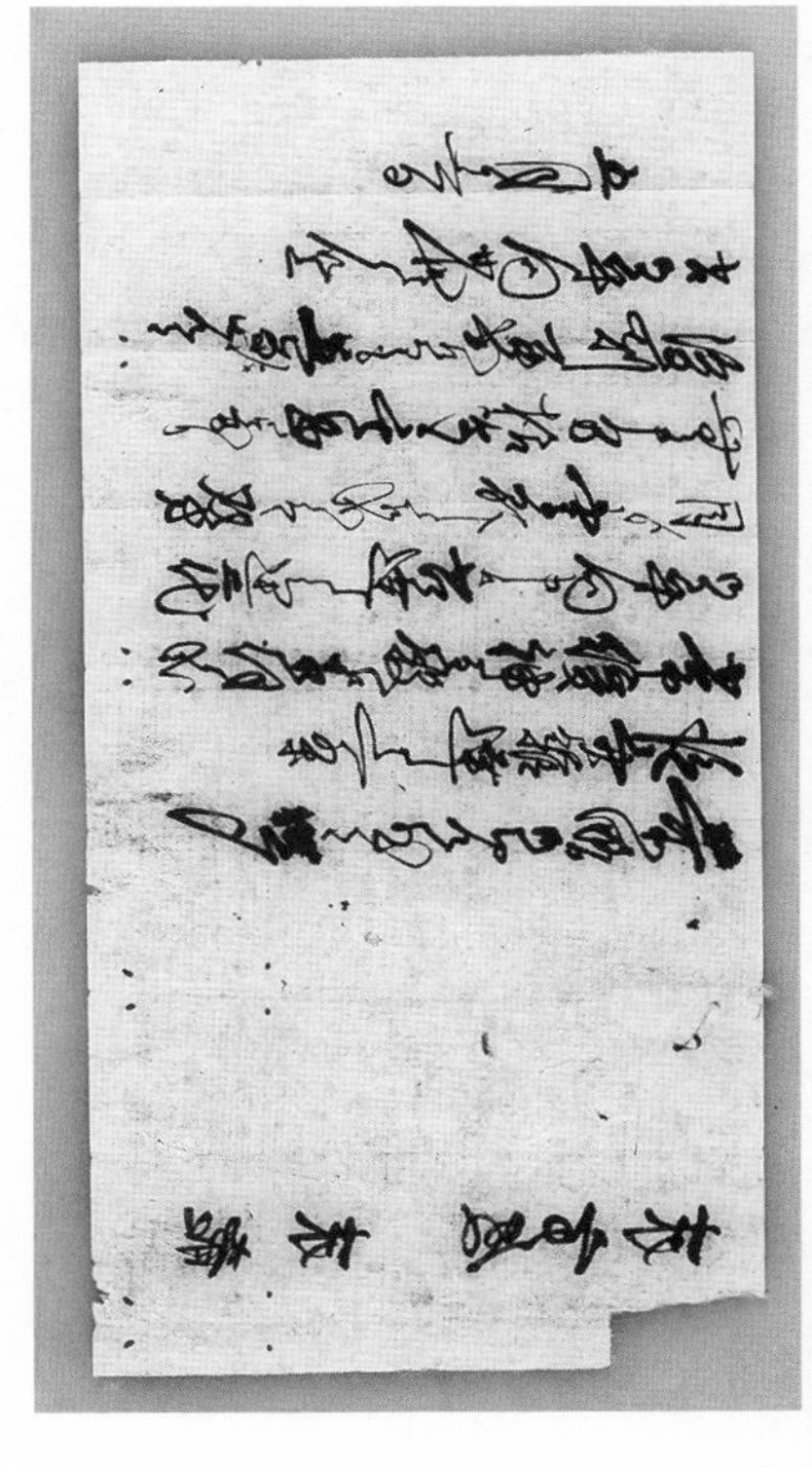

一〇二、福嶋末詔書翰

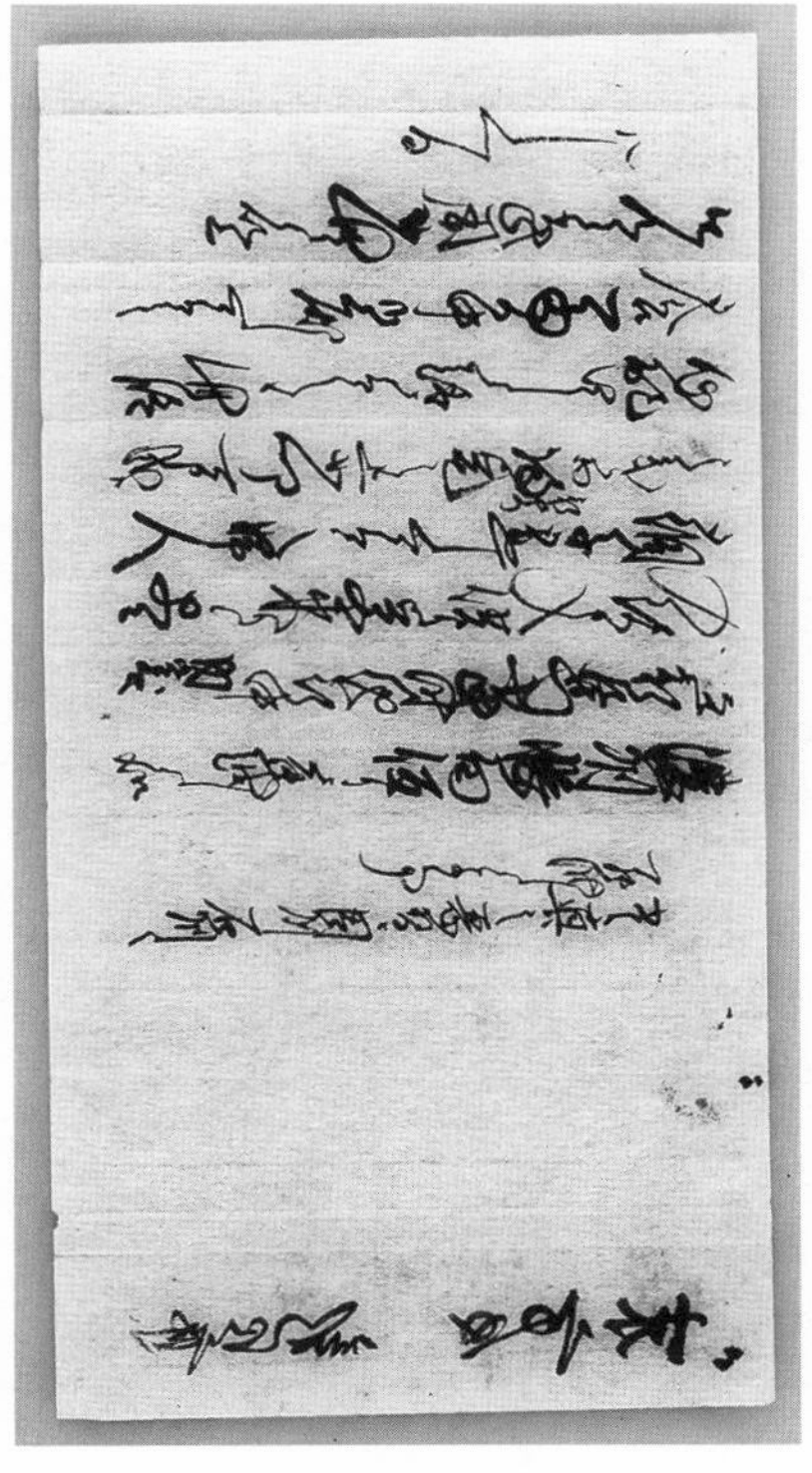

一〇三、福嶋新四郎書翰

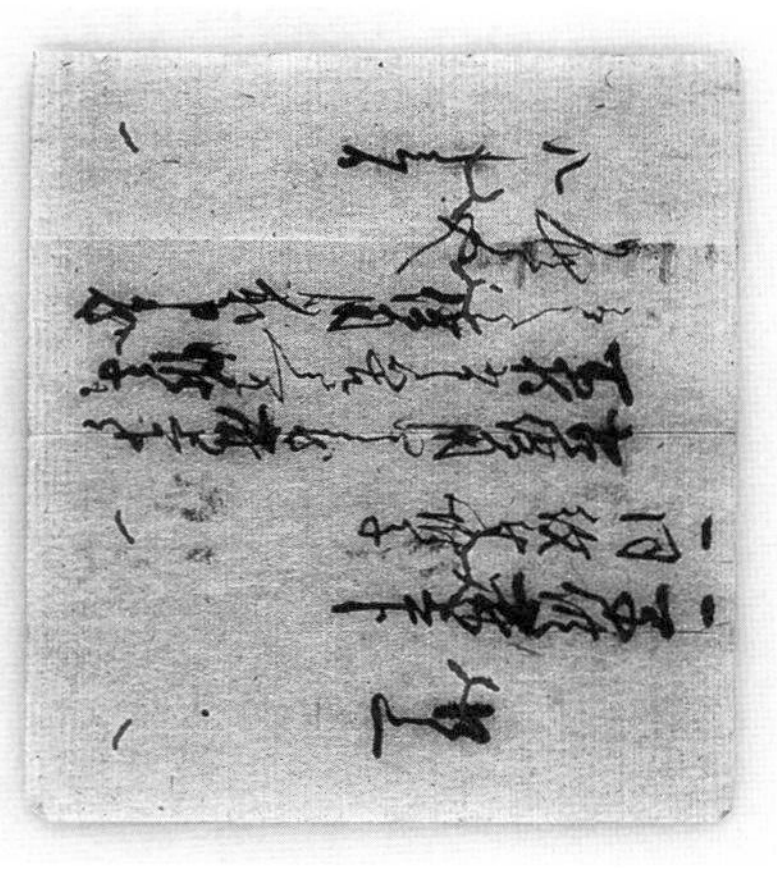

一〇四、福嶋末政口上書

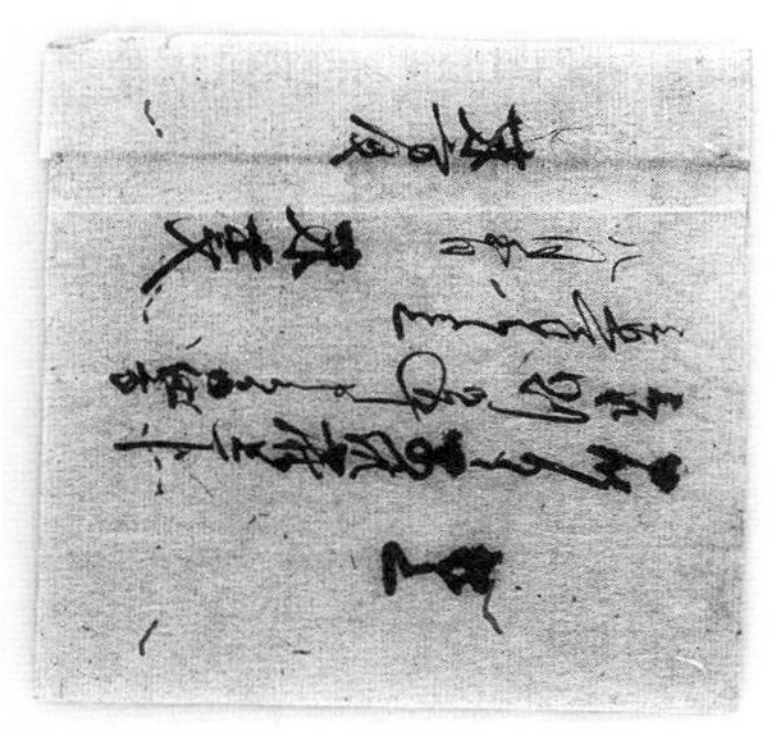

一〇五、福嶋末政口上書

一〇六、福嶋末詔書翰

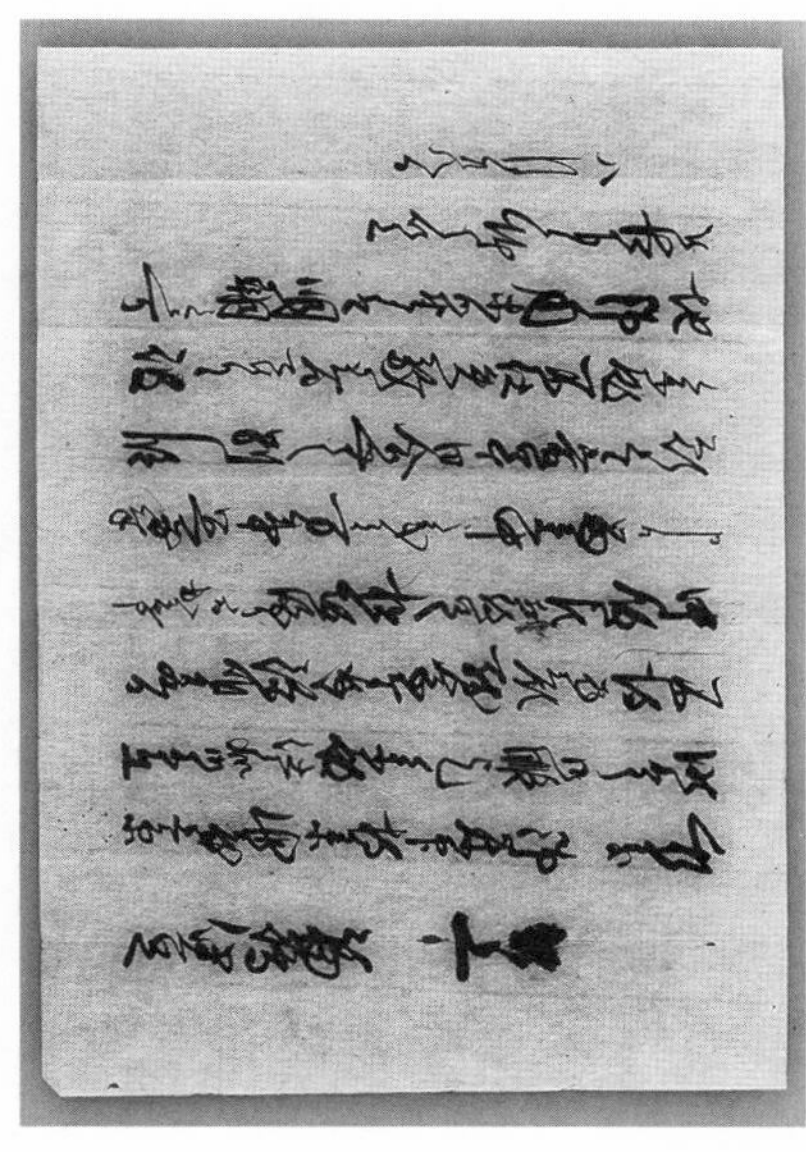

一〇七、福嶋伊豆口上書

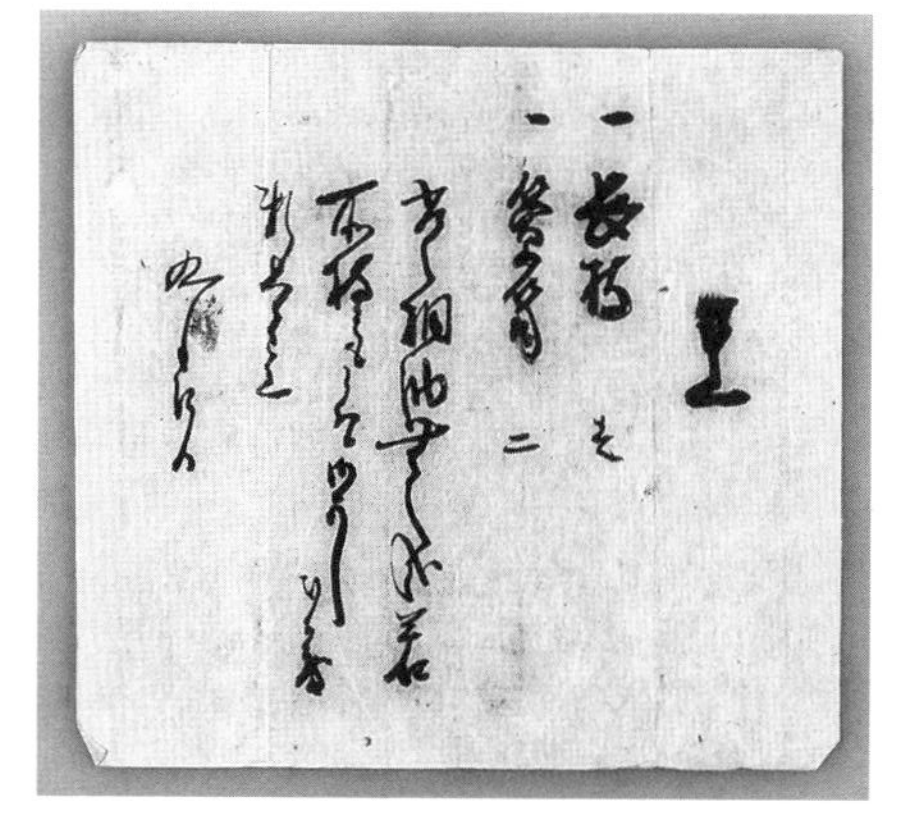

一〇八、某口上書

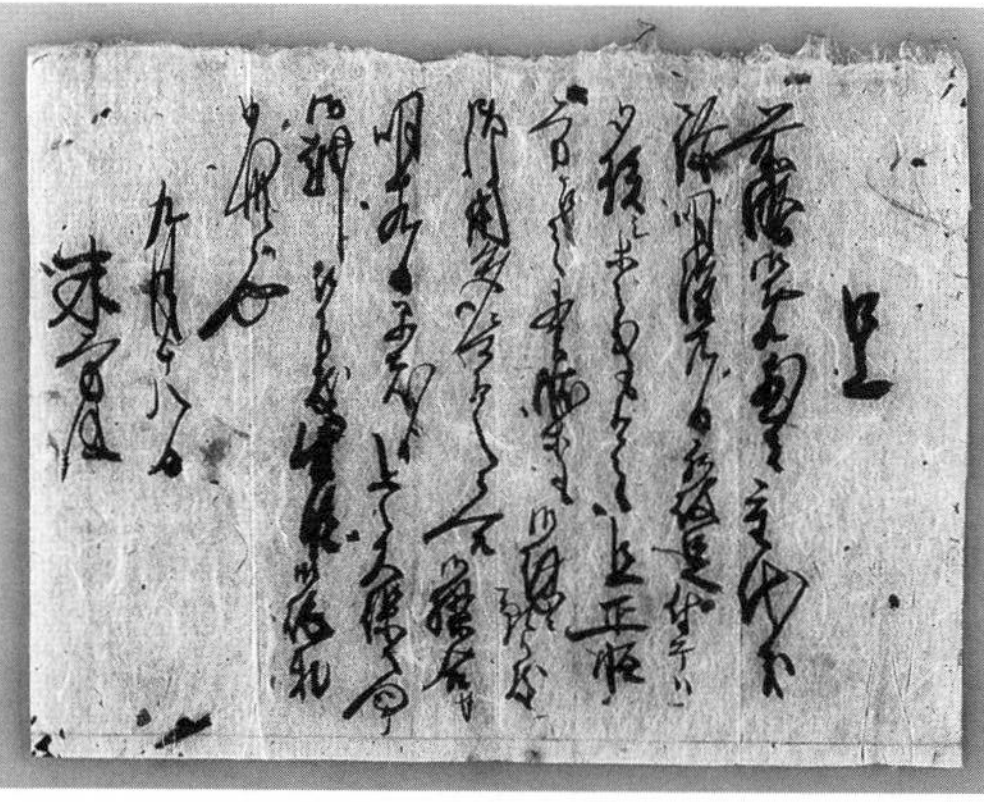

一〇九、某口上書

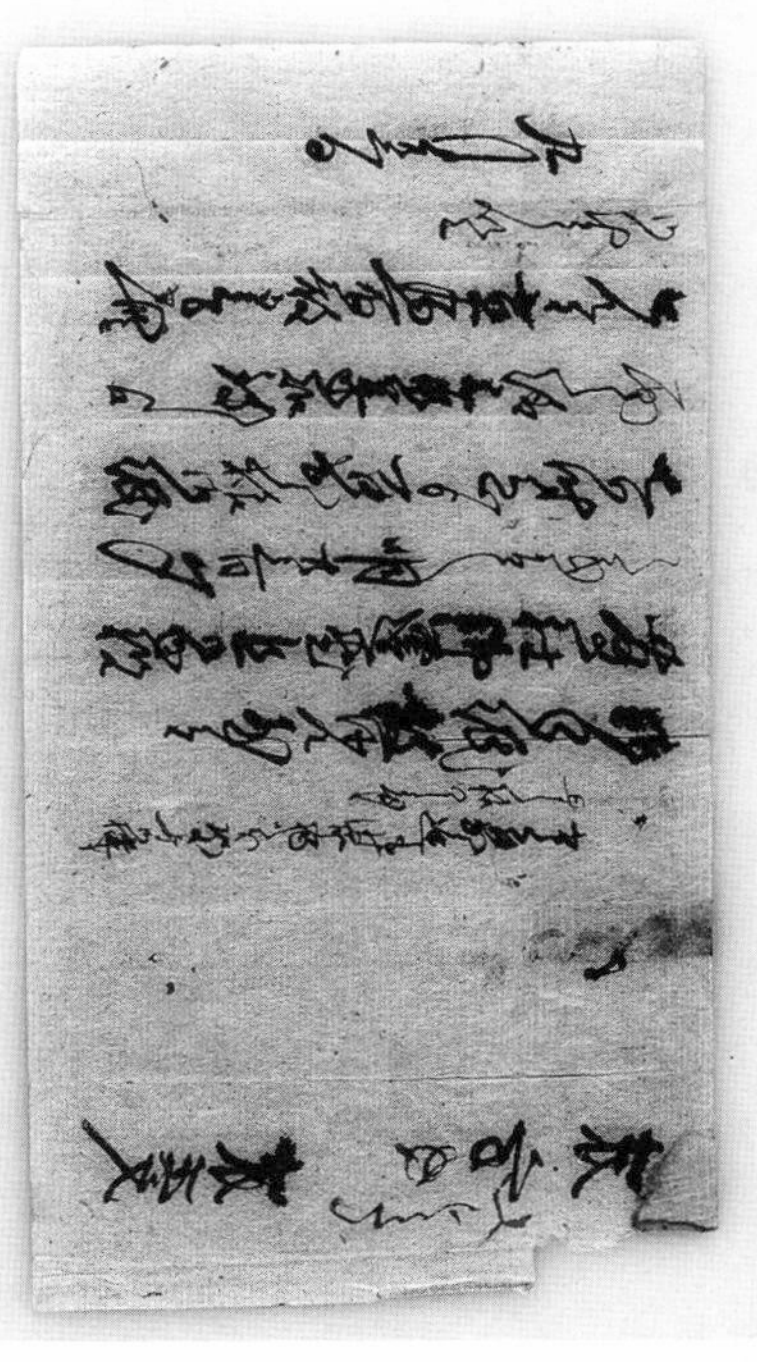

一〇、福嶋末政書翰（切紙）

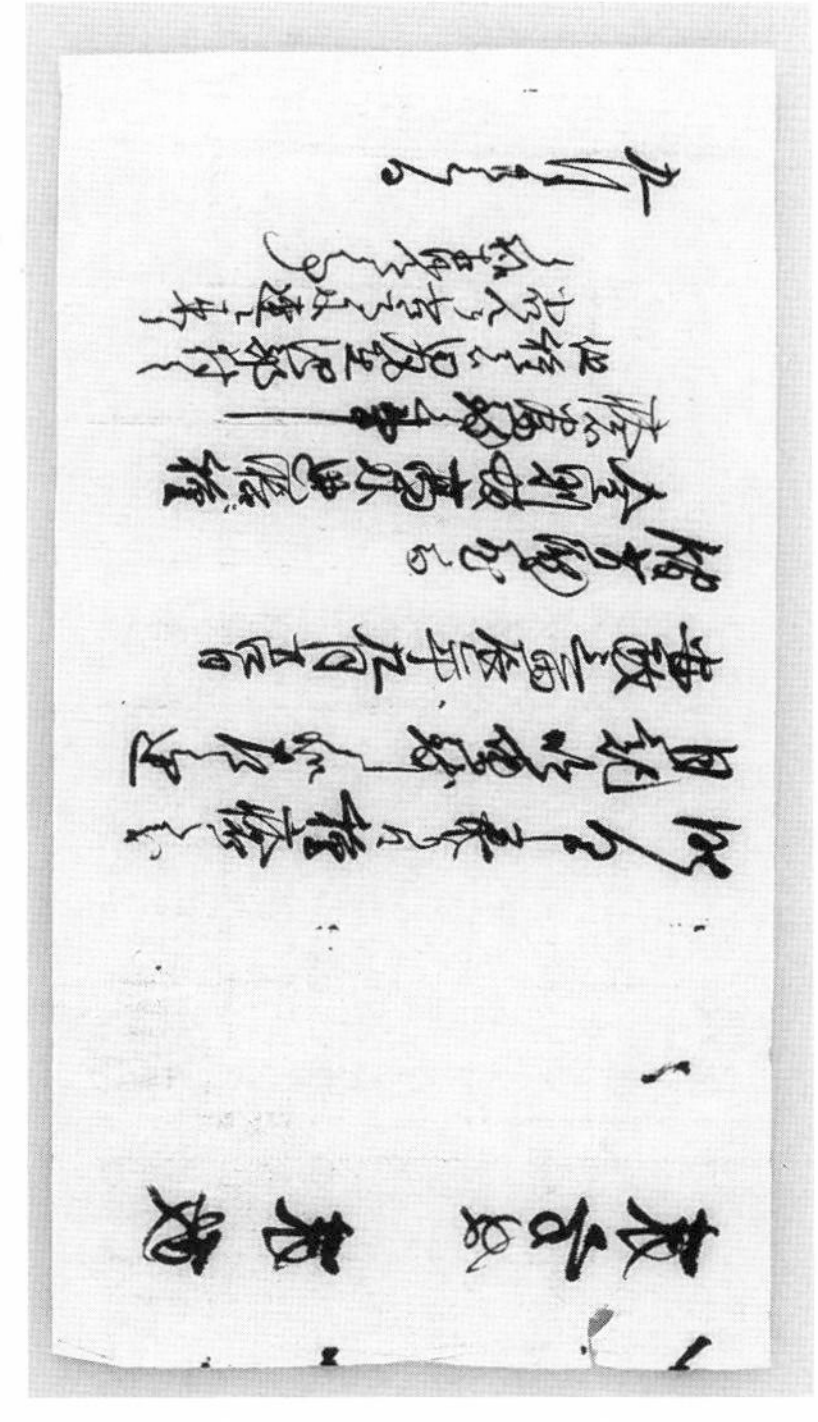

一一、福嶋末政書翰（切紙）

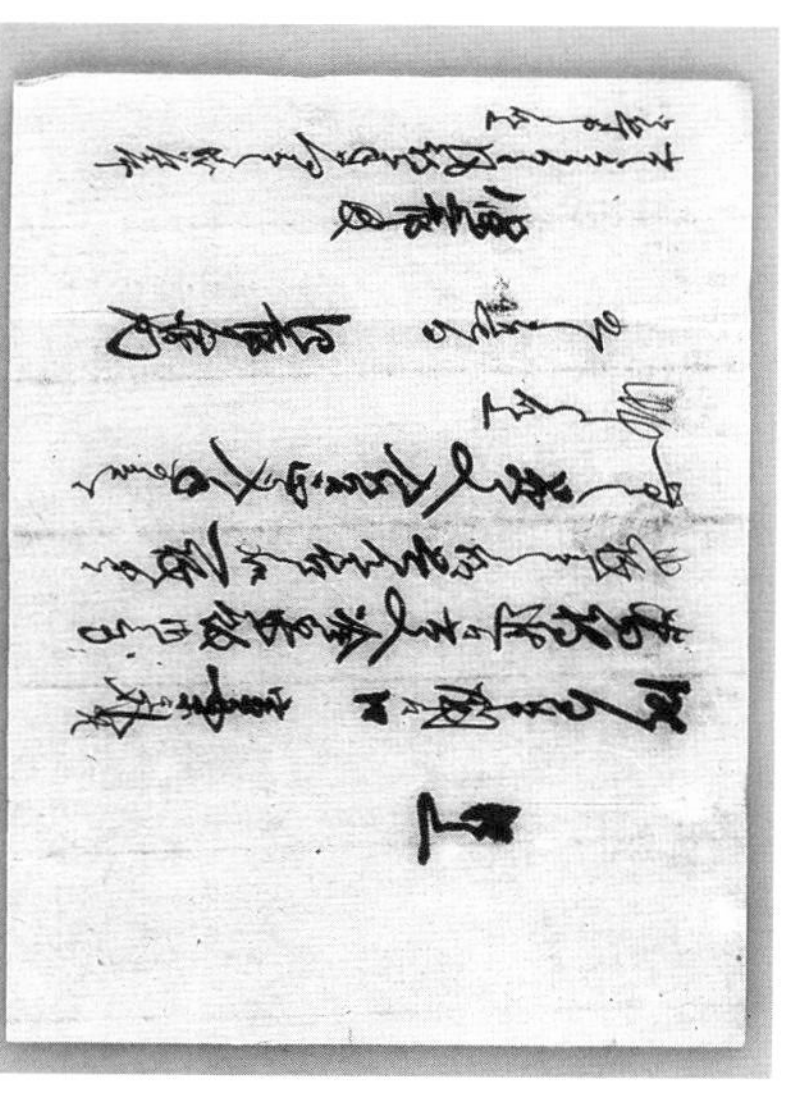

一二、江藤右衛門口上書

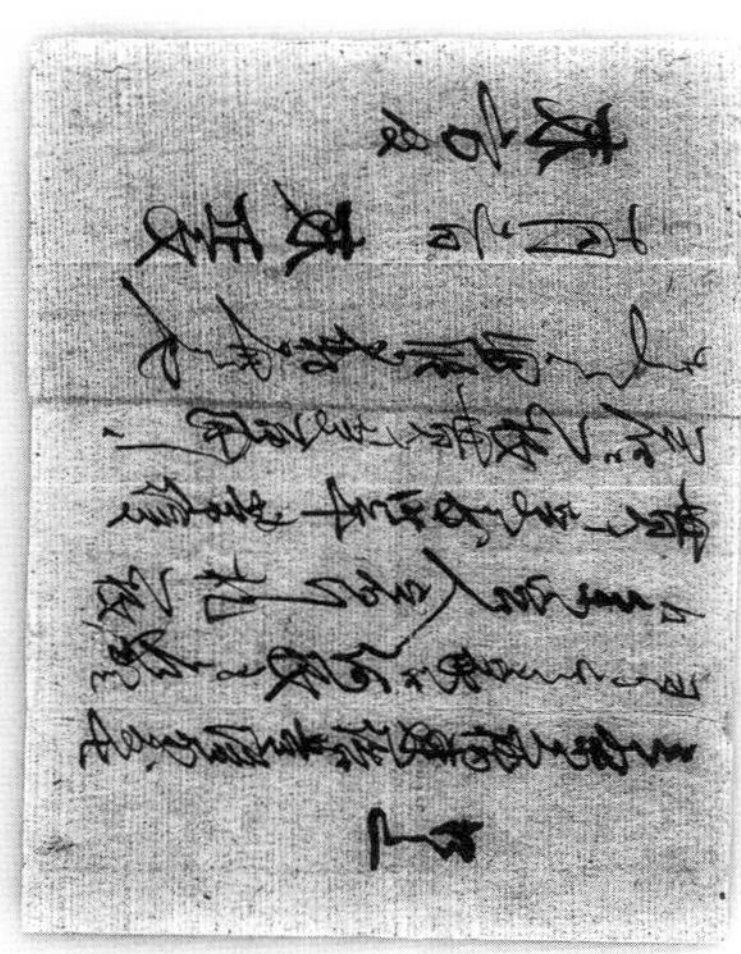

一三、福嶋末政口上書

一四、福嶋末政口上書

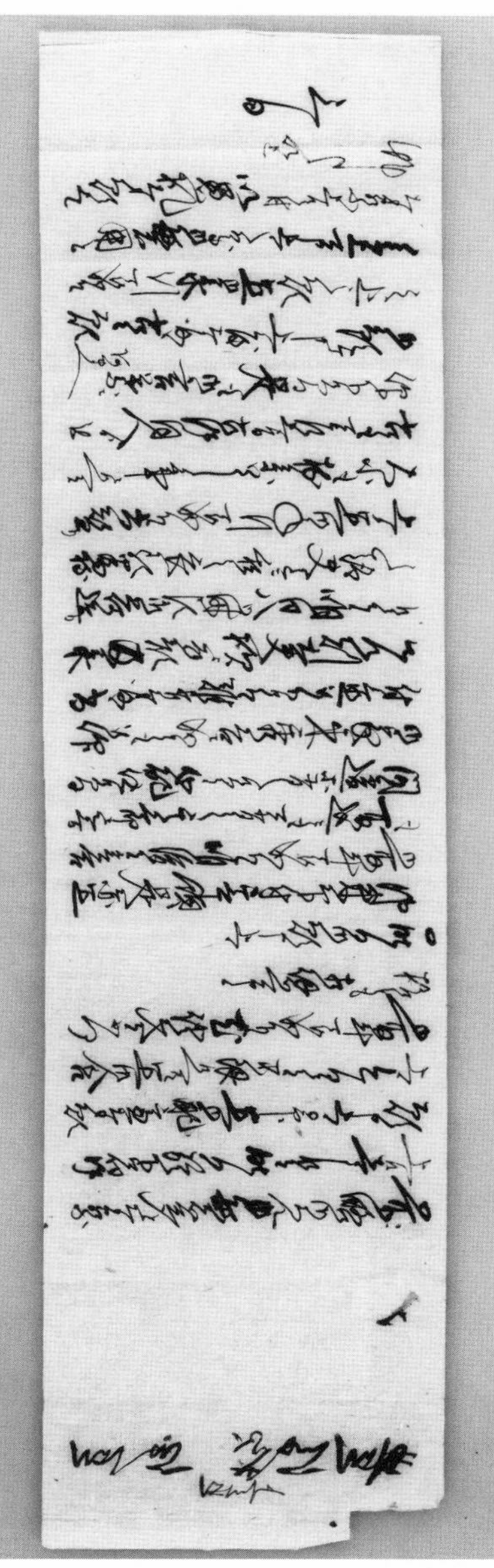

一五、福嶋伊豆書状

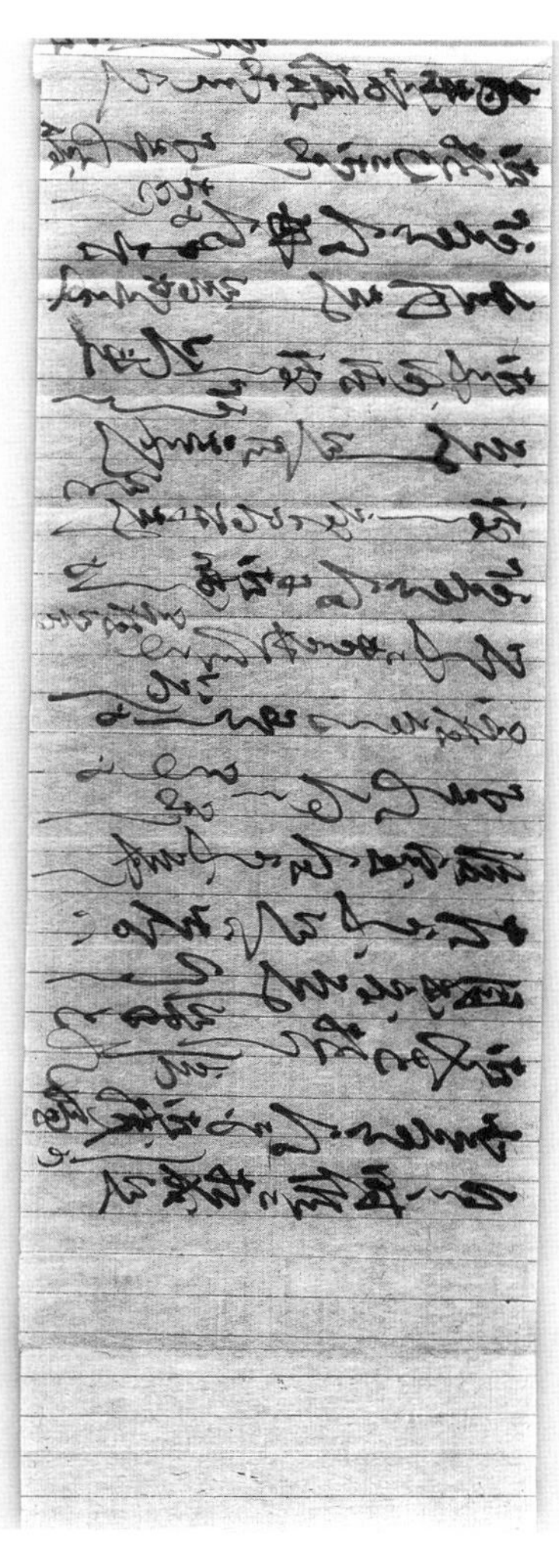

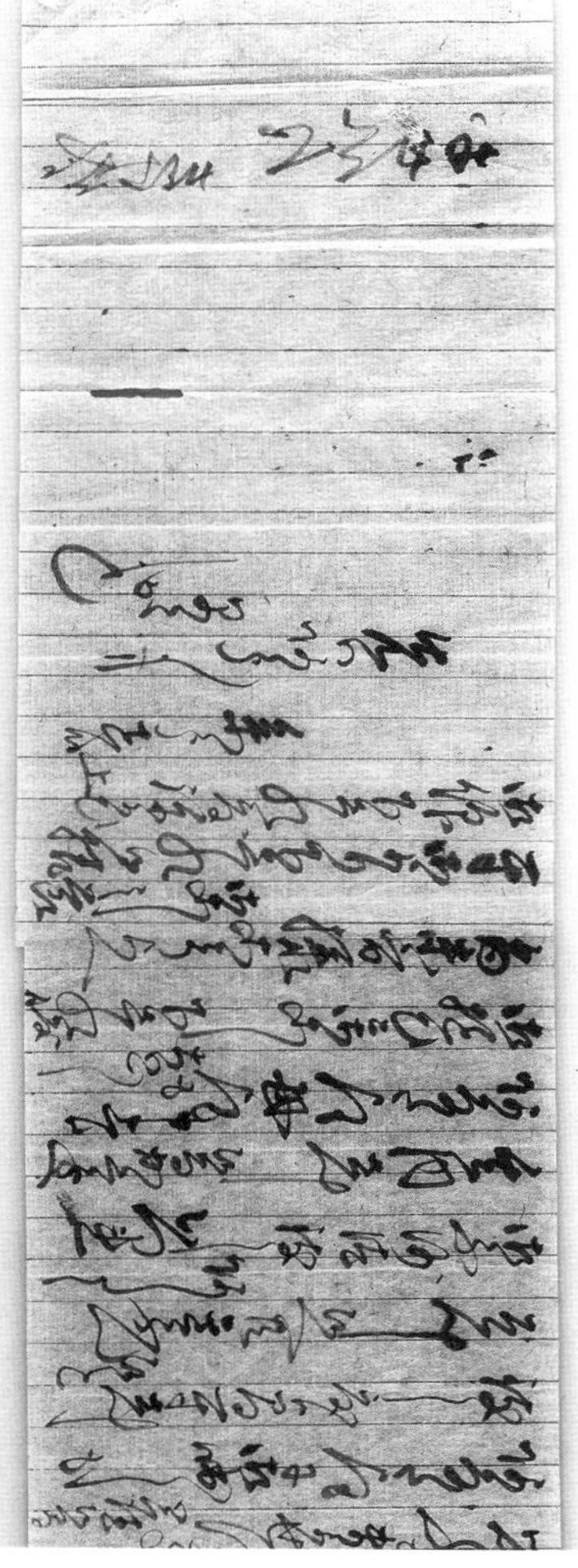

一一六　しげ代書翰

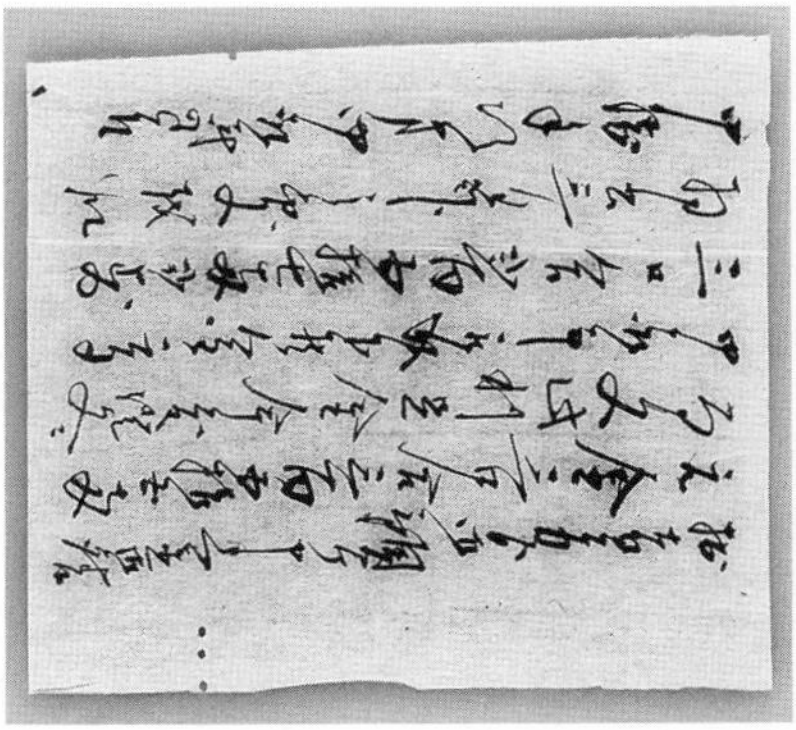

一七、貸金取扱覚書（切紙）

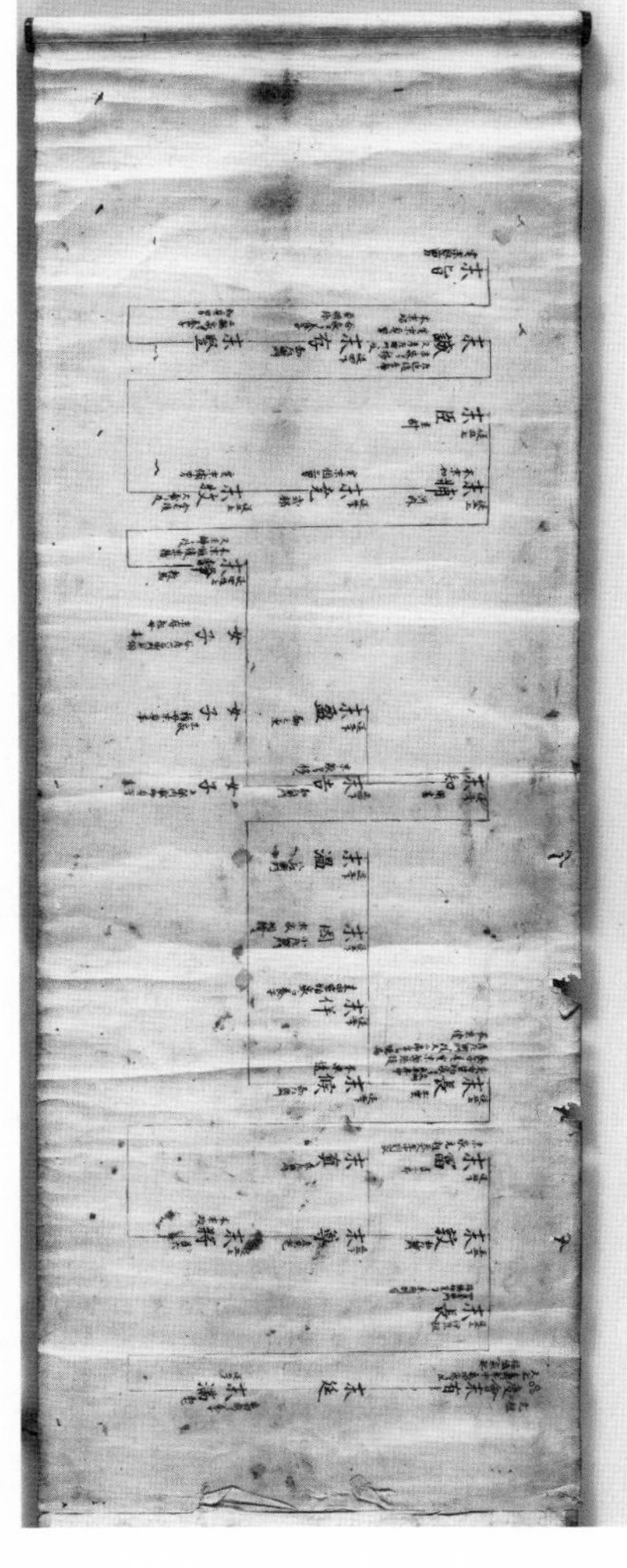

一八、福嶋家系図

令和二年五月 十 日 印刷
令和二年五月二十日 発行

神宮御師資料 福島信悟家所蔵文書

本体価格二、〇〇〇円

編 者 皇學館大学研究開発推進センター史料編纂所
代表者 大 島 信 生
516-8555 伊勢市神田久志本町一七〇四

発行者 皇 學 館 大 学 出 版 部
代表者 髙 向 正 秀
516-8555 伊勢市神田久志本町一七〇四
電話 〇五九六―二二―六三二〇

印刷所 千 巻 印 刷 産 業 株 式 会 社
516-0072 伊勢市宮後二丁目九―四一

ISBN 978-4-87644-215-7 C3014